21世纪经济管理新形态教材·会计学系列

大数据与财务决策

张肖飞　冯新扬　林友谅 ◎ 编著

清华大学出版社
北京

内 容 简 介

本教材系统梳理了大数据与财务决策的基本方法和基本原理，着力体现系统性、创新性和适用性。各章节配有复习思考题和案例，力求培养学生独立思考和知识应用的能力。本书适合高等院校财会类、金融类专业本科生与会计专业学位研究生使用，也可作为业界广大财务人员的参考读物。

本书封面贴有清华大学出版社防伪标签，无标签者不得销售。
版权所有，侵权必究。举报：010-62782989，beiqinquan@tup.tsinghua.edu.cn

图书在版编目（CIP）数据

大数据与财务决策/张肖飞，冯新扬，林友谅编著. —北京：清华大学出版社，2023.1（2025.1 重印）
21世纪经济管理新形态教材. 会计学系列
ISBN 978-7-302-62037-2

Ⅰ. ①大… Ⅱ. ①张… ②冯… ③林… Ⅲ. ①财务决策－高等学校－教材 Ⅳ. ①F234.4

中国版本图书馆 CIP 数据核字(2022)第 191969 号

责任编辑：朱晓瑞
封面设计：汉风唐韵
责任校对：宋玉莲
责任印制：曹婉颖

出版发行：清华大学出版社
网　　　址：https://www.tup.com.cn，https://www.wqxuetang.com
地　　　址：北京清华大学学研大厦 A 座　　　　邮　　编：100084
社　总　机：010-83470000　　　　　　　　　　邮　　购：010-62786544
投稿与读者服务：010-62776969，c-service@tup.tsinghua.edu.cn
质　量　反　馈：010-62772015，zhiliang@tup.tsinghua.edu.cn
课　件　下　载：https://www.tup.com.cn，010-83470142

印 装 者：三河市东方印刷有限公司
经　　销：全国新华书店
开　　本：185mm×260mm　　　印　张：12　　　字　数：274 千字
版　　次：2023 年 1 月第 1 版　　　　　　印　次：2025 年 1 月第 3 次印刷
定　　价：45.00 元

产品编号：094775-01

序 言

当今世界正在经历新一轮科技革命和产业革命，数字经济已成为世界经济发展的重要方向。在人类历史长河中，即使是在现代社会日新月异的发展中，人们主要还是依赖抽样数据或局部数据，甚至在无法获得实证数据的时候单纯依赖经验、理论、假设去发现未知领域的规律。大数据时代的来临使人类有机会获得并使用较为完整和系统的数据，深入探索现实世界的规律，获取过去不可能获取的知识，发现过去无法发现的商机。同时，数据也被列为一种新型生产要素，成为推动数字经济发展的关键一环。大数据时代的经济学、政治学、社会学和许多学科门类都会发生巨大甚至是本质上的变化，进而影响人类的价值体系、知识体系和生活方式。

21世纪第二个十年后，随着越来越多的财务基础工作由机器来完成，企业财务正式开始了一场深刻的变革，智能财务开始重塑传统财务工作。高校会计学科的人才培养模式也逐渐开始转型，智能财务、财务机器人、大数据财务分析、大数据决策等方面的课程应运而生。这是一个全新的领域，国际上并无成熟的可供借鉴的经验，这对会计学的教育工作者来说无疑是巨大的挑战。因此，与传统会计财务类教材编写不同，大数据与财务决策教材的编写面临极为严峻的挑战，这不仅是因为大数据与财务决策典型实践案例的匮乏，还因为缺乏一套成熟与完整的知识体系。尽管如此，大数据与财务决策教材的编写工作还要继续。没有教材，教学工作无法正常开展，学校也无法尽快培养师资，更无法通过不断迭代形成比较成熟的知识体系。基于这一考虑，我们联合了相关学科的专家，共同编写了这本教材。

大数据时代，财务决策需要新思维：一方面，企业需要重新审视财务决策思路和环境；另一方面，企业需要建立基于数据的服务导向理念，采用实时数据以减少决策风险。大数据时代，企业财务决策数据和知识的获取方式、决策参与者、决策组织和决策技术都发生了巨大变化。财务决策不应再拘泥于财务数据，而应"跳出财务看财务"，把财务数据、业务数据与企业所在的市场环境等综合起来分析，并提出有洞察力的建议，以实现企业价值的提升。因此，遵循财务决策的一般逻辑，本书从财务分析、经营管理、预算管理、风险管理这四个维度编写，形成本书编写的总体思路：大数据与财务分析、大数据与经营管理决策、大数据与预算管理决策、大数据与风险管理决策。本书的框架结构、内容设计除了以大数据与财务决策为逻辑主线外，还尽量体现如下特点：①系统梳理了大数据与财务决策的基本方法和基本原理，并着力体现其核心，即系统性；②结合典型案例，突出核心理念，体现了创新性；③将大数据技术应用到企业财务决策的各个方面，弥补当下原理和实务相分离的缺陷，以凸显其优越性，体现了适用性；④各章节后面配有复习思考题及案例分析讨论，力求培养学生独立思考和知识应用的能力。

本教材各章节具体内容如下：

第 1 章是大数据与财务决策概论，介绍了大数据的产生及发展、大数据的现状及发展趋势，界定了大数据内涵，并阐释了由大数据引起的管理规范及管理活动的变革。本章还着重介绍了大数据与财务管理，明确了大数据与财务决策框架。

第 2 章是大数据采集、预处理与存储。本章分析了大数据采集、预处理及存储技术，并介绍了大数据预处理的方法及工具，主要包括数据清洗的原理及方法，以及常用的 ETL 工具及比较，还介绍了数据存储技术。

第 3 章是大数据分析与可视化，介绍了大数据分析的概念及分类、大数据分析的方法及步骤，并着重阐释了大数据可视化的方法及工具，梳理了大数据文本分析的相关内容。

第 4 章是大数据与财务分析，分析了大数据技术对财务分析的影响。在大数据技术发展的背景下，大数据提供商、主流商务软件商都在通过自主研发或收购的方式进行业务整合。财务分析是影响公司发展的重要环节，也是大数据应用的主要领域。企业需要把握大数据机遇，应对挑战，充分利用大数据的工具和手段开展财务分析工作。

第 5 章是大数据与经营管理决策，阐释了大数据与经营管理决策的原理、方法及应用。首先，介绍了企业经营管理大数据的内容及分类、用途及意义，厘清了对大数据经营管理决策的认识；其次，阐释了大数据经营管理决策的总体架构，大数据在经营管理决策中的应用和效果；最后，分析了大数据下的经营管理案例。

第 6 章是大数据与预算管理决策，阐释了大数据与预算管理决策的原理、方法及应用，指出了大数据带来的预算管理变革，阐释了大数据在预算管理决策中的应用，分析了大数据预算管理案例。

第 7 章是大数据与风险管理决策，阐释了大数据与风险管理决策的原理、方法及应用，介绍了大数据风险管理的总体架构，进一步以银行业、保险业、互联网金融、网络借贷企业为例介绍了大数据风险管理的应用场景，梳理了大数据背景下的金融监管研究，分析了大数据与风险管理决策在实务中的应用案例。

第 8 章是大数据在财务决策中的综合应用——以 Z 集团为例，系统分析了大数据在 Z 集团财务决策中的综合应用，包括大数据实施背景、大数据平台的建设思路与目标，介绍了 Z 集团应用大数据进行财务决策的效果。

本书编写工作耗时长，倾注了各位编者的心血与智慧。本书编写分工如下：第 1 章、第 5 章、第 8 章由河南财经政法大学张肖飞教授完成；第 2 章、第 3 章由河南财经政法大学冯新扬副教授完成；第 4 章、第 6 章由湖南理工学院林友谅副教授完成；第 7 章由冯新扬副教授、张肖飞教授共同完成。本书编写完成后，由张肖飞教授和冯新扬副教授审定全书。在书稿撰写过程中，参考了大量同行专家的相关著作，在此一并表示感谢！

本书的结构安排、内容设计、案例分析吸收并借鉴了最近几年大数据与财务决策相关教材最新的理论和案例，希望本书的出版能够让读者对大数据与财务决策有一个全面、细致的认识和了解。本书不仅适合于本科高年级学生使用,还适合 EMBA、MBA、MPAcc 等专业学位硕士研究生和希望理解大数据与财务决策原理的企业职业经理人使用。

由于编者学识水平有限,本书编写过程中难免存在疏漏,恳请读者批评指正。

编 者

2022 年 12 月

目 录

第1章 大数据与财务决策概论 1
1.1 什么是大数据？ 2
1.2 大数据时代的管理变革 9
1.3 大数据与财务管理 11
1.4 大数据与财务决策框架 19
本章小结 23
复习思考题 23
案例分析 24

第2章 大数据的采集、预处理与存储 25
2.1 大数据的初步采集 26
2.2 大数据预处理 29
2.3 大数据存储 34
本章小结 40
复习思考题 40
案例分析 41

第3章 大数据分析与可视化 42
3.1 大数据分析的概念及分类 43
3.2 大数据分析的方法及步骤 45
3.3 大数据可视化分析 50
3.4 大数据文本分析 59
本章小结 62
复习思考题 62
案例分析 63

第4章 大数据与财务分析 64
4.1 大数据时代财务分析的特征与路径 65

4.2　大数据时代财务分析职能的转化 ········· 69
　　4.3　大数据在财务分析中的应用 ············· 70
　　4.4　大数据财务分析案例 ··················· 79
　　本章小结 ································· 86
　　复习思考题 ······························· 86
　　案例分析 ································· 86

第 5 章　大数据与经营管理决策 ············· 87
　　5.1　大数据与经营管理决策概述 ············· 88
　　5.2　大数据经营管理决策的总体架构 ········· 93
　　5.3　大数据经营管理决策的应用 ············· 96
　　5.4　大数据经营管理决策的效果 ············ 105
　　5.5　大数据与经营管理决策案例 ············ 111
　　本章小结 ································ 112
　　复习思考题 ······························ 113
　　案例分析 ································ 113

第 6 章　大数据与预算管理决策 ············ 114
　　6.1　大数据时代预算管理概述 ·············· 115
　　6.2　大数据在预算管理决策中的应用 ········ 120
　　6.3　大数据与预算管理决策案例 ············ 123
　　本章小结 ································ 129
　　复习思考题 ······························ 130
　　案例分析 ································ 130

第 7 章　大数据与风险管理决策 ············ 131
　　7.1　大数据与风险管理决策概述 ············ 133
　　7.2　大数据风险管理的总体架构 ············ 136
　　7.3　大数据风险管理的应用场景 ············ 141
　　7.4　大数据背景下的金融监管研究 ·········· 154
　　7.5　大数据与风险管理决策案例 ············ 156
　　本章小结 ································ 160

复习思考题 ··· 160
　　案例分析 ··· 160

第 8 章　大数据在财务决策中的综合应用——以 Z 集团为例 ············· 161
　　8.1　Z 集团大数据战略实施背景 ··· 163
　　8.2　Z 集团大数据平台建设思路和目标 ······································· 164
　　8.3　大数据在 Z 集团财务决策中的应用 ······································ 165
　　8.4　Z 集团大数据决策过程 ·· 173
　　8.5　Z 集团大数据财务决策的应用效果 ······································· 175
　　本章小结 ··· 178
　　复习思考题 ··· 178
　　案例分析 ··· 179

参考文献 ·· 180

第1章

大数据与财务决策概论

◆ **本章学习目标**

1. 了解大数据的产生，发展及未来趋势。
2. 掌握大数据的概念内涵。
3. 理解大数据所带来的管理变革。
4. 了解大数据与财务管理的主要内容。
5. 熟悉和掌握大数据与财务决策框架。

◆ **引导案例**

大数据时代

20世纪80年代，美国著名的未来学家阿尔文·托夫勒在《第三次浪潮》一书中首次提出"大数据"的概念，并盛赞大数据为"第三次浪潮的华彩乐章"。2011年，麦肯锡咨询公司出具了大数据报告，强调了大数据在未来有巨大的商业和经济价值，自此，"大数据"成为互联网领域的热门话题。国内外研究机构、企业也纷纷开始研究、发展大数据产业。近几年，随着互联网的蓬勃发展，网络数据量已经从TB级别跃升到PB、EB甚至ZB级别。数据中蕴含的信息量超越了人类自身的处理能力。

党的十八届五中全会明确提出，实施"互联网+"行动计划，发展分享经济，实施国家大数据战略。大数据技术的发展和应用，对社会的组织结构，经济的运行模式，国家的治理模式，企业的决策架构，个人的工作、生活及思维方式等方方面面都产生较为深远的影响。让数据深度服务于各行各业，将成为人类历史上又一次巨大的革命。2014年10月27日，财政部发布的《关于全面推进管理会计体系建设的指导意见》指出，指导单位"建立面向管理会计的信息系统，以信息化手段为支撑，实现会计与业务活动的有机融合，推动管理会计功能的有效发挥。……鼓励单位将管理会计信息化需求纳入信息化规划，从源头上防止出现'信息孤岛'，做好组织和人力保障，通过新建或整合、改造现有系统等方式，推动管理会计在本单位的有效应用"。以管理会计的发展为契机，大数据深度服务企业运营管理、财务决策等已势在必行。2021年11月30日，工业和信息化部发布《"十四五"大数据产业发展规划》(以下简称《规划》)。《规划》指出，大数据产业是以数据生成、采集、存储、加工、分析、服务为主的战略性新兴产业,是激活数据要素潜能的关键支撑,是加快经济社会发展质量变革、效率变革、动力变革的重要引擎。"十三五"时期,我国大数据产业快速起步,发展取得显著成效,政策体系逐步完善,产业基础日益巩固,产业链初步形成,生态体系持续优化,大数据产业逐渐成为支撑我国经济社会发展的优势产业。《规划》强调,"十四五"时期大数据产业发展要以习近平新时代中国特色社会主义思想为指导,全面贯彻党的十九大和十九届二中、三中、四中、五中、六中全会精神,立足新发展阶段,完整、准确、全面贯彻新发展理念,构建新发展格局,以推动高质量发展为主题,以供给侧结构性改革为主线,以释放数据要素价值为导向,围绕夯实产业发展基础,着力推动数据资源高质量、技术创新高水平、基础设施高效能,围绕构建稳定高效产业链,着力提升产业供给能力和行业赋能效应,统筹发展和安全,培育自主可控和开放合作的产业生态,打造数字经济发展新优势,为建设制造强国、网络强国、数字中国提供有力支撑。

全面推进大数据在财务管理决策中的应用并非轻而易举,现实中也存在诸多障碍,比如:财务管理人员观念陈旧、排斥革新,不愿在信息化方面有所投入;内部信息流程不完善、信息共享性差,"数据壁垒和鸿沟"难以破除;财务管理人员财务风险意识不强、控制力较弱,财务信息化人才缺乏。要消除以上障碍,不但需要国家政策层面进行引导和支持,更需要实力雄厚、管理理念先进的标杆企业率先垂范,通过大数据的具体应用,全面升级财务管理决策系统,打造自身核心竞争力,使得企业"优者更优,强者更强"。比如阿里巴巴已将大数据时代带来的信息资源列为继劳动、土地和资本之后的又一生产要素,其通过"阿里云"打造云计算平台,为集团大数据产业链的构建提供核心技术支持。

大数据带来的重要信息资源已成为企业获取商机、开拓市场、降本增收、创新商业模式的重要资产。传统的数据管理和数据分析技术难以有效挖掘信息价值,很容易导致信息价值无法得到辨别,使取舍和利用信息的难度加大。另外,传统的依靠经验决策或者"拍脑袋"的方式将会成为历史,信息渠道的不同来源、市场信息获取的难易程度会造成决策效果的巨大差异。当前,大数据技术还处于起步阶段,要投入大量的人力、物力和财力,且短期内可能无法带来直接的效益,所以强化决策层对大数据的认识是最为关键的一步。从当前个别上市公司、互联网企业上线实施的决策分析系统、大数据平台等来看,充分挖掘数据价值确实能极大提升决策的效率和质量。

1.1　什么是大数据?

中国特色社会主义进入新时代,实现中华民族伟大复兴的中国梦开启新征程。党中央决定实施"国家大数据战略",吹响了加快发展数字经济、建设数字中国的号角。国家做出了"推动大数据技术产业创新发展、构建以数据为关键要素的数字经济、运用大数据提升国家治理现代化水平、运用大数据促进保障和改善民生、切实保障国家数据安全"的战略部署,为我国构筑大数据时代国家综合竞争新优势指明了方向!

1.1.1 大数据的产生及发展[①]

从文明之初的"结绳记事",到文字发明后的"文以载道",再到近现代科学的"数据建模",数据一直伴随着人类社会的发展变迁,承载了人类基于数据和信息认识世界的努力及取得的巨大进步。然而,直到以电子计算机为代表的现代信息技术出现,为数据处理提供了新的方法和手段后,人类掌握数据、处理数据的能力才实现了质的跃升。信息技术的发展及其在经济社会发展方面的应用(信息化),推动数据(信息)成为继物质、能源之后的又一种重要战略资源。智能设备的普及、物联网的广泛应用、存储设备性能的提高、网络带宽的不断增长,都为大数据提供了存储和流通的物质基础。云空间是数据存储的一种新模式,云计算技术将原本分散的数据集中在数据中心,为庞大数据的处理和分析提供了可能。可以说,云计算技术为大数据庞大的数据存储和分散的用户访问提供了必需的空间及途径,是大数据诞生的技术基础。

"大数据"作为一种概念和思潮由计算领域发端,逐渐延伸到科学和商业领域。美国高性能计算公司 SGI 的首席科学家约翰·马西(John Mashey)在一个国际会议报告中指出:随着数据量的快速增长,必将出现数据难理解、难获取、难处理和难组织等四个难题,并用"大数据"(big data)来描述这一挑战,在计算领域引发思考。2005 年大数据实现重大突破,Hadoop 技术诞生,并成为数据分析的主要技术。2007 年,数据库领域的先驱——吉姆·格雷(Jim Gray)指出,大数据将成为人类触摸、理解和逼近现实复杂系统的有效途径,并认为在实验观测、理论推导和计算仿真等三种科学研究范式后,将迎来第四范式——"数据探索"。后来,同行学者将其总结为"数据密集型科学发现",开启了从科研视角审视大数据的热潮。2008 年,美国《自然》杂志推出了一系列有关大数据的专刊,详细讨论了有关大数据的一系列问题,大数据开始引起人们的关注。2010 年,美国总统信息技术顾问委员会(PITAC)发布了一篇名为《规划数字化未来》的报告,详细叙述了政府工作中对大数据的收集和使用情况。2012 年,牛津大学教授维克托·迈尔–舍恩伯格(Viktor Mayer-Schönberger)在其畅销著作《大数据时代》中指出,数据分析将从"随机采样""精确求解"和"强调因果"的传统模式演变为大数据时代的"全体数据""近似求解"和"只看关联不问因果"的新模式,从而引发商业应用领域对大数据方法的广泛思考与探讨。

2012—2013 年,大数据达到宣传高潮,2014 年后概念体系逐渐成形,大众对其认知亦趋于理性。大数据相关技术、产品、应用和标准不断发展,逐渐形成了由数据资源与API、开源平台与工具、数据基础设施、数据分析、数据应用等板块构成的大数据生态系统,并持续发展和不断完善,其发展热点呈现出从技术向应用,再向治理的逐渐迁移。经过多年来的发展和沉淀,人们对大数据已经形成基本共识:大数据现象源于互联网的发展所带来的无处不在的信息技术应用及信息技术的不断低成本化。大数据泛指无法在可容忍的时间内用传统的信息技术和软硬件工具对其进行获取、管理与处理的巨量数据集合,具有海量性、多样性、时效性及可变性等特征,需要可伸缩的计算体系结构支持

[①] 梅宏. 大数据:发展现状与未来趋势[EB/OL]. http://www.npc.gov.cn/,2019-10-30.

对其的存储、处理和分析。根据产生的来源，大数据可以分为消费大数据和工业大数据。

大数据的价值本质上体现为：提供了一种人类认识复杂系统的新思维和新手段。从理论上而言，在足够小的时间和空间尺度上，将现实世界数字化，可以构造一个现实世界的数字虚拟影像，这个影像承载了现实世界的运行规律。在拥有充足的计算能力和高效的数据分析方法的前提下，对这个数字虚拟影像进行深度分析，将有可能发现和理解现实世界复杂系统的运行行为、状态和规律。应该说，大数据为人类提供了全新的思维方式及探知客观规律、改造自然和社会的新手段，这也是大数据引发经济社会变革最根本的原因。

1.1.2 大数据的现状及趋势

全球范围内，研究发展大数据技术，运用大数据推动经济发展、完善社会治理、提升政府服务和监管能力正成为趋势。

第一，已有众多成功的大数据应用案例，但就其效果和深度而言，当前大数据应用尚处于初级阶段，根据大数据分析预测未来、指导实践的深层次应用将成为发展重点。

按照数据开发应用深入程度的不同，可将大数据应用分为三个层次。第一层，描述性分析应用，指从大数据中总结、抽取相关的信息和知识；帮助人们分析发生了什么，并呈现事物的发展历程。如美国的 DOMO 公司从其企业客户的各个信息系统中抽取、整合数据，再以统计图表等可视化形式，将数据蕴含的信息推送给不同岗位的业务人员和管理者，帮助其更好地了解企业现状，进而做出判断和决策。第二层，预测性分析应用，指从大数据中分析事物之间的关联关系、发展模式等，并据此对事物发展的趋势进行预测。如微软公司纽约研究院研究员大卫·罗斯柴尔德（David Rothschild）通过收集和分析赌博市场、好莱坞证券交易所、社交媒体用户发布的帖子等大量公开数据，建立预测模型，对多届奥斯卡奖项的归属进行预测。2014 年和 2015 年，它均准确预测了奥斯卡 24 个奖项中的 21 个，准确率达 87.5%。第三层，指导性分析应用，指在前两个层次的基础上，分析不同决策导致的后果，并对决策进行指导和优化。如无人驾驶汽车领域通过分析高精度地图数据和海量的激光雷达、摄像头等传感器的实时感知数据，对车辆不同驾驶行为的后果进行预判，并据此指导车辆的自动驾驶。我国工信部已连续几年发布大数据优秀产品和应用解决方案案例，如阿里云数加平台、讯飞大数据 AI 营销平台等。

当前，在大数据应用的实践中，描述性、预测性分析应用多，决策指导性分析应用等更深层次的分析应用偏少。一般而言，人们做出决策的流程包括认知现状、预测未来和选择策略这三个基本步骤。这些步骤也对应了上述大数据分析应用的三个不同层次。不同层次的应用意味着人类和计算机在决策流程中具有不同的分工并相互协作。例如：第一层次的描述性分析应用中，计算机仅负责将与现状相关的信息和知识展现给人类专家，而对未来态势的判断及对最优策略的选择仍然由人类专家完成。虽然已有很多成功的大数据应用案例，但还远未达到我们的预期，大数据应用仍处于初级阶段，人们逐渐意识到前期在大数据分析应用中大放异彩的深度神经网络尚存在基础理论不完善、模型不具可解释性、鲁棒性较差等问题。未来，随着应用领域的拓展、技术水平的提升、数据共享开放机制的完善,以及产业生态的成熟,具有更大潜在价值的预测性和指导性分析应用将是发展的重点。

第二,大数据治理体系远未形成,特别是隐私保护、数据安全与数据共享利用效率之间尚存在明显矛盾,这成为制约大数据发展的重要短板,各界已经意识到构建大数据治理体系的重要意义,相关的研究与实践将持续展开。

随着大数据作为战略资源的地位日益凸显,人们越来越强烈地意识到制约大数据发展的短板之一是数据治理体系远未形成。如是否确立数据的资产地位尚未达成共识,数据的确权、流通和管控面临多重挑战;数据壁垒广泛存在,阻碍了数据的共享和开放;法律法规发展相对滞后,导致大数据应用存在安全与隐私风险;等等。如此种种因素,制约了数据资源中所蕴含价值的挖掘与转化。其中,隐私保护、数据安全与数据共享利用之间的矛盾尤为凸显。一方面,人们对数据开放共享的需求十分迫切。近年来,人工智能应用取得重要进展,这主要源于对海量、高质量数据资源的分析和挖掘。而对于单一组织机构而言,其靠自身的积累往往难以聚集足够的高质量数据。另外,大数据应用的威力,在很多情况下源于对多源数据的综合融合和深度分析,这使组织机构获得从不同角度观察、认知事物的全方位视图。而单个系统、组织的数据往往仅包含事物某个方面或局部的信息,因此,只有通过开放共享和数据跨域流通,才能建立信息完整的数据集。然而,另一方面,数据的无序流通与共享,又可能导致隐私保护和数据安全方面面临重大风险,必须对其加以规范和限制。例如,鉴于互联网公司频发的对个人数据的不正当使用而导致的隐私安全问题,欧盟制定了"史上最严格的"数据安全管理法规《通用数据保护条例》(General Data Protection Regulation,GDPR),并于 2018 年 5 月 25 日正式生效。《通用数据保护条例》生效后,脸书和谷歌等互联网企业即被指控强迫用户同意共享个人数据而面临巨额罚款,并被推上舆论的风口浪尖。2020 年 1 月 1 日,被称为美国"最严厉、最全面的个人隐私保护法案"——《加利福尼亚消费者隐私法案》(CCPA)正式生效。CCPA 规定了新的消费者权利,旨在加强消费者隐私权和数据安全的保护,涉及企业收集的个人信息的访问、删除和共享,企业负有保护个人信息的责任,消费者控制并拥有其个人信息等方面,这是美国目前最具典型意义的州隐私立法,提高了美国隐私保护的标准。在这种情况下,过去利用互联网平台中心化搜集用户数据,实现平台化的精准营销这一典型互联网商业模式将面临重大挑战。2022 年 8 月 19 日,国家网信办依法对滴滴全球股份有限公司处人民币 80.26 亿元罚款。

我国在个人信息保护方面也开展了较长时间的工作,针对互联网环境下的个人信息保护,制定了《全国人民代表大会常务委员会关于加强网络信息保护的决定》《电信和互联网用户个人信息保护规定》《全国人民代表大会常务委员会关于维护互联网安全的决定》《消费者权益保护法》等相关文件。特别是 2016 年 11 月 7 日,全国人大常委会通过的《中华人民共和国网络安全法》中明确了对个人信息收集、使用及保护的要求,并规定了个人对其个人信息进行更正或删除的权利。2019 年,中央网信办发布了《数据安全管理办法(征求意见稿)》,向社会公开征求意见,明确了个人信息和重要数据的收集、处理、使用和

扩展阅读 1-1 我国部分数据安全法律法规

安全监督管理的相关标准及规范。相信这些法律法规将在促进数据的合规使用、保障个人隐私和数据安全等方面发挥不可或缺的重要作用。然而，从体系化、确保一致性、避免碎片化角度考虑，制定专门的数据安全法、个人信息保护法是必要的。

第三，数据规模高速增长，现有技术体系难以满足大数据应用的需求，大数据理论与技术远未成熟，未来信息技术体系将需要颠覆式创新和变革。

据国际信息技术咨询企业国际数据公司（IDC）的报告，2030年全球数据存储量将达到2500ZB。当前，需要处理的数据量已经大大超过处理能力的上限，从而导致大量数据因无法或来不及处理，而处于未被利用、价值不明的状态，这些数据被称为"暗数据"。据国际商业机器公司（IBM）的研究报告，大多数企业仅对其所有数据的1%进行了分析应用。尽管大数据获取、存储、管理、处理、分析等相关的技术已有显著进展，但是大数据技术体系尚不完善，对大数据基础理论的研究仍处于萌芽期。这主要有以下几个原因：其一，人们对大数据定义虽已达成初步共识，但许多本质问题仍存在争议；其二，针对特定数据集和特定问题域已有不少专用解决方案，是否有可能形成"通用"或"领域通用"的统一技术体系，仍有待未来的技术发展给出答案；其三，应用超前于理论和技术的发展，数据分析的结论往往缺乏坚实的理论基础，对这些结论的使用仍需保持谨慎态度。

1.1.3　我国大数据的建设成效

2021年11月30日，工信部正式发布《"十四五"大数据产业发展规划》（工信部规〔2021〕179号）（以下简称《规划》）。《规划》指出，"十四五"时期是我国工业经济向数字经济迈进的关键时期，对大数据产业发展提出了新的要求，产业将步入集成创新、快速发展、深度应用、结构优化的新阶段。

《规划》还指出，"十三五"时期，我国大数据产业快速起步。据测算，产业规模年均复合增长率超过30%，2020年超过1万亿元，发展取得显著成效，大数据产业逐渐成为支撑我国经济社会发展的优势产业。[①]我国大数据建设所取得的主要成效有以下几方面。

第一，政策体系逐步完善。党中央、国务院围绕数字经济、数据要素市场、国家一体化大数据中心布局等做出一系列战略部署，建立促进大数据发展部际联席会议制度。有关部委出台了20余份大数据政策文件，各地方出台了300余项相关政策，23个省区市、14个计划单列市和副省级城市设立了大数据管理机构，央地协同、区域联动的大数据发展推进体系逐步形成。

第二，产业基础日益巩固。我国数据资源极大丰富，总量位居全球前列。产业创新日渐活跃，我国成为全球第二大相关专利受理国，专利受理总数全球占比近20%。基础设施不断夯实，建成全球规模最大的光纤网络和4G网络，5G终端连接数超过2亿，位居世界第一。标准体系逐步完善，33项国家标准立项，24项国家标准发布。

---

① 中华人民共和国工业和信息化部．"十四五"大数据产业发展规划（工信部规〔2021〕179号）．https://wap.miit.gov.cn/zwgk/zcwj/wjfb/tz/art/2021/art_c4a16fae377f47519036b26b474123cb.html，2021-11-30．

第三,产业链初步形成。围绕"数据资源、基础硬件、通用软件、行业应用、安全保障"的大数据产品和服务体系初步形成,全国遴选出 338 个大数据优秀产品和解决方案,以及 400 个大数据典型试点示范。行业融合逐步深入,大数据应用从互联网、金融、电信等数据资源基础较好的领域逐步向智能制造、数字社会、数字政府等领域拓展,并在疫情防控和复工复产中发挥了关键的支撑作用。

第四,生态体系持续优化。区域集聚成效显著,建设了 8 个国家大数据综合试验区和 11 个大数据领域国家新型工业化产业示范基地。一批大数据龙头企业快速崛起,初步形成了大企业引领、中小企业协同、创新企业不断涌现的发展格局。产业支撑能力不断提升,咨询服务、评估测试等服务保障体系基本建立。数字营商环境持续优化,电子政务在线服务指数跃升至全球第 9 位,进入世界领先梯队。

其中,具有代表性的是国家大数据(贵州)综合试验区展示中心。该中心位于贵阳高新区数博大道,建筑面积约为 7000 平方米,展示面积为 5000 平方米,是贵州大数据产业发展的"微缩景观",共包含四个主题展区、三个多功能厅及一个调度中心,从贵州大数据发展顶层设计与总体情况、大数据深度融合、大数据企业创新发展、国际合作等方面展示大数据产业的"贵州智慧"和"贵州方案"。在"永不落幕的数博会——2020全球传播行动"中,《贵阳主权区块链技术与应用白皮书 2.0》《数权法》《数典》等一批理论技术成果,贵阳市"刷脸"数据资源统一的汇集平台"脸行贵阳"项目及华为、顺丰等企业的领先科技成果,纷纷通过国家大数据(贵州)综合试验区展示中心向全球发布,全世界通过"数据之眼"看到了贵州大数据产业发展如何实现从"风生水起"到"落地生根"再到"集聚成势"的精彩"三级跳"。①

"十三五"时期,我国大数据产业取得了重要突破,但仍然存在一些制约因素。一是社会认识不到位,"用数据说话、用数据决策、用数据管理、用数据创新"的大数据思维尚未形成,企业数据管理能力偏弱。二是技术支撑不够强,基础软硬件、开源框架等关键技术与国际先进水平存在一定差距。三是市场体系不健全,数据资源产权、交易流通等基础制度和标准规范有待完善,多源数据尚未打通,数据壁垒突出,碎片化问题严重。四是安全机制不完善,数据安全产业支撑能力不足,敏感数据泄露、违法跨境数据流动等隐患依然存在。

扩展阅读 1-2 国家层面大数据行业相关政策梳理

1.1.4 大数据的内涵

大数据至今还未有精确的定义,一般而言,大数据是指数据庞大且结构复杂、增长速度快但价值密度低、短时间内难以用现有的软件进行数据处理的数据集。较有代表性的定义是基于大数据特征的 4V 定义,其特征为规模性(volume)、多样性(variety)、快速性(velocity)和价值性(value)。大数据在加强信息化平台建设、对交易数据进行

---

① 国家大数据(贵州)综合试验区展示中心——"数据之眼"见证大数据产业发展"黔"景. http://www.cac.gov.cn/2021-03/31/c_1618769945882369.htm,2021-03-31.

多维度分析、准确制定财务管控指标、优化财务分析方法、提高财务决策的科学性等方面应用价值显著。2015年8月，国务院印发了《促进大数据发展行动纲要》（国发〔2015〕50号），指出大数据是以容量大、类型多、存取速度快、应用价值高为主要特征的数据集合，正快速发展为对数量巨大、来源分散、格式多样的数据进行采集、存储和关联分析，从中发现新知识、创造新价值、提升新能力的新一代信息技术和服务业态。2021年11月30日，工信部正式发布《"十四五"大数据产业发展规划》（工信部规〔2021〕179号）（以下简称《规划》）。《规划》指出，数据是新时代重要的生产要素，是国家基础性战略资源。大数据是数据的集合，以容量大、类型多、速度快、精度准、价值高为主要特征，是推动经济转型发展的新动力，是提升政府治理能力的新途径，是重塑国家竞争优势的新机遇。大数据产业是以数据生成、采集、存储、加工、分析、服务为主的战略性新兴产业，是激活数据要素潜能的关键支撑，是加快经济社会发展质量变革、效率变革、动力变革的重要引擎。

扩展阅读1-3 《"十四五"大数据产业发展规划》

本书对大数据的定义为：大数据是一种无法在承受的时间范围内使用通常的软件工具捕获和管理的数据集合，是一种规模大到在获取、存储、管理、分析方面大大超出了传统数据库软件工具能力范围的数据集合，具有海量的数据规模（volume）、高速的数据流转（velocity）、多样的数据类型（variety）、较低的价值密度（value）和真实性（veracity）五大特征。简单来说，大数据就是规模很大的数据，其核心价值在于存储和分析海量数据。大数据技术，是指从各种各样类型的数据中快速获得有价值信息的能力。大数据技术被应用于大规模并行处理（MPP）数据库、数据挖掘电网、分布式文件系统、分布式数据库、云计算平台、互联网和可扩展的存储系统等。大数据技术的战略意义不在于掌握大量数据信息，而在于专业处理这些有意义的数据。换言之，如果把大数据比作一种产业，那么这种产业实现盈利的关键，在于提高对数据的"加工能力"，通过"加工"实现数据的"增值"。

从应用行业来看，大数据能够解决商贸企业贸易垫资、资金成本高、业务和财务系统不对接等问题，应用大数据技术能进行财务管理优化和改善。大数据在阿里巴巴的应用就是一个具体体现。从应用价值来看，大数据可以帮助企业预测发展趋势、优化客户综合收益评估、快速建立财务分析工具等，大数据分析与传统业务相融合可能产生崭新业务（如消费金融），企事业单位应重点关注大数据的收集、处理与运用。另外，基于大数据和决策分析产生内部报告是财务管理及管理会计信息化发展的新趋势。从应用进程来看，大数据的颠覆和创新作用几乎在每个行业都有体现。IT业、互联网企业通过大数据、云计算等技术已经走在应用的前列，如阿里巴巴电子政务平台、百度的智慧交通、京东的智能物流配送等。大数据打破了企业传统数据的边界，改变了过去商业智能仅仅依靠企业内部数据的局面，使得数据来源更加多样化，不仅包括企业内部数据，还包括企业外部数据，尤其是和客户、消费者相关的数据。

1.2 大数据时代的管理变革

　　进行大数据分析的专业人士可以轻松地看到大数据的价值潜力，这极大地刺激着他们进一步采集、存储、循环利用个人数据的想法。随着存储成本持续降低而分析工具越来越先进，采集和存储数据的数量及规模将突飞猛进地增长。然而，大数据会带来很多威胁，毕竟，大数据的核心思想就是用规模剧增来改变现状。它会加深对个人隐私的威胁，同时还将使人类面对一个新的挑战，即大数据能够被用来判断和惩罚人类的潜在行为，这轻视了决策过程中深思熟虑的重要性。

　　大数据的价值不单纯来源于它的基本用途，而更多源于它的二次利用。大数据时代，很多数据在被收集的时候，人们并无意将其用作其他用途，而最终它却产生了很多创新性的用途。但是只要没有得到许可，任何包含个人信息的大数据分析都需要征得个人同意。当世界开始迈向大数据时代时，社会经历着巨变。在改变人类基本的生活与思考方式的同时，大数据也在推动人类信息管理准则的重新定位。然而，不同于印刷革命，我们没有几个世纪的时间去适应大数据带来的变革，我们也许只有几年时间。

1.2.1 管理规范的变革

　　每次工业革命在创新理论与技术的同时，也在创新组织管理模式。小到企业管理，大到社会治理，都离不开管理。大数据时代的工业革命，本质上将由管理大数据来贯通。有研究指出，管理大数据是管理信息或管理数据的常年积累，并具有连续性、代表性和广泛性等特点。它有三个关键词：一是管理数据，二是海量，三是人工智能。对于企业管理来说，管理大数据可以帮助企业从海量的管理数据中筛选出对企业有用的信息，通过一系列分析处理，制定明智且切实可行的战略规划，获取前所未有的客户洞察，支持客户购买行为，并构建新的业务模式，进而赢得竞争优势。对于社会治理来说，管理大数据同样有重大意义。在万物互联优化社会治理的实践中，发现问题、分析问题、解决问题等各个环节要想切实有效，就需要在直接应用大数据的基础上引入管理大数据来进行统筹。

　　然而，包括企业、各地政府在内的传统组织形式，大多数都不具有管理大数据的流通、存储、分析的能力。对这些组织来说，要处理好大数据生命周期的每个环节，有以下三个机制可选择。一是采用创新且经济高效的处理方法，跳出传统的数据管理思维，投入建设闭环的管理大数据平台。这一机制可行性范围比较小，仅限于大型企业。二是多方联合，创建数据共享平台。这一机制可行性范围较大，但由于数据流通环节的保障机制未明，该机制暂时难以在各行业领域中普遍实现。三是引入外界平台机制，实行半开放处理。这一机制可行性范围较大，如目前管理咨询企业、数据技术企业、渠道服务企业等，已开始广泛布局。企业到底适用哪个机制？这必须根据企业自身的数据资源、处理技术和架构实力等实际情况进行综合分析。

生产和信息交流方式上的变革必然会引发管理规范的变革。同时，这些变革也会带动社会需要维护的核心价值观的转变。大数据在改变我们许多基本的生活和思考方式的同时，也在推动我们去重新考虑最基本的准则，包括怎样鼓励其发展及怎样遏制其潜在威胁。大数据时代，对原有规范的修修补补已经满足不了需要，也不足以抑制大数据带来的风险——我们需要全新的制度规范，而不是修改原有规范的适用范围。

1.2.2 管理活动的变革

我们在生产和信息交流方式上的变革必然会引发自我管理规范的变革。同时，这些变革也会带动社会迈向大数据时代。

个人隐私保护方面，从个人许可转变为让数据使用者承担责任。在大数据未出现之前的数十年，全球范围内的隐私规范都是让人们自主决定是否处理、如何处理及经由谁来处理他们的信息，把这种控制权掌握在人们自己手中，这也是隐私规范的核心准则。在互联网时代，这种模式往往会演变成"告知与许可"的公式化系统。而在大数据时代，因为数据的价值很大一部分体现在二级用途上，而收集数据时并未做这种考虑，所以"告知与许可"就无法再起到好的作用了。在大数据时代，我们需要设立一个不一样的隐私保护模式。这个模式应该更着重于数据使用者为其行为承担责任，而不是将重心放在数据收集之初取得个人同意上。这样一来，使用数据的公司就需要基于其将对个人所造成的影响、对涉及个人数据再利用的行为进行正规评测。当然，并不是说评测在任何时候都必须非常详尽。未来的隐私保护法应当区分用途，包括不需要或者只需要适当标准化保护的用途。对于一些危险性较大的项目，管理者必须设立规章，规定数据使用者应如何评估风险、如何规避或者减轻潜在伤害。这将激发数据使用的创新性。对大数据使用进行正规评测及恰当使用大数据，可以为数据使用者带来切实的好处：很多情况下，他们无须再取得个人的明确同意，就可以对个人数据进行二次利用。相反地，数据使用者也要为敷衍了事的评测和不达标准的保护措施承担法律责任，诸如强制执行、罚款甚至刑事处罚。数据使用者的责任只有在有强制力规范的情况下才能确保履行到位。

此外，数据使用者达到了最初目的之后，还可能较长时间地保存数据。只有充分开发数据的潜在价值，对数据价值进行最大程度的挖掘，才能促进其自身和社会的同步进步。所以，社会必须平衡二次使用的优势与过度披露所带来的风险。为实现这一平衡，监管机制可以决定不同种类的个人数据必须删除的时间。再利用的时间框架则取决于数据的内在风险大小和社会价值观。这一方式通过限制个人信息存储和处理的时间而保护了个人隐私，也可以消除"永久记忆"的恐慌——永不磨灭的数字记录让人无法告别过去。我们的个人数据就像达摩克利斯之剑一样悬在头上，多年之后也会因为一件私事或者一次遗憾的购买记录而被翻出来再次刺痛我们。时间限制也激励数据使用者在有权限的时间内尽力挖掘出数据的价值。这就是我们认为更适用于大数据时代的平衡：公司可以利用数据的时间更长，但相应地必须为其行为承担责任及负有特定时间之后删除个人数据的义务。

除了在管理上转变个人隐私的使用方式,即从个人许可到数据使用者承担相应的责任,我们也需要发明并推行新技术方式来促进隐私的保护。一个创新途径就是"差别隐私"处理:故意将数据模糊处理,促使对大数据库的查询不能显示精确的结果,而只有相近的结果。这就使得特定个人与特定数据点的联系难以实现并且耗费巨大。信息模糊处理听起来似乎破坏了其解读价值,但是也并不一定,至少这是一个折中的好办法。个人隐私保护从个人许可到数据使用者承担责任的转变是一个本质上的重大变革。我们必须将类似范围内的变革应用到大数据预测中,以维持人类自由和责任的平衡。

反数据垄断大亨方面也有所改变。数据之于信息社会就如燃料之于工业革命,是人们进行创新的力量源泉。没有大量鲜活的数据和健全的服务市场,创新就实现不了。随着尚未成熟的大数据产业的不断发展,如何保护极具竞争力的大数据市场将是一个挑战。我们必须防止 21 世纪数据大亨的崛起,它相当于 19 世纪强盗大亨的现代翻版。那些强盗大亨曾垄断了美国的铁路、钢铁生产和电报网络。为了确保给大数据提供一个与早期技术领域情况相当的活跃的市场环境,我们应该实现数据交易,比如通过授权和协同合作的方式。反垄断法遏制了权力的滥用。为了促进大数据平台上的良性竞争,政府必须运用反垄断条例。反垄断的经验是,一旦确定了原则,管理者就要付诸行动,以确保保护措施的实施到位。伴随着从核技术到生物工程学等其他领域的发展,人类总是先创造出可能危害自身的工具,然后才着手建立保护自己、防范危险的安全机制。在这方面,大数据也和其他领域的新技术一样,带来了无法彻底解决的挑战。另外,新技术也不断对我们管理世界的方法提出挑战,而我们的任务是要意识到新技术的风险,然后促进其发展,最后斩获成果。

正如印刷机的发明引发了社会自我管理的变革,大数据也是如此。它迫使我们借助新方式来解决长期存在的挑战,并且通过借鉴基本原理应对新的隐患。不过,在推进科学技术进步的同时,我们应确保人类自身的安全。因此,我们不能让大数据的发展超出我们可以控制的范围。

1.3 大数据与财务管理

财务数据是企业财务战略管理的核心,它记录了企业经济活动和资金运转的详细情况,通过对财务数据的处理和分析,企业能够发现其运行中的问题和风险,进而实施有针对性的财务管理。财务数据又是企业实行财务管理的基础原料。在大数据时代背景下,企业应改变处理财务数据的思维方式。这主要包括两个方面:一是财务数据的容量增大,要处理与财务有关的所有数据,而不是抽取部分数据;二是处理财务数据要更加关注非财务信息,通过可扩展商业报告语言(XBRL)、会计综合报告等工具的运用,财务数据系统将成为一个立体化的企业综合信息系统,为企业管理者提供全方位、相关度高、准确度高的决策信息。基于大数据的处理和分析,可以使企业在处理财务数据上实现重大变革,为企业带来巨大的价值增长。

财务工作的对象是相关的财务数据,这一本质特征决定了在大数据时代,财务工作必定会随着大数据的发展而不断改革创新。财务数据已由原来简单的核算记录工具转变为影响企业经营决策的重要因素，是企业在日常经营过程中重点关注的战略资源。同时，其在数据的来源、价值、形式等方面呈现出了重要的新特征，这对企业的财务管理工作提出了新的要求，也是企业重新审视财务战略的新契机。大数据推动企业管理的变革表现为数据的资产化、企业拥有数据的规模和活性，以及企业收集和运用数据的能力，这些将决定企业的核心竞争力。掌控数据就可以深入洞察市场，从而依据市场变化做出快速而精准的应对决策。

从财务管理工作的发展历程看，复式记账法的出现使经商开始纳入数据化管理的轨道。大数据是一种无形的信息资产，数目繁多且变化多端。因此，在数据处理环节，相关的专业人员要拥有较强的洞察问题、果断解决问题的能力。如果使用传统的数据处理方法，则很难控制好数据信息。尤其是大数据中的图像和视频，以及非数据化的内容易导致数据的处理过程变得十分复杂。大数据时代所具有的数据规模大、产生速度快和时效性强的特性，要求企业先有效存储数据，然后再进行管理和使用。目前，大数据和财务融合的价值已经引起世界范围相关专业人员的关注。美国注册会计师协会、四大会计师事务所等已经开始研究大数据带给会计领域的新的机遇和挑战。财务信息作为企业经营过程中价值运动的数据结果，影响着信息使用者的决策。大数据时代是建立在相关性研究基础上的，不同于之前的因果性研究。也可以说，大数据环境下，相关性研究将为企业财务战略的研究和制定提供全新视角。

1.3.1 企业财务管理现状

（1）财务管理理念陈旧、共享性差

大多数企业在生产经营过程中过分关注利益最大化，使得经营者更重视生产和销售等方面的业绩，而疏于对企业的管理，特别是对财务部门的管理。在这样的环境下，企业的财务部门一般都是直接执行经营者的命令，而缺乏在财务数据中提取对企业决策有价值的信息的能力。并且，传统的企业财务管理更重视有形资产，轻视无形资产对企业的价值及其决策的意义，从而在很大程度上限制企业在大数据时代下的发展经营。企业要推进财务管理水平的提升，进行信息化的财务管理，必须建立高效的财务管理系统，采取有效的财务管理信息化方式，建立高效的财务信息反馈方式。但是目前，我国大多数企业自主创新精神匮乏，自主开发信息化财务管理软件相对滞后。同时，企业各部门之间存在着信息不对称、不共享的情况，导致财务管理效率低下。财务会计部门与其他部门的信息往来较少，企业各部门基于自身利益关系及时沟通时效性较低；企业内部与企业外部没有形成统一的信息标准，导致内外部之间信息不匹配，信息及数据的传递不及时，这在很大程度上会影响企业的管理决策。

（2）财务信息的质量及时效性差

处于信息化高速发展的时代，大多数企业仍然存在对财务管理的信息化核心地位认识不到位的现象，即没有意识到对海量数据集合进行整理、分析及对其有价值信息进行提取的巨大价值所在。传统的会计电算化并不是财务管理的信息化处理手段，财务管理的思维和模式需要及时更新及变革。在实践中，一部分企业存在财务管理基础薄弱，缺乏对财务信息进行集中管理的理念，财务管理体制分散等问题，因此，这部分企业很难对企业的资产进行有效的管理。而大数据时代的到来，给企业的财务管理带来了更大的挑战，传统的财务管理方式及理念在很大程度上影响了企业财务管理水平的提升。另外，我国财务评价体系局限于货币计量的财务指标，缺乏对影响企业竞争力的其他诸多因素的考虑，如客户黏性和忠诚度等，会计信息披露也难以保证及时性和层次性，难以满足财务信息使用者的要求。

财务信息网络化管理在我国起步晚，到目前为止，虽有部分大中型企业开始实施，但难以形成规模，再加上财务部门架构越来越复杂，财务管理流程越来越长，导致信息的沟通主要依靠人工，难以实现信息的共享和企业资源的优化整合。从需求方面来说，专门设立财务管理机构的企业比较少，财务管理多与会计核算结合在一起，这就导致企业中能够开展高层次财务管理的人才较少。随着企业规模的扩大，财务管理专门人才的缺失弊端日显，企业对财务管理人员的需求量越来越大。从供给层面来说，由于监管的缺失，财务人员的整体素质有待提高，专业财务人员的供给不足。

（3）财务决策风险意识淡薄

在大数据时代，企业面临更大的挑战与风险，对企业财务数据信息的处理、分析及反馈也提出了更高的要求。企业对数据进行披露后，若披露的内部信息与企业现有的外部信息存在不对称、不充分等问题时，将会导致企业运营风险。同理，在企业的管理过程中，特别是对财务信息的管理中，如果不能及时跟上大数据的发展步伐，不能及时应对变革，不能增强相应的危机与风险意识，将在很大程度上导致企业的危机。

因此，随着大数据管理技术、社交媒体、移动应用等数字新技术的快速发展，企业在创新管理思想、实施流程再造、完善经营模式、提升管理效率等方面取得了较好的成效。作为企业管理的重要组成部分，财务管理也迎来了创新性变革，主要表现在战略型财务、融合式财务、精益化财务、信息化财务等方面。财务管理的边界在不断拓展，与外部融合的趋势也日益明显。这种融合的趋势不仅体现在财务与会计的融合、管理会计与财务管理的融合，还体现在财务管理与业务经营的融合、产业资本与金融资本的融合等新领域。为了适应大数据的发展，传统财务管理中的各个环节有必要进行相应的调整及变革，以跟上大数据时代发展的步伐。

1.3.2 大数据时代财务管理面临的挑战

（1）传统的事务性财务管理已无法满足现代企业管理的需要

仅仅做好账务核算，仅仅针对月度或年度的财务报表进行分析，已无法为企业管理层做出及时、准确的决策带来帮助。尤其是在大数据时代，面对大量的数据信息，以及各种新技术、新业务模式的冲击，财务管理如果仅仅是"摆数据"，对企业发展和变革，是起不到支持作用的。因此，财务管理应该以更主动、更积极的方式来为企业服务，实现从"事务型"向"经营管控型"的转变，更加注重数据的及时性及财务数据与业务数据的融合。在业务流程中，预算是一切活动的开始，预算与业务流程的融合能够帮助企业制定出更切实可靠的预算方案；收入是业务流程的核心，通过梳理各个业务环节所涉及的收入点并绘制收入风险图，以监控收入全程，保障收入的实现；成本管控与业务流程的融合则更能体现精益化财务的思想，借助信息系统能够对成本发生点进行监控，并及时调整资源的分配；资产是一切经营活动的基础，资产管理与业务流程相结合能够使企业获取更详细准确的资产使用和需求状况；风险控制与业务流程的融合则更加满足了全面风险管理的要求。大数据时代，微博、微信等自媒体中的各类与企业相关的信息，有的看起来很有用，实则与企业没有关联；有的看起来微不足道，实际却与企业的发展战略息息相关。然而对这些信息进行处理需要耗费相当的人力和物力，而且只有具有财务与数据分析能力的专业人才才能胜任此项工作。

（2）现代企业管理已经不满足于用ERP等手段进行事后管理

由于竞争的加剧，以及对数据时效性的关注，企业管理层更希望得到更富有洞察力、前瞻性的数据和分析。这将对传统的财务分析模式带来冲击。财务人员对大数据的整合和分析能力将得到关注和提升。财务人员要在繁杂的数据中，去粗取精，化繁为简；能灵活根据管理需求多维度地对财务数据进行分析；能运用大数据准确地预测未来的趋势和变化。财务人员能力的提升将给企业带来极大的帮助。企业也可以利用大数据强大的数据处理功能使财务管理人员脱离繁杂的工作。企业通过建立数据仓库、数据分析平台，提高财务管理工作的效率，同时财务管理的远程化、智能化和实时化也将成为可能。通过对财务信息和人力资源等非财务信息的收集、整理与分析，大数据可以为企业决策提供强大的数据支持，帮助企业选择成本最低、收入最高、风险适中的方案和流程，减少常规失误，最大限度地规避风险，使得企业的财务管理工作更具前瞻性和智慧性，企业的内部控制体系得以进一步优化。

（3）业务和财务数据的协同不够

大数据分析是优化配置各个子公司、各个部门人力资源的最佳方案。例如，以"大自然搬运工"自居的农夫山泉，有十多个水源地。它开发大数据软件，将高速公路收费、道路等级、天气、配送中心辐射半径、季节性变化等实时数据输入进去，精准管控物流成本，从而大大降低了运输费用。大数据分析模型帮助农夫山泉实现了30%~40%的年增长率。因此，企业要适应时代之需，应建立新财务模型，通过分析大数据，找到配置各类资源的最佳路径和最便捷的工作路线图。从而降低成本、节约资源、提高效率，为企业制定科学发展方案提供依据。为适应新技术所带来的业务模式变化，企业的发展要通过纵向和横向两个维度展开，同时一系列的重组兼并也要及时展开。如果这时财务管理依然停留在传统"事务型"的状态，一方面，无法通过有效的价值评估或给企业的重组融资等带来帮助；另一方面，在兼并后，企业间的业态差异、管理水平差异等也会造成整体的管理难度加大。因此，如何实现业务和财务数据的协同、下属企业管理需求的统一，以促进企业管理水平的提升，这也是大数据时代企业迫切需要解决的问题。

（4）促进财务管理信息的挖掘

在大数据时代背景下，企业获得财务管理信息的主要途径除了传统的财务报表外，还可以是业务数据和客户数据，企业可以利用大数据技术，从这些数据中挖掘更多的财务管理信息。以计算为核心的大数据处理平台可以为企业提供一个更为有效的数据管理工具，提升企业财务管理水平。很多企业对自身目前的业务发展状态分析只停留在浅层的数据分析和进行简单的信息汇总上，在同行业的竞争中缺乏对自身业务、客户需求等方面的深层分析。管理者若能在对数据进行客观、科学、全面的分析后再做决定，将有助于减少风险。

企业管理层在大数据时代的背景下，不仅需要掌握更多更优质的数据信息，还要有高超的领导能力、先进的管理模式，这样才能在企业竞争中获得优势。除了传统的企业数据平台以外，企业可建立一个非结构化的集影像、文本、社交网络数据为一体的数据平台，通过内容挖掘或企业搜索，开展声誉度分析、舆情化分析、精准营销等；企业可随时监控、监测变化的数据，提供实时的产品与服务，即实时的最佳行动推荐。企业的创新、发展、改革，除了传统的数据做支撑之外，还要看非结构化数据，企业要将这些数据用在企业的日常业务当中，对产品、流程、客户体验进行实时记录和处理。企业可融合同类型数据，互相配合进行分析，以突破传统的商业分析模式，带来业务的创新和变革。企业可通过微博等社交媒体把需要的文档放进非结构化的数据平台中，对其中的内容分字、词、句法进行分析，并进行情感分析，同时还要对一些关系实体进行识别。通过这些内容，企业可以获得更加真实的、更具经济价值的信息，股东对企业管理层的约束力得以加强，部分中小企业的融资难问题也得以有效解决。

（5）提升财务管理信息对企业决策的支持力度

企业在大数据时代背景下能够获得多维度的海量数据信息。在原来的工作模式中，企业可能无法应对如此繁杂的数据，但在大数据条件下，企业可以建立一个大数据预测分析系统，从繁杂的数据监测与识别工作中解脱出来，赢取更多的时间来进行分析与决策。运用大数据的关键在于有大量有效且真实的数据。一方面，企业可以考虑搭建自有的大数据平台，掌握核心数据的话语权。在为客户提供增值服务的同时，获得客户的动态经营信息和消费习惯。另一方面，企业还要加强与电信、电商、社交网络等平台的战略合作，建立数据和信息共享机制，全面整合客户有效信息，将金融服务与移动网络、电子商务、社交网络等密切融合。另外，大数据时代的到来和兴起也大大推动了企业财务管理组织的有效转型，为企业财务管理工作提供了优化的契机。大数据除了帮助企业提升企业管理信息化水平以外，还应该成为企业财务管理人员整合企业内部数据资源的有效利器。因此，在聚焦企业财务战略的过程中，企业财务管理人员需要掌握经营分析和经营管理的权力，将企业财务战略管理的范畴扩展到数据的供应、分析和资源的配置层面，积极推动财务组织从会计核算向决策支持转型。

（6）提升财务管理信息的准确度

财务报告的编制以确认计量的记录为基础，然而由于技术手段的缺失，财务数据和相关业务数据作为企业的一项重要资源，其价值在编制报告的过程中并没有受到应有的重视。受制于技术限制，有些企业在决策时并未及时、充分地收集相关数据，或者由于数据分类标准差异，导致数据整合利用难度大、效率低。因此，相关的财务管理信息不准确，大量的财务管理数据在生成财务报表之后便处于休眠状态而丧失价值。但大数据使得企业高效率地处理、整合海量数据成为可能，大量财务管理信息的准确性得以提升。

企业目前的困境之一是,现有的财务部门的工作人员缺乏信息化数据处理的思维与能力,对大数据技术的认识不足,而有关技术部门的人员虽然具备一定的信息化处理思维与能力,但是对财务管理相关方面理的解不到位,导致不能从海量的财务数据中提取出对企业有价值的信息。因此,在信息技术不断发展的同时,企业要高度重视综合性人才的培养、引进。财务数据是企业财务管理的核心,大数据时代,财务数据大多是电子数据,这就需要财务管理人员尽快通过集中处理数据来提取对企业有用的信息,建立企业需要的新的数据分析模型,合理存储和分配财务资源,进而做出最优的财务决策。

（7）促进企业财务人员角色的转变

从企业财务管理的角度分析,大数据为财务人员从记账复核和简单的报表分析角色向高层管理会计转型提供了机遇。大数据技术能够帮助财务人员破解传统分析难以应对的数据分析难题,及时评价企业的财务状况和经营成果,从而揭示出企业经营活动中存在的问题,为改善企业的经营管理提供明确的方向和线索。财务管理者应清晰地认识到,对投资人决策有用的信息远远不止财务信息,伴随着大数据时代的到来,真正对决策有用的应该是广义的大财务数据系统。它包括战略分析、商务模式分析、财务分析和前景分析,所提供的财务报告是内涵更丰富的综合报告。该报告能够反映企业所处的社会环境和商业环境,对企业的战略、治理、业绩和前景等重要信息进行整合并列示。另外,综合报告中非财务信息的比例增大并被准确量化。

在大数据时代,CFO（首席财务官）将在企业价值创造中扮演更重要的角色。大数据时代,CFO 的主要职能在于开展更有效的企业价值分析和价值创造。运用财务云等先进的管理技术,CFO 能对大量的财务、商业数据进行分析处理,挖掘出对企业有价值的信息,优化企业的业务流程,将资源更好地配置到快速增长的领域,从而为企业创造更大的价值。这要求 CFO 进一步强化对企业经营活动的反应能力、风险控制能力及决策支持能力。对于一般的财务人员来说,在处理大数据方面,需要更为广泛的数据处理能力作为支撑。大数据时代,财务数据更多的是电子数据,这就要求财务人员更好地掌握计算机技术,能从大量数据中抽取对自己有利的信息并为其所用。日益复杂的财务环境对企业财务管理提出了更高的要求,而培训又是提高员工综合素质最有效的手段,所以企业需结合自身的实际情况,聘请有经验的专家指导财务管理人员的工作,激发员工学习的积极性,提高财务管理人员的业务能力。

1.3.3 大数据时代的财务决策需要新思维

（1）重新审视决策思路和环境

财务决策参与者及相关决策者在大数据的背景下依然是企业发展方向的制定者。但是大数据的思想颠覆了传统的依赖于企业管理者的经验和相关理论进行企业决策的模式,拥有数据的规模、活性及解释运用能力,以及收集、分析、利用数据的能力,将决定企业的核心竞争力。而以前企业的经营分析只局限在对简单的业务、历史数据的基础分析上,缺乏对客户需求的变化、业务流程的更新等方面的深入分析,导致战略与决策定位不准,存在很大风险。在大数据时代,企业通过收集和分析大量内部与外部的数据,获取有价值的信息。通过挖掘这些信息背后的价值,可以预测市场需求,最终企业将信息转为洞察,从而进行更加智能化的决策分析和判断。

(2)树立基于数据的服务导向理念

企业生产运作的标准为敏锐快捷地制造产品、提供服务,保证各环节高效运作,使企业成为有机整体,实现更好发展。企业不断搜集内外部数据,以提高数据的分析与应用能力,将数据转化为精练的信息,并由企业前台传给后台,由后台进行分析决策。数据在企业前台与后台间、横向各部门间、纵向各层级间传输,使得企业运作的各个环节紧紧围绕最具时代价值的信息与决策展开。同样,大数据使得全体员工可以通过移动设备随时随地查阅所需信息,减少了部门之间的信息不对称性,使企业的生产运作紧跟时代步伐,在变化中发展壮大。以服务为导向,企业要在社会化媒体中发掘消费者的真正需求,在大数据中发掘员工和社会公众的创造性。

(3)分析实时数据减少决策风险

多源异质化的海量数据打破了以往会计信息来源单一、估量计算不准确的情况,使企业能够实时掌握准确的市场情报,获得准确的投资性房地产、交易性金融资产等方面的价值信息。同时,云会计对数据信息具有强大的获取与处理能力,且一直处于不断更新的状态。通过对市场信息的实时监控,可及时更新数据信息,从而保证会计信息的可靠性和及时性,有效避免由于信息不畅造成的资金损失。美国老牌百货公司——JC Penny公司是一家服装公司。该公司采用大数据分析工具,实现了对企业内部流程的全面提升,包括全面实现价格优化和流程管理,灵活实现即时分析计算,缩短工作周期时间,提高数据质量和预算业务流程的效率,并利用数据分析工具灵活调整动态预测信息,将组织货源、定价优化及供应链管理等环节整合在一起。这种方法使公司的毛利增加了5百分点,库存周转率提高了10%,连续四年实现了经营收入和可比商店销售额的增长,公司的经营利润也实现了两位数的增长。

1.3.4 大数据引发的无边界融合式财务管理

(1)无边界融合式财务管理的含义

随着信息技术的进步和管理理念的发展,企业的内外部边界在不断扩展,财务管理的内涵和外延也在不断扩大。大数据时代,企业的所有部门都必须根据新环境的变化做出调整甚至变革,财务管理也不例外,将体现出多部门、多领域、多学科融合的特点。

企业根据产品和市场的不同细分为多个业务单元,决策者如何有效地进行资源配置,很难通过经验来判断,最终还要依赖于数据分析。大数据分析是根据大量真实的最新业务数据进行计算预测,在加工处理信息上利用其独特的优势,有效进行数据挖掘,帮助企业根据自身需求制定财务决策支持系统,对企业提出科学合理的决策建议。借助大数据实现财务信息与非财务信息的融合后,财务决策过程将更加科学合理,避免单纯依靠财务信息决策带来的不可控风险。此外,大数据的便捷性也使得财务信息的提取更加智能,使其充分挖掘潜在信息辅助决策,将资源更好地配置在优势增长领域,提高财务处理效率。

无边界管理理念最早由通用电气公司前CEO杰克·韦尔奇提出。该理论并不是指企业管理真的没有边界，而是强调组织各种边界的有机性和渗透性，以谋求企业对外部环境的改变能够做出敏捷并具有创造力的反应。无边界融合式财务管理以企业战略为先导，强调财务管理者以一种无边界的主动管理意识，突破现有工作框架和模式，在价值链的各个环节进行财务理念的沟通与传导，形成财务管理与其他各个部门的融合，促进企业整体价值可持续增长的财务管理模式。无边界融合式财务管理通过将财务理念渗透到生产经营的各个环节，使信息沟通打破部门和专业的壁垒，提高整个组织传递、扩散和渗透信息的能力，实现企业资源的最优化配置及价值的最大化。

（2）打破财务管理的边界

根据杰克·韦尔奇的描述，企业组织中主要存在垂直边界、水平边界、外部边界、地理边界四种类型的边界，这四种边界对组织职能的实现造成阻碍。要实现无边界融合式财务管理，必须打破财务管理的这四种边界。然而，需要注意的是，此处提到的打破并不是指消除所有边界，而是要推倒那些妨碍财务管理的藩篱，具体内容如下。

第一，打破财务管理的垂直边界。财务管理的垂直边界是指组织内部严格的管理层次。传统的财务管理组织架构普遍具有严格的内部等级制度，界定了不同的职责、职位和职权，容易造成信息传递失真和响应时间迟滞等问题。无边界融合式财务管理则要求突破僵化的定位，采用一种部门内部的团队管理模式，上下级之间彼此信任、相互尊重，力争最大限度地发挥所有成员的能力。此外，减少财务部门的管理层次、实现组织的扁平化管理、建立富有弹性的员工关系、营造创新的文化氛围等都是打破财务管理垂直边界的路径。

第二，打破财务管理的水平边界。财务管理的水平边界是指财务部门与其他部门之间的分界线。现代企业的组织结构往往围绕专业来安排，如分成研发部、制造部、销售部、财务部、人力资源部等。在严格的水平边界下，由于每个职能部门都有其特有的目标和方向，都在各自的领域内行使职责，久而久之，各个职能部门可能会更多地考虑本部门的利益而忽视企业的整体目标，甚至会因为互相争夺资源而内耗不断。无边界模式下的财务管理则强调突破各个职能部门之间的边界，使财务部门与其他部门互通信息，实现企业价值链和财务链的同步。构建不同部门间的工作团队、进行工作岗位轮换等都是打破财务管理水平边界的有益尝试。

第三，打破财务管理的外部边界。自20世纪早期以来，价值链上的大多数企业都一直从独立、分割的角度看待自己的地位，企业间更多的是斗争而非合作。然而如今，战略联盟、合作伙伴及合资经营的发展速度大大超过了以往任何时候，企业单凭自身的力量已经很难在市场竞争中取胜。作为企业信息管理最重要的部门，财务管理不能只局限于企业内部的分析，还要将财务管理的边界进行外部扩展，实现价值链上的财务整合。如将相关企业的信息变动纳入财务管理系统，为产业链上的供应商和客户提供财务培训等帮助，与合作伙伴共享信息，共担风险。

第四，打破财务管理的地理边界。随着企业规模的扩大和全球化进程的加快，企业各个分部的地理位置越来越分散，财务部门的分散情况也随之形成。而基于整体战略和节约成本的考虑，企业要打破各个地区的财务边界，形成新的财务管理模式——财务共享服务，即将企业各业务单位分散进行的某些重复性财务业务整合到共享服务中心进行处理，促使企业将有限的资源和精力专注于核心业务，创建和保持长期的竞争优势。

（3）无边界融合式业财融合创新

业财融合也称业务财务一体化，其强调将财务管理理念融入业务活动的全流程，借助信息系统进行财务管理。业务和财务的融合不是简单地将财务人员分派到业务团队中，而需要以企业前期充分的信息化建设和人才培养为前提，在价值文化的指导下重塑财务流程，对业务全程进行财务管理，通过业财联动为管理层提供决策支撑，根据合理有效的绩效考核体系对业财团队进行监督和激励，使所有的活动都基于价值文化理念展开，最终确保企业战略目标的实现。企业的财务管理目标经历了从利润最大化、股东价值最大化向企业价值最大化的演变。在业财融合模式下，企业所有的管理活动仍要以企业价值最大化为目标，将战略管理与财务管理紧密结合，更加注重财务目标的高度和远度。在业务活动和财务活动中，都以追求价值为目标以实现融合，使业财融合对企业战略推进和业务发展的决策支持与服务功能得以充分发挥。业财融合最主要的特点就是将财务触角深入企业经营的各个方面，因此企业需要重塑财务流程，实现全业务流程的业财联动，保证业务信息和财务信息的及时转化。

1.3.5　财务云领跑集团管控的案例

案例1-1　财务云领跑集团管控

1.3.6　大数据构建智慧银行的案例

案例1-2　用大数据构建智慧银行

1.4　大数据与财务决策框架

伴随着互联网和信息技术的飞速发展，大数据产生的信息量呈指数级增长，涵盖各领域、各业务流程，具体到财务决策方面，已经突破了原先的范畴和边界。从已有的文献研究来看，大数据主要应用到成本管控、全面预算、财务分析、资金管理、投资决策等领域。随着大数据与云计算、区块链等新技术的融合，大数据在财务决策上的施展空间更大,同一决策对象时间和空间的不同,决策结果将会不同。

大数据影响着企业的整个架构和企业的战略分析结果。其中,财务数据是大数据中影响企业战略决策的重要因素之一,所以企业在制定战略决策时必须考虑现有资产、负债的总量等财务数据。财务数据对市场营销管理影响很大,在考虑用大数据分析的时候,不仅仅要从公司的整体层面去考虑,还要参考财务报表情况,进而优化企业决策结果。从决策基础来看,大数据带来丰富、及时的信息资源,改变了财务决策的目标、内容和方法。企业应依据外源性和内生性的数据资源库信息在企业价值创造过程的各环节,对价值驱动因素建立实时、动态的财务决策机制。从决策活动路径来看,大数据对财务活动和财务关系的影响决定了财务决策的效果。大数据价值链对预测、决策、控制和评价及利益相关者也有较大影响。当然大数据在具体应用的过程中还面临挑战,这也为财务管理创新也提出了新路径。如海尔集团实施的"人单合一"双赢模式,以及探索的"自主经营体"管理模式,在具体应用中面临挑战,从而发展到借助信息化工具,升级为"人单合一下的共创共赢生态圈模式"。从决策操作来看,大数据在财务决策上体现出精准性、集成性和关联性的特点。企业透过大数据技术进行成本管控,通过多渠道得到成本数据,并据其分析出符合实际需求的材料用量标准,在系统中对工资明细、进销存单据和制造费用等结构化及非结构化数据进行共享。从决策创新层面来看,建立在大数据基础之上的商业模式的创新更为系统,不受单一因素的影响。这种创新通常是分析大量数据的结果,需要企业做出全面的调整,是一种集成创新。如对内部财务指标、外部宏观市场指标等进行综合评判。大数据的商业分析能够建立在全部样本空间之上,能够准确完成企业业务的相关关系预测,有利于企业全面掌握客户信息及产品的反馈情况,帮助企业动态实施全面预算。

大数据应用的系统很多,目前常见的有大数据平台系统、决策系统、数据挖掘系统、智能分析系统等。数据挖掘技术在智能财务决策支持系统中应用,关联规则主要用于发现大数据中项目集间有价值的关联。关联规则在财务中可以应用于投资决策、报表虚假识别,也可以用于财务决策。企业还可以利用计算机高速且准确的计算能力,对数据仓库中的数据进行自动处理,得到企业经营诊断报告、实时监控财务信息,并形成经营决策建议,提供财务预警信息。

1.4.1 财务决策内涵和分类

财务决策是针对财务活动和财务关系就收益与利弊的合理预测、分析和选择,是一种多标准和多维度的综合决策。其既有货币化和可计量的经济标准,又有非货币化和不可计量的非经济标准。财务决策按照能否程序化,分为程序化财务决策和非程序化财务决策;按照决策所涉及的时间长短,分为长期财务决策和短期财务决策;按照决策所处的条件和应用的工具,分为确定型财务决策、非确定型财务决策和风险型财务决策;按照决策所涉及的内容,分为投资决策、筹资决策、资金管理及股利分配决策;等等。

大数据对企业财务决策的影响是全方位和多维性的，每个企业都可根据自身的产品结构、市场战略、内部控制等实际进行有重点的管控。大数据多应用于财务分析、预算管理、采购及销售、资金及投资管理等领域，也有应用在非财务信息的统计分析上，对财务决策的效果会产生较大影响，如大数据应用到人力资源管理、质量管控、商业模式创新等方面，实现了财务和业务的一体化，打破了传统的信息边界。

1.4.2 财务决策方法和步骤

财务决策方法分为定性决策方法和定量决策方法两类。定性决策方法主要是依靠个人经验和综合分析对比进行决策的方法。定量决策方法是通过分析各项因素、属性及数量关系进行决策的方法。大数据在财务决策中的应用主要是定量统计和展示，通过财务信息和非财务信息的融合，最终得出理性的财务决策方案。

财务决策的步骤一般有四步：

第一步，确定决策目标，明确决策所要解决的问题和达到的效果。

第二步，依据宏观和微观信息进行财务预测。

第三步，根据决策标准和目标进行分析论证，做出综合评价和选择。

第四步，组织实施所选择的方案，并对过程进行控制和跟踪反馈，必要时进行方案修正。

通过以上步骤，确保决策目标的顺利实现。

1.4.3 财务决策支持系统

财务决策支持系统（简称FDSS）是将数据仓库及其中的数据进行筛选并结合起来的一种崭新的决策支持系统，它可以进一步提高辅助决策的功能。该系统是在决策支持系统（简称DSS）的基础上发展起来的分支，主要是在财务管理领域的应用。财务决策支持系统与电算化信息系统不同，前者产生于后者，只有在后者发展完善和成熟的基础上才能建立起财务决策支持系统。最常见的电算化会计信息系统，就是常见的企业核算系统（ERP），其用来处理日常的业务数据，并且数据需要不断的维护。财务决策支持系统是面向决策主题的，其数据不能改动且不断积累增多，数据根据决策主题的需要进行调用。

1.4.4 数据仓库和ETL工具

数据仓库是决策支持系统和联机分析应用数据源的结构化数据环境。数据仓库研究和解决从数据库中获取信息的问题。数据仓库是一个面向主题的、集成的、相对稳定的、反映历史变化的数据集合，用于支持管理决策。

ETL（extract-transform-load）是将相关业务系统的数据经过抽取、清洗、转换之后加载到数据仓库的过程，目的是将经营业务系统中分散、零乱、标准不统一的数据整合到一起，为企业的决策提供分析依据，ETL是大数据平台开发的关键步骤，是构建数据仓库最为重要的一个环节。

1.4.5 大数据思维下的财务决策

现行财务管理的理论框架是由财务管理的目标、概念、内容、环境、假设等要素所组成的相互联系、相互影响的有机体，财务管理的内容是关于一系列财务活动的决策，因此，财务决策是财务管理理论框架的核心。按照主流的学者观点，财务决策是关于投资、筹资、资金管理及利润分配的总体决策，所以，投资、筹资、资金管理等的理论基础构成了财务决策的核心框架。与传统的财务决策不同的是，大数据深入应用的财务决策框架由数据来源、数据处理、数据分析、财务决策组成，是自下而上构成的一个完整的财务支撑体系。财务数据的来源有内部和外部，这些数据已经超越了财务的范畴，具体包括结构化、非结构化、半结构化三种类型。对获得的大数据进行提取和分析，以内部数据为中心或者纽带，覆盖外部（政府部门、中介机构等）相关数据，使得财务和业务的数据充分融合、对接，决策层根据各层级数据、自身偏好，借助一定的决策工具，实现面向企业的采购和生产、成本和费用、筹资和投资、预算和资金等各环节的财务决策。本书着重讲解大数据与财务分析、经营管理、预算管理、风险管理。

大数据下的财务决策是基于云计算平台，将通过互联网、物联网、移动互联网、社会化网络采集到的企业及其相关部门的各类数据，经过大数据处理和操作数据存储（ODS）、联机分析处理（OLAP）、数据挖掘（DM）、数据仓库（DW）等的数据分析后，得到以企业为核心的相关数据部门的偏好信息，通过高级分析、商业智能、可视发现等处理后，为企业的成本费用、筹资、投资、资金管理等财务决策提供支撑。

大数据下的财务决策框架由数据来源、数据处理、数据分析和企业财务决策组成，自下而上构成一个完整的财务支撑体系。财务决策的数据主要从企业、工商部门、税务部门、财政部门、会计师事务所、银行、交易所等数据部门获取。这些数据包括结构化、半结构化和非结构化三种数据类型。其中，结构化数据主要以数据库和 XBRL 文件的形式呈现，半结构化数据主要由机器和社交媒体生成，非结构化数据主要包括文本、图像、音频和视频等。这些数据基于云计算平台，通过互联网、物联网、移动互联网和社会化网络等媒介进行采集。物联网将企业生产运营的各个环节联成一个整体，采购、库存、生产制造等流程的数据信息通过云计算平台直接接入数据库。互联网、移动互联网和社会化网络通过云计算平台实时采集企业办公、销售和服务等流程中各种类型的数据信息，并存储到分布式文件系统（HDFS）、非关系型数据库（NoSQL）中，或者形成各种格式的文件。借助物联网、移动互联网等媒介实现财务数据和非财务数据的实时化收集，可以有效避免由于结算滞后和人工操作带来的会计信息失真问题，增强财务数据的可信性，提高财务决策的效率和效果。对处理后的大数据进行数据分析和提取，形成以企业为中心，覆盖工商部门、税务部门、财政部门、会计师事务所、银行、交易所等企业相关数据部门的有价值的信息。企业财务决策层主要是对各数据部门的偏好信息，借助文本分析和搜索,通过可视发现、高级分析、商业智能等决策支持工具,实现面向企业的生产、成本费用、收入、利润、定价、筹资、投资、资金管理、预算和股利分配等的财务决策。①

大数据下的财务决策除了有益于企业,还可为会计师事务所、工商部门和税务部门等数据部门提供业务支撑。基于云计算平台收集和处理数据,将运营数据保存在各个云端而不是企业自己的服务器上,给会计师事务所的外部审计带来了方便,降低了企业临时篡改数据的可能性,使审计结果更加可靠。同时,企业在运营过程中产生的财务数据和非财务数据可实时接受工商和税务等政府部门的监管,从根本上避免了做假账和偷税漏税等违法行为的发生。

本章小结

本章首先系统介绍了大数据的产生与发展、大数据的现状与趋势及我国大数据的建设成效,对大数据的内涵做了简要的界定。其次,阐释了大数据引起的管理规范及管理活动的变革。再次,着重介绍了大数据与财务管理,围绕企业财务管理现状、大数据时代财务管理面临的挑战、大数据时代的财务决策需要新思维及大数据引发的无边界融合式财务管理等展开分析,并介绍了财务之领跑集团管控和大数据构建智慧银行的两个案例。最后,明确了大数据与财务决策框架,主要讲解了财务决策内涵和分类、方法与步骤、支持系统与数据仓库,简要界定了大数据思维下的财务决策框架。通过本章的学习,学生应该了解大数据的产生、发展及未来趋势,掌握大数据的概念内涵,理解大数据财务管理的主要内容,熟悉和掌握大数据与财务决策框架。

复习思考题

1. 什么是大数据?
2. 大数据带来的管理变革有哪些?
3. 大数据对财务决策的影响有哪些?
4. 大数据背景下如何进行财务决策?
5. 大数据决策的典型案例有哪些?
6. 公司进行大数据决策平台建设需要做哪些准备?
7. 公司实施大数据决策的战略及步骤有哪些?

第 1 章 即 测 即 练

---

① 程平,赵子晓. 大数据对企业财务决策的影响探析[J]. 财务与会计,2014(10),49-50.

案例分析

A 集团大数据实施战略及步骤

案例思考题：

A 集团是如何利用大数据进行财务决策的？利用大数据进行财务决策的战略及步骤是什么？

第 2 章

大数据的采集、预处理与存储

本章学习目标

1. 了解大数据的来源及多源数据的采集。
2. 熟悉大数据预处理的方法与工具。
3. 重点掌握数据清洗原理及方法。
4. 了解大数据存储技术。
5. 重点掌握关系数据库。

引导案例

大数据的采集及清洗[①]

目前比较流行的大数据处理方法有两种：一种是离线处理，一种是在线处理。在互联网应用中，不管哪一种处理方式，其基本的数据来源都是日志数据。例如，对于 Web 应用来说，则可能是用户的访问日志、用户的点击日志等。如果在时间上对数据的分析结果有比较严格的要求，则可以采用在线处理的方式对数据进行分析，如使用 Spark、Storm 等工具进行处理。比较贴切的一个例子是天猫"双十一"的成交额，在其展板上，我们看到成交额是实时更新的，对于这种情况，则需要采用在线处理的方式。当然，如果只是希望得到数据的分析结果，对处理的时间要求不严格，就可以采用离线处理的方式，比如，我们可以先将日志数据采集到 HDFS 中，再进一步使用 MapReduce、Hive 等工具对数据进行分析，这也是可行的。

数据采集工作由运维人员完成，对于用户访问日志的采集，使用的是 Flume，并且运维人员会将采集到的数据保存到 HDFS 中。可以看到，不同的 Web Server 上都会部署一个 Agent，用于该 Server 上日志数据的采集，之后，不同 Web Server 的 Flume Agent 采集的日志数据会下沉到另外一个被称为 Flume Consolidation（聚合）Agent 的 Flume Agent 上，该 Flume Agent 的数据落地方式为输出到 HDFS 中。刚刚采集到的 HDFS 中的

[①] 大数据采集、清洗、处理：使用 MapReduce 进行离线数据分析完整案例[EB/OE]. https://blog.51cto.com/xpleaf/2095836，2018-04-08.

原生数据，我们也称其为不规整数据，即目前来说，该数据的格式还无法满足我们对数据处理的基本要求，需要对其进行预处理，转化为我们后面工作所需要的较为规整的数据，所以这里的数据清洗，其实指的就是对数据进行基本的预处理，以方便我们后面的统计分析。这一步并不是必需的，需要根据不同的业务需求进行取舍，只是在我们的场景中需要对数据进行一定的处理。

数据清洗的过程主要是编写 MapReduce 程序，而 MapReduce 程序的编写又分为写 Mapper、Reducer、Job 三个基本的过程。但是在这个案例中，要达到数据清洗的目的，实际上只需要 Mapper 就可以了，并不需要 Reducer 和 Job，原因很简单，我们只是预处理数据，在 Mapper 中就已经可以对数据进行预处理了，其输出的数据并不需要进一步经过 Redcuer 来进行汇总处理。经过数据清洗之后，就得到了我们做数据分析统计所需要的比较规整的数据。数据清洗过程如图 2-1 所示。

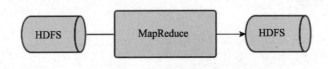

图 2-1　数据清洗流程

2.1　大数据的初步采集

2.1.1　大数据的来源

世界上本来没有数据，一切数据都是人为的。计算机用 0-1 数据描述现实世界的对象及其关系。获取数据的过程就是计算机中 0-1 数据生成的过程。获取数据主要有三种来源。

第一，对现实世界的测量，即通过感知设备获得数据。这类数据包括机器产生的海量数据，例如，应用服务器日志、传感器数据（天气、水、智能电网等）、科学仪器产生的数据、摄像头监控数据、医疗影像数据、RFID 数据和扫描二维码或条形码所得的数据。这类数据的特点是：结构化、半结构化和非结构化数据共存；根据产生数据的机器的特点，部分数据存在严格的模式；数据规模极大，数据更新速度极快；由于设备运行不稳定等因素，数据质量参差不齐。如果能够充分理解产生数据机器的机理，则可以明确数据语义，从而提升数据质量；数据价值密度较小。

第二，人类的记录。外部信息通过人类大脑的识别变成计算机可以识别的信息，由人录入计算机形成数据。这类数据包括关系型数据库中的数据和数据仓库中的数据，如企业中企业资源计划（ERP）系统、客户关系管理（CRM）系统等产生的数据都属于这一类。这类数据的特点是：以结构化形式存在，模式清晰；数据规模通常不大，数据增长速度不快；有专门的管理人员维护，数据质量较高，数据语义明确，数据价值密度较大。另一类典型的数据来源是人类在使用信息系统的过程中记录的行为,包括微博、微信、电子商务在线交易日志、呼叫中心评论、留言或者电话投诉等。这类数据的特点是:结构化、半结构化和非结构化数据共存;部分数据存在预定的模式,但模式不固定;数据规模较大,数据更新速度较快;由于缺乏专门的数据管理人员及数据顶层设计,数据质量很低,数据语义不明确,数据价值密度很小。

第三,计算机生成。计算机通过现实世界模拟等程序生成数据。例如,通过计算机动态模拟城市交通,生成噪声、流量等信息。这类数据的特点是:数据规模和更新速度可控,数据模式固定;因为是由程序自动生成,所以数据质量很高,数据语义明确,数据价值密度视模拟程序而定。

2.1.2 多源数据的采集

数据采集是指从真实对象中获得原始数据的过程。数据采集的过程要充分考虑其产生主体的物理性质,同时兼顾数据应用的特点。由于数据采集的过程中可以使用的资源(如网络带宽、传感器结点能量、网站 token 等)有限,需要有效设计数据采集技术,从而使得在有限的资源内实现有价值数据的最大化,无价值数据的最小化。同样由于资源的限制,数据采集过程中不可能获取数据描述对象的全部信息,需要精心设计数据采集技术,使采集到的数据和现实对象的偏差最小化。由于有些应用对采集到的数据质量和采集数据的时效性有明确要求,例如,在心脏病预警中,体感传感器采集数据如果时效性或者准确性过低,则无法达到有效预警的效果。对于这样的应用,就需要可靠、有时效性保证的数据采集技术。

根据数据源特征的不同,数据采集方法多种多样;根据数据采集方式的不同,数据采集又可以大致分为以下两类:

一是基于拉(pull-based)的数据采集方法,数据由集中式或分布式的代理主动获取。

二是基于推(push-based)的数据采集方法,数据由数据源或第三方推向数据汇聚点。

下面主要介绍四种常用的数据采集方法:采集物理世界信息的传感器、采集数字设备运行状态的系统日志、采集互联网信息的网络爬虫、采集人所了解信息的众包。

(1)传感器

传感器常用于测量物理环境变量,并将其转化为可读的数字信号以待处理,是采集物理世界信息的重要途径。传感器包括声音、振动、化学、电流、天气、压力、温度和距离传感器等类型。传感器是物联网的重要组成部分。通过有线传感器网络或无线传感器网络,信息被传送到数据采集点。图 2-2 中展示了一些常见的传感器。

有线传感器网络通过网线收集传感

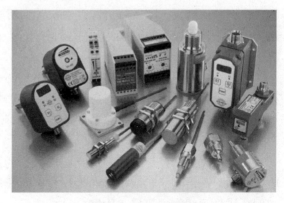

图 2-2 常见的传感器

器的信息,这种方式适用于传感器易于部署和管理的场景。例如,视频监控系统通常使用非屏蔽双绞线连接摄像头,利用媒体压缩、机器学习、媒体过滤技术,面向各类应用进行集中采集,获得城市交通、群体行为、公共安全等方面的大量信息,而这仅仅是光学监控领域一个很小的应用示例。在更广义的光学信息获取和处理中(例如对地观测、深空探测等),通过传感器可获得更大规模的数据。

无线传感器网络以无线网络作为信息传输的载体,并形成自组网传输采集的数据,如环境监控、水质监控、野生动物监控等。一个无线传感网通常由大量微小的传感器节点构成,微小的传感器由电池供电或通过环境供电,被部署在应用指定的地点感知、收集数据。当节点部署完成后,基站将发布网络配置、管理或收集命令,不同节点感知和采集的数据将被汇集并转发到基站以待后续处理。

(2)系统日志

对系统日志进行记录是广泛使用的数据获取方法之一。系统日志由系统运行产生,以特殊的文件格式记录系统的活动。系统日志包含了系统的行为、状态及用户和系统的交互。和物理传感器相比,系统日志可以看作是"软件传感器"。对计算机软硬件系统运行状态的记录、金融应用的股票记账、网络监控的性能测量及流量管理、Web 服务器记录的用户行为等都属于系统日志。

系统日志在诊断系统错误、提升系统运行效率、发现用户行为偏好等方面有着广泛的应用。例如,Web 服务器通常要在访问日志文件中记录网站用户的点击、键盘输入、访问行为及其他属性,根据这些行为可以有效发现用户的偏好。一方面,基于用户行为可以优化网站布局;另一方面,可以通过有效的用户画像从而实现精准的信息推荐。

设计系统日志的关键在于对用户/系统行为有良好的认知,需要根据应用的要求选择日志需要包含的内容,并且根据其包含内容的形式和应用的方法设计有效的存取格式。例如,对于通话记录一类需要频繁查询的海量日志仓库,可以选择数据库而不是文本文件来进行管理,以保证查询处理的高效性。

(3)网络爬虫

网络爬虫是指为搜索引擎下载并存储网页的程序。爬虫按顺序访问初始队列中的一组网页链接,并为所有网页链接分配一个优先级。爬虫从队列中获得具有一定优先级的URL,下载该网页,随后解析网页中包含的所有 URL,并添加这些新的 URL 到队列中。这个过程一直重复,直到爬虫程序停止运行为止。网络爬虫采集数据的流程示意图如图2-3 所示。

网络爬虫是网站应用(如搜索引擎和 Web 缓存)主要的数据采集方式。数据采集过程由选择策略、重访策略、礼貌策略及并行策略决定。选择策略决定哪个网页将被访问,重访策略决定何时检查网页是否更新,礼貌策略防止过度访问网站,并行策略则用于协调分布式爬虫程序。

在网络爬虫的设计中,考虑到爬取数据的效率和质量,需要关注链接的发现和网页质量评估、深层网络爬取策略和大规模网页爬取效率等方面的研究。目前,链接的发现和网页质量评估的主要技术为链接分析技术,如 PageRank、HITS、HillTop 等,同时结合网页的主题内容。深层网络占网络资源的比例为 80%,通常是指那些存储在网络数据库中,不能通过超链接访问而需要通过动态网页技术访问的资源集合。当前主流的深层网络爬虫技术包括基于领域知识的表单填写和基于网页结构分析的表单填写。网络爬虫的效率直接关系到大数据分析和挖掘的整体效率,当前的优化方法包括爬取策略优化和爬虫结构设计优化。

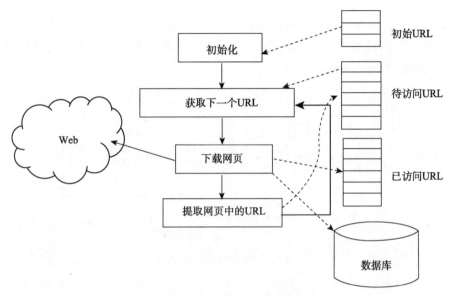

图 2-3　网络爬虫采集数据的流程示意图

(4)众包

"众包"一词最早出现在 2006 年。它描述的是一种现象,即任务外包给"分布式"的一群人"围观",这些人被普遍认为是非专家,并进一步区别于正式的、有组织的群体,通过网络登录众包平台即可发布或接受任务。由在众包平台上创建一个市场的请求者提供任务,由平台上的工人接受任务。企业用户针对的是那些需要以低廉价格起价外包、简单计算任务的公司,而个人用户将通过完成某项工作获得小额的报酬。

众包可以用作数据采集,将收集数据的任务外包给人来完成,通过大量参与的用户来获取恰当的数据。特别地,如果以普通用户的移动设备作为基本感知单元,通过网络通信形成感知网络,从而实现感知任务的分发与感知数据的收集,完成大规模、复杂的社会感知任务,则称为群智感知。比如,要记录北京市所有的水果店,可以通过众包平台,让大量的用户使用手机拍摄水果店并发送定位。

除了上述方法,还有许多和领域相关的数据采集方法与系统。例如,政府部门收集并存储指纹和签名等人体生物信息,用于身份认证或罪犯追踪;在政府或企业的信息系统中,通常提供数据录入界面,用于向系统中录入所需要的数据等。

2.2　大数据预处理

数据预处理(data preprocessing)是指在做主要的处理以前对数据进行的一些处理。

现实世界中的数据是零散不完整的，还存在着脏数据，致使我们无法直接使用这些数据。为了提高数据使用的质量，需要我们对数据进行挖掘处理，在这个过程中就产生了数据预处理技术。数据预处理的方法有很多：数据清理、数据集成、数据变换、数据归约等。这些方法用在数据挖掘之前，能够提高数据挖掘模式的质量，降低实际挖掘所需要的时间。

数据的预处理是指对所收集数据进行分类或分组前所做的审核、筛选、排序等必要的处理，主要采用数据清理、数据集成、数据转换、数据归约的方法来完成数据的预处理工作。其流程如图2-4所示。

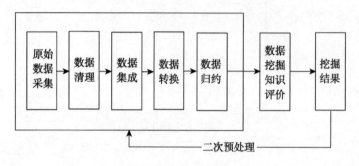

图2-4　数据预处理流程图

2.2.1　数据清洗原理及方法

数据清洗是发现并纠正数据文件中可识别的错误的最后一道程序，包括对数据一致性的检查、无效值和缺失值的处理。数据录入后的数据清理工作一般是由计算机完成而不是人工来操作。

数据清洗的原理（如图2-5所示）是利用有关技术如数据挖掘技术或预定义的清理规则将脏数据转化为满足数据质量要求的数据。

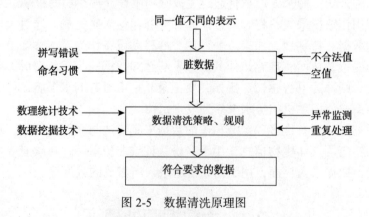

图2-5　数据清洗原理图

在数据清洗过程中，针对数据的类型和特性的不同，将数据大致分为四类来进行数据的清洗工作。

（1）残缺数据

这一类数据的产生主要是因为部分信息缺失，如公司的名称、客户的区域信息，导致业务系统中主表与明细表不能匹配。将这一类数据过滤出来，按照缺失的内容分别填入对应的文档中，并将文档提交给客户，让客户在规定时间内补全信息，才可写入数据仓库。

（2）错误数据

这一类数据产生的原因往往是业务系统不够健全，在接收输入信息后，数据员没有对其进行判断，直接将数据写入后台数据库数据错误的情况有：数值数据输成全角数字字符、字符串数据后面有一个回车操作、日期格式不正确等。这类数据也需要被分类。对于数值数据输成全角数字字符、数据前后有不可见字符的问题，只能用写 SQL 语句的方式查找出来，然后要求客户在业务系统修正之后抽取。日期格式不正确会导致 ETL 运行失败，解决这样的问题，需要数据员去业务系统数据库用 SQL 的方式将错误数据挑出来，交给业务主管部门，业务主管部门要在一定时间范围内予以修正，修正之后再抽取。

（3）重复数据

这一类数据多出现在维护表中，解决方法是将重复记录的所有字段导出来，让客户确认并整理。数据清洗是一个反复执行的过程，需要一定的时间来执行操作，在这个过程中要不断地发现问题，解决问题。对于是否过滤、是否修正的问题，一般要求客户确认。将过滤掉的数据写入 Excel 文件或者将过滤掉的数据写入数据表，在 ETL 开发的初期，可以每天向业务单位发送已过滤数据的邮件，从而促使他们尽快地完成对错误的修正，同时这也可以作为将来验证数据的依据。

在整个数据清洗过程中，需要用户不断进行确认。数据清理的方法是通过填写无效和缺失的值、光滑噪声的数据，识别或删除离群点及解决不一致性，主要是为达到格式标准化、消异常数据除、纠正错误、清除重复数据等目的。

一般来说，数据清理是将数据库中所存数据精细化，去除重复无用的数据，并使剩余部分的数据转化成标准可接受格式的过程。数据清理流程是先将数据输入数据清理设备中，通过一系列步骤对数据进行清理，然后以期望的格式输出清理过的数据。数据清理从数据的准确性、完整性、一致性、唯一性、适时性、有效性等几个方面来处理数据的丢失、越界、不一致、重复等问题。数据清理一般针对具体应用对数据做出科学的清理。下面介绍几种数据清理的方法。

（1）填充缺失值

大部分情况下，缺失的值必须用手工方式进行清理。当然，某些缺失值可以从它本身的数据源或其他数据源中推导出来，可以用平均值、最大值或更为复杂的概率估计值代替缺失的值，从而达到清理的目的。

（2）修改错误值

可以用统计分析的方法识别错误值或异常值，如数据偏差值、不遵守分布的值，也可以用简单规则库检查数据值，或使用不同属性间的约束来检测和清理数据。

（3）消除重复记录

数据库中属性值相同的数据被认定为是重复记录的数据。通过判断记录间的属性值是否相同来检测记录是否相等，将相等的记录合并为一条。

（4）保持数据一致性

从多数据源集成的数据语义会不一样，可根据定义的完整性约束检查不一致性，也可通过对数据进行分析来发现它们之间的联系，从而保持数据的一致性。

使用数据清洗工具及该领域中特有的知识对数据做清洗。通常采用语法分析和模糊匹配技术完成对多数据源数据的清理。数据审计工具可以通过扫描数据发现规律和联系。因此，这类工具可以看作是数据挖掘工具的变形。

2.2.2 ETL 工具及比较

ETL（extract-transform-load）是一种数据仓库技术，即数据的抽取（extract）、转换（transform）、装载（load），其本质是数据流动的过程，数据从异构数据源流向统一的目标数据源。ETL 负责将分布在异构数据源中的数据如关系数据、平面数据等抽取到临时中间层，然后进行清洗、转换、集成，最后加载到数据仓库或数据集市中，成为联机分析处理和数据挖掘的基础，是构建数据仓库的重要环节。

典型的 ETL 工具有 Informatica、Datastage、OWB、微软 DTS、Beeload、Kettle 等。开源的工具有 Eclipse 的 ETL 插件 CloverETL。

应用 ETL，首先要实现 ETL 转换的过程。

①空值处理：能够捕获字段空值，对其进行加载或替换为其他含义数据，并可根据字段空值实现分流，加载到不同目标库。

②规范化数据格式：可实现字段格式约束定义，对于数据源中的时间、数值、字符等数据，可自定义加载格式。

③拆分数据：依据业务需求对字段进行分解。

④验证数据正确性：可利用 Lookup 工具及拆分功能进行数据验证。

⑤数据替换：对于因业务因素产生的无效数据、确实数据，可实现对它们的替换。

⑥Lookup：查获丢失数据，实现子查询，并返回，用其他手段获取缺失字段，保证字段完整性。

⑦建立 ETL 过程的主外键约束：对无依赖性的非法数据，可替换或导出到错误数据文件中，保证主键唯一记录的加载。

在 ETL 架构中，数据的流向是从源数据流到 ETL 工具。ETL 工具可以看成是一个单独的数据处理引擎，通常在单独的硬件服务器上，实现所有数据的转化工作，然后将数据加载到目标数据仓库中，如果要提高整个 ETL 过程的效率，那么只能增强 ETL 工具服务器的配置，优化系统处理流程。IBM 的 Datastage 和 Informatica 的 Powercenter 原来都是采用这种架构。

ETL 架构的优势如下：

①可以分担数据库系统的负载。

②相对于 ELT 架构可以实现更为复杂的数据转化逻辑。
③采用单独的硬件服务器。
④与底层的数据库数据存储无关。

这里简单介绍下 ELT 架构。在 ELT 架构中，ELT 只负责提供图形化的界面来设计业务规则，数据的整个加工过程都在目标数据库和源数据库之间流动，ELT 协调相关的数据库系统来执行相关的应用，数据加工过程既可以在源数据库端执行，也可以在目标数据库端执行。

一个优秀的 ETL 设计应该具有如下功能：管理简单，采用元数据方法，集中进行管理；接口、数据格式、传输有严格的规范；尽量不在外部数据源安装软件；数据抽取系统流程自动化，并有自动调度功能；抽取的数据及时、准确、完整；可以提供同各种数据系统的接口，系统适应性强；提供软件框架系统，系统功能改变时，应用程序很少改变，可适应变化；可扩展性强。

合理的业务模型设计对 ETL 至关重要。数据仓库的设计建模一般都依照三范式、星型模型、雪花模型，无论哪种设计思想，都应该最大化地涵盖关键业务数据，把运营环境中杂乱无序的数据结构统一为合理的、关联的、分析型的新结构，而 ETL 则会依照模型的定义去提取数据源，并对数据进行转换、清洗，最终加载到目标数据仓库中。模型标准化定义的内容包括标准代码的统一、业务术语的统一。

对业务数据本身及其运行环境的描述与定义的数据，被称为元数据（metadata）。元数据是描述数据的数据。业务数据主要用于支持业务系统应用的数据，而元数据则是企业信息门户、客户关系管理、数据仓库、决策支持和 B2B 等新型应用所不可或缺的内容。元数据对于 ETL 的作用为：定义数据源的位置及数据源的属性，确定从源数据到目标数据的对应规则，确定相关的业务逻辑，做数据实际加载前的其他必要的准备工作等。它一般贯穿整

扩展阅读 2-1　什么是元数据？

个数据仓库项目，而 ETL 的所有过程必须最大化地参照元数据，这样才能快速实现 ETL。

ETL 工具有很多种，可根据以下几个方面考虑选择合适的 ETL 分析工具：对平台的支持程度；对数据源的支持程度；抽取和装载的性能是不是较高，对业务系统的性能影响大不大，倾入性高不高；数据转换和加工的功能强不强；是否具有管理和调度功能；是否具有良好的集成性和开放性。常用的 ETL 工具有以下几种。

Kettle 是一款国外开源的 ETL 工具（数据迁移工具），纯 Java 编写，无须安装，数据抽取高效稳定。Kettle 中有两种脚本文件：Transformation 和 Job。Transformation 完成针对数据的基础转换，Job 则完成整个工作流的控制。

Talend 可完成数据仓库到数据库之间的数据同步，提供基于 Eclipse RCP 的图形操作界面。Talend 采用用户友好型、综合性很强的 IDE（类似于 Pentaho Kettle 的 Spoon）来设计不同的流程。这些流程可以在 IDE 内部测试并编译成 Java 代码，可以随时查看编辑生成的 Java 代码，同时实现强大的控制力和灵活性。

Apache Camel 是一个非常强大的基于规则的路由及媒介引擎。该引擎提供了一个基于 POJO 的企业应用模式（enterprise integration patterns），用户可以采用其异常强大且十

分易用的 API[可以说是一种 Java 的领域定义语言（domain specific language）]来配置其路由或者中介的规则。通过这种领域定义语言，程序员可以在自己的 IDE 中用简单的 Java Code 写出一个类型安全并具有一定智能的规则描述文件。

Scriptella 是一个开源的 ETL 工具和一个脚本执行工具，采用 Java 开发。Scriptella 支持跨数据库的 ETL 脚本，并且可以在单个的 ETL 文件中与多个数据源运行。Scriptella 可与任何 JDBC/ODBC 兼容的驱动程序集成，并提供与非 JDBC 数据源和脚本语言的互操作性的接口。它还可以与 JavaEE、Spring、JMX、JNDI 和 JavaMail 集成。

Logstash 是一个传输、处理、管理和搜索应用程序日志、事件的平台。它可以用来统一对应用程序日志进行收集管理，提供 Web 接口，用于查询和统计。Logstash 通常搭配 Elasticsearch 和 Kibana，俗称 ELK Stack，为编程人员提供了一个分布式的可扩展的信息储存机制和基于 Lucene 的信息检索机制，基于 Logstash、Kibana 的挖掘结果可视化架构。

2.3 大数据存储

数据存储技术是指对数据进行分类、编码、存储、索引和查询的技术，是大数据处理流程中的关键技术，负责数据从落地存储（写）到查询检索（读）的过程。数据管理技术从最早人们使用文件管理数据，到数据库、数据仓库技术的出现与成熟，再到大数据时代一些新型数据管理系统的涌现，一直是数据领域和工程领域研究的热点。从技术脉络而言，这些技术一直随着所管理的数据类型与应用场景的演化而不断发展。特别是在大数据时代，由于处理的数据量急剧增大，数据类型日趋复杂，使用场景从通用向特定过渡，以及性能与效率的要求不断提高，分布式文件系统、NoSQL 数据库、SQL on Hadoop 等新技术应运而生。

数据库是按照数据结构来组织、存储和管理数据的，是建立在计算机存储设备上的仓库。简单来说，数据库本身可视为电子化的文件柜，用户可以对文件中的数据进行新增、截取、更新、删除等操作。严格来说，数据库是长期储存在计算机内有组织的、可共享的数据集合。数据库中的数据指的是以一定的数据模型组织、描述和储存在一起、具有尽可能小的冗余度、较高的数据独立性和易扩展性的特点，并可在一定范围内被多个用户共享的数据。

20 世纪 70 年代，IBM 公司的埃德加·佛兰克·科德（Edgar Frank Codd）开创了关系数据库理论。20 世纪 80 年代，随着事务处理模型的完善，关系数据管理在学术界和工业界取得主导地位，并一直保持到今天。科德建议将数据独立于硬件来存储，用户使用一个非过程语言来访问数据，不再要求用户掌握数据的物理组织方式，使得关系数据库的使用更加简便。关系数据库的核心是将数据保存在由行和列组成的简单表中，而不是将数据保存在一个层次结构中。各个表之间的关联关系同样通过简单表来表达，这种做法使得关系数据库的基本数据结构非常统一。在后续的论文中，科德又提出了针对关系数据库系统的具体指导原则，从而开创了关系数据库和数据规范化理论的研究，他因此获得了 1981 年的图灵奖，关系数据库也很快成为数据库市场的主流。

2010 年前后，随着云计算技术的逐步落地，存储设备等硬件成本快速下降，互联网、物联网等的数据规模快速增长，能够低成本、高效率处理海量异构数据的"大数据"存储与查询技术快速发展。美国谷歌公司为满足搜索业务的需求，推出以分布式文件系统 GFS（Google File System）、分布式计算框架 MapReduce、列族数据库 BigTable 为代表的新型数据管理与分布式计算技术，解决了海量数据的存储成本、计算效率、查询方式给传统数据管理技术带来的挑战。Doug Cutting 领衔的技术社区研发了对应的开源版本，在 Apache 开源社区推出，并形成了 Hadoop 大数据技术生态。大数据技术社区以 Apache 等开源社区为依托，在 Hadoop 技术生态上不断迭代，发展出面向内存计算的 Spark 大数据处理软件栈，MangoDB、Cassandra 等各类型的 NoSQL 数据库，Impala、SparkSQL 等分布式文件系统之上的数据查询技术（SQL on Hadoop）等一系列大数据时代的新型数据管理技术。

2.3.1 关系数据库

关系数据库建立在关系数据模型之上，主要用来存储结构化数据并支持数据的插入、查询、更新、删除等操作。关系数据模型将数据组织成一系列由行和列构成的二维表格，通过关系代数、关系演算等方法来处理表格中的数据，并且可以利用多种约束方法来保证数据的完整准确。关系数据库管理系统（RDBMS）是管理关系数据库的系统软件，它以具有国际标准的 SQL 语言作为关系数据库的基本操作接口。通过标准化的结构化查询语言（structured query language，SQL)，关系数据库中的数据能被灵活地组合、拆分、转换，这使得 RDBMS 的用户和应用能够非常方便地处理其中的数据。

关系数据模型是以集合论中的关系（relation）概念为基础发展起来的。关系数据模型中无论是实体还是实体间的联系，均由单一的数据结构——关系来表示。关系数据模型中对数据的操作通常由关系代数和关系演算两种抽象的操作语言来完成，此外，关系数据模型中还通过实体完整性、参照完整性和自定义完整性来确保数据的完整。

（1）数据结构

关系数据模型的基本数据结构就是关系，一个关系对应着一个二维表，二维表的名字就是关系名。例如表 2-1 所示的学生表和表 2-2 所示的课程表都属于二维表。在表示现实世界的数据时，关系数据模型的这种数据结构自然非常适合。因为人们工作、生活中用到的很多数据都是放在各种表格中的，例如工资表、成绩单、购物清单、消费记录等。在使用基于关系数据模型的数据库来管理数据时，只需要根据现实中表格的结构创建一些数据库表，然后将数据录入数据库表中即可。因此，在各种场合下，人们常常不区分"表"和"关系"这两个术语。

表 2-1 学 生 表

学号	姓名	性别	年龄	图书证号	所在学院
S3001	张明	男	22	B20220101	外语
S3002	李静	女	21	B20220102	经济
S3003	赵丽	女	21	B20220103	会计
S3004	王超	男	21	B20220104	金融

表 2-2　课　程　表

课程号	课程名称	授课教师	教材	选课人数上限
C001	大学英语	T2010001	《新概念英语》	200
C002	高等数学	T2012002	《高等数学》	100
C003	计算机基础	T2015003	《计算机导论》	300
C004	大数据导论	T2018009	《大数据概论》	50

从横向看，二维表中的一行被称为关系中的一个元组（tuple），关系本质上就是由同类元组构成的集合。从纵向看，二维表由很多列构成，列被称为关系的属性（attribute），同一个集合中的元组都由同样的一组属性值组成。属性的取值范围被称为域（domain），它也可以被理解为属性中值的数据类型。关系所拥有的属性个数被称为关系的元或者度。通过一组属性及每个属性所属的域，就可以定义出一种关系的结构，只要在这种结构中填入实际的属性值（实例化），就可以得到关系（值的集合），这种关系的结构称为关系模式。

为了能在数据库中找到（查询或检索到）具体的数据（例如某个学生），需要有一种方法能够唯一地标识该数据，在关系模型中这种唯一标识被称为键（key）或者码。如果在一个关系中存在唯一标识一个元组的属性集合（可以是单一属性构成的集合），则称该属性集合为这个关系的键。所谓的唯一标识，就是使得关系中的任何两个元组在该属性集合上的值都不相同，例如表 2-1 中的属性集合｛学号｝就能唯一标识一个元组。

一个关系中的键可能会有多个，例如表 2-1 中的｛学号｝｛学号，姓名｝等都是键。可以看出，一些键中并非所有的属性都对"唯一标识"的目的有用，例如｛学号，姓名｝中实现唯一标识的其实只有"学号"。为了确定关系中精简的键，需要用到候选键（候选码）。如果一个键去除任何一个属性都会导致它不再能唯一标识元组，则称这个键为该关系的候选键或者候选码。显然，表 2-1 中的｛学号，图书证号｝都是候选键。包含在任何一个候选键中的属性都被称为主属性，不包含在任何一个候选键中的属性被称为非主属性。用户可以从候选键中人为指定一个用来唯一标识该关系的元组，这个被选中的候选键被称为主键（主码）。注意哪个候选键会成为主键完全是人为选择，关系数据模型并未给出选定的规则，但一个关系只能有一个主键，通常人们习惯于用较小的属性集合作为主键。

在现实世界的数据中，有很多数据之间具有关联关系，例如，某人的个人信息数据与他/她的消费记录之间、某个学生和他/她选修的课程之间都存在着对应关系。在关系数据模型中，数据之间的联系也通过关系来表达，表 2-3 给出了用关系表达学生和课程之间的联系的例子。表 2-3 的选课表中含有学生的学号及所选课程的课程号，通过这些信息，学生表（表 2-1）中的学生和课程表（表 2-2）中的课程就能够关联起来。从表 2-3 中还可以看到，这种关联关系还会带来一些新的属性，例如，学生选修课程考试完毕后会得到成绩，而成绩只适合于放置在表达这种关联关系的表中。

从学生表、课程表、选课表之间的联系可以看到，选课表中的"学号"和"课程号"实际是一种对学生表中的"学号"及课程表中的"课程号"的引用。也就是说，选

表 2-3　选　课　表

学号	课程号	成绩
S3001	C001	90
S3002	C002	95
S3003	C001	84
S3004	C003	80

课表任何一行中的学号值都必须来自于学生表中的某个学号值，不存在选课表中的学号值在学生表中不存在的情况，课程号的值也是同样的道理。这种引用关系，在关系数据模型中被称为外键或者外码。准确来说，如果关系 X 中的某个属性 A 虽然不是 X 的主键，或者只是主键的一部分，但它却是另外一个关系 Y 的主键时，则称 A 为 X 的外键或者外码。外键所属的关系 X 被称为引用关系，而其所引用的主键所在的关系 Y 则被称为被引用关系。

（2）完整性规则

关系中的数据可能会由于各种原因出现一些问题。一类问题是不完整，例如，学生表中的某些行缺少学号，会导致无法准确定位到想要的学生；另一类问题是不一致，例如，课程表中"大数据概论"的选课人数上限是 50，但选课表中选修该课程的学生实际超过 50 人。关系数据模型通过完整性规则来维护数据的完整和一致，关系数据模型中的完整性规则分为三类：实体完整性规则、参照完整性规则、用户自定义完整性规则。

①实体完整性（entity integrity）规则

若属性 A 是基本关系 R 的主属性，则属性 A 不能取空值。例如，表 2-1 中的"学号""图书证号"都是主属性，这两个属性的取值不能为空值。

②参照完整性（referential integrity）规则

若属性（或属性组）F 是基本关系 R 的外键，与基本关系 S 的主键 Ks 相对应（关系 R 和 S 不一定是不同的关系），则对于关系 R 中每个元组在属性上的值必须为空值（F 中的每个属性值均为空）或者等于 S 中某个元组的主键值。

例如，有如下两个关系：a. 职工（职工号、姓名、性别、部门号、上司、工资，、佣金）；b. 部门（部门号、名称、地点）。其中，职工号是"职工"关系的主键，部门号是外键，而"部门"关系中部门号是主键。职工关系中的每个元组的部门号属性只能取下面两类值：a. 空值，表示尚未给该职工分配部门；b. 非空值，但该值必须是部门关系中某个元组的部门号值，表示该职工不可能分配到一个不存在的部门，即被参照关系"部门"中一定存在一个元组，它的主键值等于该参照关系"职工"中的外键值。

③用户自定义完整性规则

实体完整性和参照完整性是关系数据模型中必须满足的完整性约束条件，只要是关系数据库系统，就应该支持实体完整性和参照完整性。除此之外，不同的关系数据库系统根据其应用环境的不同，往往还需要一些特殊的约束条件，用户自定义完整性就是对某些具体关系数据库的约束条件。例如，对于表 2-1 中学生关系的性别属性就必须有定义为男或女的约束。

2.3.2 分布式文件系统

从发展的历史看，数据库是数据管理的高级阶段，是由文件管理系统发展起来的。在大数据时代，浩如烟海的数据中有很大一部分是无法用关系数据库管理的非结构化数据，例如音频、视频、各类图纸等。对于这类数据，目前通行的管理方式是采用文件系统存储原始数据外加数据库系统存储描述性数据。由于这类文件数据体量巨大（可轻松超过 GB 级）且数量快速增长，传统的单台主机提供的文件系统不具有足够的扩展性和处理能力来进行应对，分布式文件系统因此获得了更多的青睐。

分布式文件系统建立在通过网络联系在一起的多台价格相对低廉的服务器上，其将要存储的文件按照特定的策略划分成多个片段，分散放置在系统中的多台服务器上。由于服务器之间的联系相对松散，当系统存储和处理能力不足时，可以通过增加其中服务器的数量来实现横向扩容而无需迁移整个系统中的数据。分布式文件系统在响应文件操作时，可以将操作分解成多台服务器的子操作，从而为客户端提供很好的并行度和性能。同时，分布式文件系统中的多台服务器之间能形成硬件上的冗余，很多分布式文件系统选择将同一数据块在多台服务器上重复存放，即便其中一台服务器失效，也不会影响到对该数据块的访问，这也为分布式文件系统中的数据管理提供了更好的可靠性。

从分布式文件系统的用途来看，目前主流的分布式文件系统主要有两类。一类分布式文件系统主要面向以大文件、块数据顺序读写为特点的数据分析业务，其典型代表是 Apache 旗下的 Hadoop 分布式文件系统（Hadoop Distributed File System，HDFS）。另一类主要服务于通用文件系统需求并支持标准的可移植操作系统接口（Portable Operating System Interface of UNIX，POSIX），其代表包括 Ceph 和 GlusterFS。当然，这种分类仅表示两种分布式文件系统的专注点有所不同，并非指一种分布式文件系统只能用于某种用途。下面介绍几种目前比较主流的分布式文件系统。

（1）Hadoop

为了处理大规模的网页数据，谷歌公司在 2004 年发表了题为"*MapReduce: Simplified Data Processing on Large Clusters*"的论文，其中提出了一种面向大规模数据处理的并行计算模型 MapReduce。谷歌公司设计 MapReduce 的初衷主要是解决其搜索引擎中大规模网页数据的并行化处理问题。谷歌公司发明了 MapReduce 之后，首先用其重新改写了搜索引擎中的 Web 文档索引处理系统。但由于 MapReduce 可以普遍应用于很多大规模数据的计算问题，自发明 MapReduce 以后，谷歌公司内部就进一步将其广泛应用于很多大规模数据的处理问题。为 Map Reduce 提供数据存储支持的是谷歌公司自行研制的 GFS（Google File System），它是一个可扩展的分布式文件系统，应用于大型的、分布式的、对大量数据进行访问的项目。

2004 年，开源项目 Lucene（搜索索引程序库）和 Nutch（搜索引擎）的创始人道格·卡廷（Doug Cutting）发现，MapReduce 正是其所需要的解决大规模 Web 数据处理问题的重要技术，因此他模仿 Google MapReduce，基于 Java 设计开发了一个称为 Hadoop 的开源 MapReduce 并行计算框架和系统。自此，Hadoop 成为 Apache 开源组织下最重要的项目，其推出后很快受到了全球学术界和工业界的普遍关注，并得到推广和普及应用。

HDFS 的功能为数据的存储、管理和出错处理。它是类似于 GFS 的开源版本，设计的目的是存储大规模可靠的数据集，并提高用户访问数据的效率。HDFS 吸收了很多分布式文件系统的优点，具有较高的错误处理能力，即使安装在廉价设备上，也有较好的性能。由于能够提供高吞吐量的数据访问，HDFS 非常适合应用大规模数据集。HDFS 具有以下几方面的特性：①适合大文件存储和处理。它可以处理的文件规模可达到数百 MB 乃至数百 TB。就目前的应用来看，HDFS 的存储和处理能力已经达到了 PB 级。②集群规模可动态扩展，存储节点可在运行状态下加入到集群中，集群仍然可以正常地工作。③基于"一次写入，多次读取"的设计思想，HDFS 将文件访问的方式进行简化处理。当一个文件创建、写入并关闭后，就不能再修改。通过这种方式，HDFS 有效地保证了数据的一致性。④HDFS 采用数据流式的读写方式，用以增加数据的吞吐量。⑤HDFS 具有很好的跨平台移植性，源代码的开放也给研究者提供了便利。

（2）Ceph

Ceph 项目起源于其创始人赛奇·维尔（Sage Weil）在加州大学圣克鲁兹分校攻读博士学位期间的研究课题。在 2006 年的 OSDI 学术会议上，赛奇发表了介绍 Ceph 的论文，并在该篇论文的末尾提供了 Ceph 项目的下载链接，由此，Ceph 开始广为人知。Ceph 是一种为优秀的性能、可靠性和可扩展性而设计的统一的、分布式的存储系统。应该说，这句话确实点出了 Ceph 的要义，可以作为理解 Ceph 设计思想和实现机制的基本出发点。在这个定义中，应当特别注意"存储系统"这个概念的两个修饰词，即"统一的"和"分布式的"。"统一的"意味着 Ceph 一套存储系统可以同时提供对象存储、块存储和文件系统存储三种功能，以便满足在不同应用需求的前提下简化部署和运维。而"分布式的"则意味着 Ceph 是真正的无中心结构，具有没有理论上限的系统规模可扩展性。在实践当中，Ceph 可以被部署在上千台服务器上。早在 2013 年，Ceph 在生产环境下部署的最大规模系统物理容量就已经达到了 3PB（Dreamhost 公司的对象存储业务集群）。Ceph 也是一个具有高可用性、易于管理、开源的分布式存储系统，可以同时提供对象存储、块存储及文件存储服务。Ceph 的优势颇多，包括统一的存储能力、可扩展性强、可靠性强、高性能、能进行自动化的维护等。本质上，Ceph 的这些优势均来源于其先进的核心设计思想："无需查表，算算就好"。基于这种设计思想，Ceph 充分发挥存储设备自身的计算能力，同时消除了对系统单一中心节点的依赖，从而实现了真正的无中心结构。基于这一设计思想和结构，一方面，Ceph 实现了高度的可靠性和可扩展性；另一方面，保证了客户端访问相对低的延迟和高聚合带宽。

相对于面向离线批处理的 HDFS 来说，Ceph 更偏向于成为一种高性能、高可靠性、高扩展性的实时分布式存储系统，其对于写入操作特别是随机写入的操作支持更好。有限的资料显示，目前国内有携程、联通研究院、宝德云等企业小规模地在生产或者测试环境中部署了 Ceph。造成 Ceph 在生产中应用较少的主因在于其稳定性和大规模部署还未经过验证，绝大部分潜在客户仍在对其进行测试和验证。

（3）GlusterFS

GlusterFS 是 Scale-Out 存储解决方案 Gluster 的核心。它是一个开源的分布式文件系统，具有强大的横向扩展能力，通过扩展能够支持 PB 级的存储容量和处理数千个客户端。GlusterFS 借助 TCP/IP 或 InfiniBand RDMA 网络将物理分布的存储资源聚集在一起，使用单一全局命名空间来管理数据。GlusterFS 基于可堆叠的用户空间设计，可为各种不同的数据负载提供优异的性能。

GlusterFS 支持运行在任何标准 IP 网络标准应用程序上的标准客户端，用户可以在全局统一的命名空间中使用 NFS/CIFS 等标准协议来访问应用数据。GlusterFS 使得用户可摆脱原有的独立、高成本的封闭存储系统，能够利用普通廉价的存储设备来部署可集中管理、横向扩展、虚拟化的存储池，存储容量可扩展至 TB/PB 级。但由于缺乏一些关键特性，可靠性也未经过长时间的考验，GlusterFS 还不适合于需要提供 24 小时不间断服务的产品环境。GlusterFS 目前适合应用于大数据量的离线应用。

（4）分布式文件系统对比

为了便于读者对以上介绍的几种分布式文件系统进行横向对比，本书将 HDFS、Ceph、GlusterFS 的特性总结在表 2-4 中（省略了三者都支持的特性），希望能对读者理解和选择分布式文件系统有所帮助。

表 2-4　分布式文件系统对比

	HDFS	Ceph	GlusterFS
元数据服务器	单个存在单点故障风险	多个不存在单点故障风险	无不存在单点故障风险
POSIX 兼容	不完全	兼容	兼容
配额限制	支持	支持	不详
文件分割	默认分成 64MB/块	采取 RAID0	不支持
网络支持	仅 TCP/IP	多种网络，包括 TCP/IP、InfiniBand	多种网络，包括 TCP/IP、InfiniBand
元数据	元数据服务器管理全量元数据	元数据服务器管理少量元数据	客户端管理全量元数据
商业应用	大量，国内用户包括中国移动、百度、网易、淘宝、腾讯、华为等企业	非常不成熟，尚不适合用于生产环境	测试和使用案例多为欧美用户，国内用户很少

本章小结

本章系统分析了大数据的采集、预处理及存储技术。首先，介绍了大数据的来源及多源数据的采集；其次，介绍了大数据预处理的方法及工具，主要包括数据清洗的原理及方法，以及常用的 ETL 工具及比较；最后，介绍了数据存储技术主要是关系数据库、分布式分析系统。通过本章学习，希望学生能够了解大数据的来源及多源数据的采集，理解大数据预处理的方法与工具，理解大数据的存储技术。

复习思考题

1. 什么是大数据采集？大数据的主要来源有哪些？
2. 大数据预处理的方法与工具有哪些？

3. 数据清洗原理及方法是什么？

4. 什么是关系数据库？

5. 什么是大数据存储？大数据的存储技术有哪些？

第 2 章 即 测 即 练

案例分析

用 Python 爬取东方财富网上市公司财务报表

第3章 大数据分析与可视化

本章学习目标

1. 了解大数据分析的概念及分类。
2. 了解大数据分析的方法及步骤。
3. 掌握大数据可视化分析的特征及工具。
4. 熟悉大数据文本分析。
5. 能够运用 Python 语言进行词频统计和词云分析。

引导案例

大数据可视化[①]

在简化数据量和降低大数据应用的复杂性中，大数据分析发挥着关键作用。可视化是其中一个重要的途径，它能够展示完整的数据视图并挖掘数据价值。用好可视化方法，可在大数据应用中发挥最大的功效。

大数据可视化可通过创建表格、图标、图像等形式直观地展示数据。大数据可视化提供的并不是传统的小数据集。大数据可视化延伸工具目前还太少。许多传统的数据可视化方法仍经常被使用，比如表格、直方图、散点图、折线图、柱状图、饼图、面积图、流程图、泡沫图表，以及图表的多个数据系列或组合，像时间线、维恩图、数据流图、实体关系图等。此外，相对前面提及的方法，还有一些不太常用的数据可视化方法，如平行坐标式、树状图、锥形树图和语义网络等。

拓展性和动态分析是可视化的两个最主要的挑战，大数据的多样性和异构性（结构化、半结构化和非结构化）也是一个大问题。高速是大数据分析的要素。在大数据中，设计一个新的、高效的索引可视化工具并非易事。云计算和先进的图形用户界面更有助于发展大数据的扩展性。可视化系统必须与非结构化的数据形式（如图表、表格、文本、树状图及其他元数据）相抗衡，而大数据通常是以非结构化的形式出现的。由于宽带限制和能源需求，可视化应该更贴近数据，并有效地提取其中有意义的信息。可视化软件

---

① LIDONG WANG, GUANGHUI WAN, CHEMY ANN ALEXANDER. Big Data and Visualization: Methods, Challenges and Technology Progress. Digital Technologies[J]. 2015, 1(1): 33-38.

应以原位的方式运行。由于大数据的容量问题，数据大规模并行成为数据可视化过程中的一个挑战。而并行可视化算法的难点则是，如何将一个任务分解为多个可同时运行的、独立的任务。

高效的数据可视化是大数据发展进程中的一个关键部分。大数据的复杂性和高维度催生了几种不同的降维方法。然而，它们可能并不适用于所有情况。高维可视化越有效，识别出潜在的模式、相关性或离群值的概率越高。大数据可视化可以通过多种方法实现，比如多角度展示数据、聚焦大量数据中的动态变化、筛选信息（包括动态问询筛选、星图展示和紧密耦合）等。

可视化既可以是静态的，也可以是动态的。交互式可视化通常引领新的发现，并且比静态数据工具效果更好。交互式可视化为大数据带来了无限前景。数据可视化工具和网络（或者说是 Web 浏览器工具）之间互动的关联及技术的更新助推了整个数据可视化进程。基于 Web 的可视化，我们可以及时获取动态数据并实现数据的实时可视化。

3.1 大数据分析的概念及分类

大数据分析是指对规模巨大的数据进行分析。大数据分析关注如何在最短时间内处理大量不同类型的数据集。预测性是大数据分析最核心的价值。预测性分析通过结合多种高级分析功能，如统计分析、预测建模、数据挖掘、文本分析、机器学习等，达到预测不确定事件的目的。预测性分析是基于大数据和预测模型去预测未来某件事情的发生概率。大数据预测的逻辑基础是，每一种非常规的变化发生前一定有征兆，每一件事情都有迹可循，如果找到了征兆与变化之间的规律，就可以进行预测。大数据预测无法确定某件事情必然会发生，它更多的是给出一个事件发生的概率。实验的不断反复、大数据的日渐积累，让人类不断发现各种规律，从而能够预测未来。利用大数据预测可能的灾难、利用大数据分析癌症可能的引发原因并找出治疗方法，这些都是未来能够惠及人类的事业。虽然大数据分析的是已经存在数据，但是对过去数据的分析却意在预测未来，即试图通过分析事物在过去的规律和发展变化，来探索事物在未来的发展趋势，以便利用事物的发展变化来实现人们的商业目的。

3.1.1 数据分析的概念

数据分析是指收集、处理数据并获取数据中隐含的信息的过程。具体地说，数据分析就是建立数据分析模型，对数据进行筛查、核对、复算、判断等操作，将目标数据的实际情况与理想情况进行对比分析，从而发现审计线索，搜集审计证据的过程。

大数据具有数据量大、结构复杂、产生速度快、价值密度低等特点，这些特点增加了对大数据进行有效分析的难度，大数据分析成为当前探索大数据发展的核心内容。大数据分析是在数据密集的环境下，对数据进行科学的重新思考和新的模式探索的产物。严格来说，大数据分析更像是一种策略而非技术，其核心理念就是以一种比以往有效得多的方式来管理海量数据并从中获取有用的信息。由此可知，大数据分析是大数据理念与方法的核心，是指对增长快速、内容真实、类型多样的海量数据进行分析，从中找出可以帮助决策的隐藏模式、未知的相关关系及其他有用信息的过程。

大数据分析是伴随着数据科学的快速发展和数据密集型范式的出现而产生的一种全新的分析思维与技术。大数据分析与情报分析、云计算技术等存在密切的关联关系。有专家认为，大数据跟过去传统的结构化的数据有很大不同。结构化的数据相对比较单一、结构性好，而大数据源自自然和人类社会，数据量大且结构复杂。还有专家认为，大数据分析是根据数据生成机制，对数据进行广泛的采集与存储，并对数据进行格式化清洗，以大数据分析模型为依据，在集成化大数据分析平台的支撑下，运用云计算技术调度、计算、分析资源，最终挖掘出大数据背后的模式或规律的数据分析过程。

数据分析的目的是从和主题相关的数据中提取尽可能多的信息，其主要作用包括：

①推测或解释数据并确定如何使用数据。
②检查数据是否合法。
③给决策提出合理建议。
④诊断或推断错误原因。
⑤预测未来将要发生的事情。

3.1.2　数据分析的分类

依据不同的方法和标准，数据分析可以分成不同的类型。

根据数据分析深度，可将数据分析分为三个层次：描述性分析（descriptive analysis）、预测性分析（predictive analysis）和规则性分析（prescriptive analysis）。描述性分析基于历史数据来描述发生的事件。例如，利用回归分析从数据集中发现简单的趋势，并借助可视化技术来更好地展示数据特征。预测性分析用于预测未来事件发生的概率和演化趋势。例如，预测性模型使用对数回归和线性回归等统计技术，发现数据趋势并预测未来的输出结果。规则性分析用于辅助决策制定和提高分析效率。例如，利用仿真技术来分析复杂系统以了解系统行为并发现问题，并通过优化技术在给定的约束条件下给出最优解决方案。

在统计学领域中，数据分析可分为描述性统计分析、探索性数据分析和验证性数据分析三种类型。其中，探索性数据分析侧重于从数据当中发现新的特征，而验证性数据分析侧重于对已有假设进行证实或者证伪。探索性数据分析是为了形成值得假设的检验而对数据进行分析的一种方法，是对传统统计学假设检验手段的补充。该方法由美国统计学家约翰·图基（John Tukey）命名。

人类在探索自然的过程中，通常将数据分析方法分为定性分析和定量分析两大类。定性分析是对研究对象进行"质"的方面的分析，具体地说，是运用归纳和演绎、分析与综合及抽象与概括等方法，对获得的各种材料进行思维加工，从而去粗取精、去伪存真，由此及彼、由表及里，达到认识事物本质、揭示内在规律的目的。定性分析主要是解决研究对象"有没有""是不是"的问题。定量分析是对观测对象的数量特征、数量关系与数量变化进行分析。其功能在于揭示和描述观测对象的内在规律及发展趋势。定量分析是依据统计数据，建立数学模型，并用数学模型计算出分析对象的各项指标及其数值的一种方法。

按照数据分析的实时性,一般将数据分析分为实时数据分析和离线数据分析。实时数据分析也称在线数据分析,能够实时处理用户的请求,允许用户随时更改分析的约束和限制条件。在线数据分析往往要求在数秒内返回准确的数据分析结果,为用户提供良好的交互体验,一般应用于金融、电信和交通导航等领域。离线数据分析通过数据采集工具将日志数据导入专用分析平台进行分析,应用于那些对反馈时间要求不高的场合,如精准营销、市场分析、工程建筑等。

按照数据量的大小,可将数据分析分为内存级数据分析、BI 级数据分析和海量级数据分析。内存级别是指数据量不超过机器内存的最大值(通常在 TB 之下),可以将一些热点数据或数据库储存于内存之中,从而获得非常快速的数据分析能力,内存级数据分析尤其适合实时业务分析需求。BI 级别指的是那些对于内存来说过大但又可将其放入专用 BI 数据库之中进行分析的数据量。目前,主流的 BI 产品都有支持 TB 级以上的数据分析方案,如 IBM 的 Cognos、甲骨文(Oracle)的 OBIEE、SAP 的 BO 等。海量级别指的是在内存和 BI 数据库中已完全失效或成本过高的数据量。基于软硬件的成本原因,目前大多数互联网企业采用 Hadoop 的 HDFS 分布式文件系统来存储数据,并使用 MapReduce 进行分析。

3.2 大数据分析的方法及步骤

3.2.1 大数据分析常用方法

随着互联网、云计算和物联网等的迅速发展,随处可见的无线传感器、移动设备、RFID 标签等每分每秒都在产生数以亿计的数据。如今需要处理的数据量越来越大,并且数据量仍在以指数级增长,同时,用户对数据处理的实时性、有效性、精确性等也提出了更高要求。海量复杂的大数据带来了很多新的技术性难题,传统的数据分析处理方法已经不再适用。因此,大数据分析方法在大数据领域显得尤为重要,甚至决定了最终的数据信息是否真正具有实用价值。

由于大数据复杂多变的特殊属性,目前还没有公认的大数据分析方法,不同的学者对大数据分析方法的看法各异。总结起来,主要有三类,分别是基于数据视角的大数据分析方法、基于流程视角的大数据分析方法和基于信息技术视角的大数据分析方法。

基于数据视角的大数据分析方法主要是以大数据分析处理的对象"数据"为依据,从数据本身的类型、数据量、数据处理方式及数据能够解决的具体问题等方面对大数据分析方法进行分类。如利用历史数据及定量工具对回溯性数据分析,从而对模式加以理解并对未来做出推论,或者利用历史数据和仿真模型对即将发生的事件进行预测性分析。美国国家学术院国家研究委员会在 2013 年公布的《海量数据分析前沿》研究报告中提出了 7 种基本的数据统计分析方法:

①基本统计(如一般统计及多维数分析等);

②N 体问题（N-body problems）（如最邻近算法、Kernel 算法、PCA 算法等）；
③图论算法（graph-theoretic algorithm）；
④数据匹配（如隐马尔可夫模型等）；
⑤线性代数计算（linear algebraic computations）；
⑥优化算法（optimizations）；
⑦功能整合（如贝叶斯推理模型、Markov chain 和 Monte Carlo 方法等）。

基于流程视角的大数据分析方法主要关注大数据分析的步骤和阶段。一般而言，大数据分析是一个多阶段的任务循环执行过程。一些专家学者按照数据从搜集、分析到可视化的流程，梳理了一些适用于大数据的关键技术，包括神经网络、遗传算法、回归分析、聚类、分类、数据挖掘、关联规则、机器学习、数据融合、自然语言处理、网络分析、情感分析、时间序列分析、空间分析等，为大数据分析提供了丰富的技术手段和方法。

面向信息技术视角的大数据分析方法强调大数据本身涉及的新型信息技术，从大数据处理架构、大数据系统和大数据计算模式等方面来探讨具体的大数据分析方法。

实际上，现实中往往综合使用这三种大数据分析方法。综合来看，大数据分析方法正逐步从数据统计（statistic）转向数据挖掘（mining），并进一步提升到数据发现（discovery）和预测（prediction）。

3.2.2　数据分析活动步骤

简而言之，数据分析是指数据收集、处理并获取数据信息的过程。通过数据分析，人们可以从杂乱无章的数据当中获取有用的信息，从而找出信息间的内在规律，对今后的工作提供指导性参考，并有利于人们做出科学准确的判断，进一步提高生产率。

整体上看，大数据分析包括五个阶段，每个阶段都所对应的方法。

第一阶段：数据获取及储存，从各种感知工具中获取的数据通常与时空相关，需要及时分析、处理数据并过滤无用数据。

第二阶段：数据信息抽取及无用信息清洗，从异构的数据源当中抽取有用的信息，然后转化为统一的结构化数据格式。

第三阶段：数据整合及表示，将数据结构和语义关系转换为机器能够读取、理解的格式。

第四阶段：数据模型建立和结果分析，从数据中挖掘出潜在的规律及信息知识，从相应的数据挖掘算法或知识发现方法做辅助。

第五阶段：结果阐释，运用可视化技术对结果进行展示，方便用户对结果有更加清楚直观的理解。

不难看出，要想通过数据分析从庞杂的海量数据中获得需要的信息，必须经过必要的活动步骤，具体说明如下。

（1）识别目标需求

必须明确数据分析的目标需求，从而为数据的收集和分析提供清晰的方向，该步骤是数据分析有效的首要条件。

（2）采集数据

目标需求明确之后，就要运用合适的方法来有效地收集尽可能多的相关数据，从而为数据分析的顺利进行打下基础。常用的数据采集方法是系统日志采集法，这是目前广泛使用的一种数据采集方法。例如，Web 服务器通常要在访问日志文件中记录用户的鼠标点击、键盘输入、访问的网页等相关属性；利用传感器采集数据，传感器类型丰富，包括声音、震动、温度、湿度、电流、压力、光学、距离等类型的传感器；基于 Web 爬虫采集数据，Web 爬虫是网站应用的主要数据采集工具。

（3）数据预处理

通过多种方式采集的数据通常是杂乱无章、高度冗余并且有一定缺失的，如果直接对此类数据进行分析，不仅会耗费大量的时间精力，而且得到的结果也不准确。为此，需要对数据进行必要的预处理。常用的数据预处理方法包括数据集成、数据清洗、数据去冗余。数据集成是指在逻辑和物理上把来自不同数据源的数据进行集中合并，给用户提供一个统一的视图。数据清洗是指在集成的数据中发现不完整、不准确或不合理的数据，然后对这些数据进行修补或删除来提高数据的质量。另外，对数据的格式、合理性、完整性及极限值等的检查都应在数据清洗过程中完成。数据清洗可以保证数据的一致性，提高数据分析的效率和准确性。数据冗余是指数据重复或过剩，在很多数据集中，数据冗余是一种十分常见的问题。数据冗余无疑增加了数据传输开销，浪费存储空间，并降低了数据的一致性和可靠性。因此，许多研究学者提出了减少数据冗余的方法，如冗余检测和数据融合。这些方法应用于不同的数据集和数据环境，可以提升系统性能，不过在一定程度上其也增加了额外的计算负担，因此需要综合考虑消除数据冗余带来的好处和增加的计算负担，以便找到一个合适的方案。

（4）数据挖掘

数据挖掘的目的是在现有数据基础之上利用各类有效的算法挖掘出数据中隐含的有价值的信息，从而达到分析推理和预测的效果，实现预定的高层次数据分析需求。常用的数据挖掘算法有用于聚类的 K-Means 算法、用于分类的朴素贝叶斯算法、用于统计学习的支持向量机算法及其他一些人工智能算法，如遗传算法、粒子群算法、神经网络算法和模糊算法等。目前，大数据分析的核心是数据挖掘，各类数据挖掘算法能够根据数据的类型和格式，科学地分析数据自身的特点，快速地分析和处理数据。

3.2.3 数据挖掘的基本概念

我们现在生活在一个信息化的数据爆炸时代，大量的信息在给人们带来方便的同时也带来了一大堆问题：信息过量，难以消化；信息真假难以辨识；信息安全难以保证；信息形式不一致，难以统一处理。

人们开始考虑："如何才能不被信息淹没，并及时从中发现有用的知识，提高信息利用率？"面对这一问题，数据挖掘和知识发现技术应运而生，并显示出强大的生命力。一般认为，数据挖掘（data mining）这一概念最早是菲亚德（Fayyad）在 1995 年的知识发现会议上提出来的。他认为，数据挖掘是一个自动或半自动地从大量数据中发现有效、有意义、有潜在价值、易于理解的数据模式的复杂过程。此定义的着眼点在于数据挖掘的工程特征，明确了数据挖掘是一种用于发现数据中有潜在价值的知识模式的学习机制。在此概念的基础上，许多学者给出了对数据挖掘的不同理解和定义。

目前，一种较为全面客观的定义是，数据挖掘是从海量的、不完全的、有噪声的、模糊的、随机的实际应用数据中，提取隐含在其中的、人们事先不知道的有用的信息和知识的过程。这个定义意味着：数据源必须是真实的、海量的、有噪声的，发现的知识要可接受、可理解、可运用。

从技术的角度看，数据挖掘无疑是信息网络时代的技术热点。以电子商务网站为例，用户单击鼠标这个细微的动作就决定了其作为潜在客户的商业动机和交易行为。网站服务商为了解和预测客户的忠实度及其变化，可以通过跟踪、记录和分析客户的网站历史购物信息及访问记录来推测客户的购物习惯与行为变化倾向，进而为客户推送优惠的商品信息，力图长时间留住客户。然而，要做到这一点必须利用强大的数据挖掘和分析技术让隐藏在数据背后的有用信息显现出来。

从上述定义中不难看出，数据挖掘以解决实际问题为出发点，核心任务是对数据关系和特征进行探索。一般而言，需要探索的数据关系有两种，一种是有目标的，另一种是没有目标的。因此，数据挖掘也可以分为两大类，一类为有指导的学习或监督学习（supervised learning），另一类为无指导的学习或非监督学习（unsupervised learning）。监督学习是对目标需求的概念进行学习和建模，通过探索数据和建立模型来实现从观察变量到目标需求的有效解释。非监督学习没有明确的标识变量来表达目标概念，主要任务是提炼数据中隐藏的规则和模式，探索数据之间的内在联系和结构。

数据挖掘并不专属于某一单独领域，而是一门多领域交叉的技术，涉及统计学、数据库、机器学习、模式识别、人工智能等，如图 3-1 所示。数据挖掘吸收了来自统计学的抽样、估计和假设检验等方面的内容，吸收了来自模式识别的搜索算法、机器学习的学习方法和人工智能的建模技术。数据挖掘技术同样需要数据库系统提供有效的存储、索引和查询支持。此外，高性能并行的计算技术和分布式计算技术在处理大数据方面往往也是不可或缺的。

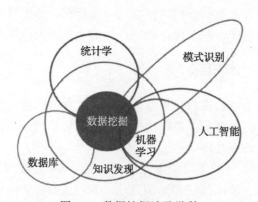

图 3-1　数据挖掘涉及学科

从获取知识的过程来看,数据挖掘不是一蹴而就的,而是一个循环迭代的递进过程。先从描述问题开始,然后是数据收集,再进行数据预处理,接着建立模型并评估,最后解释模型并得出结论。整个数据挖掘的过程,会用到各种不同的技术以尽量获得更好的结果。数据挖掘的具体流程如图 3-2 所示。

3.2.4 数据挖掘的常用算法

在大数据时代,数据挖掘的主要目的就是要从海量的、不完全的、有噪声的、模糊的、随机的大型数据库中发现隐含在其中有价值的、有用的信息和知识。运用合适的算法,对大数据的挖掘分析来说至关重要。

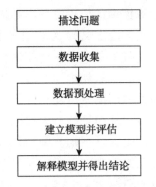

图 3-2 数据挖掘的具体流程

基于不同的数据类型和格式,运用不同的数据挖掘的算法能更加科学地呈现出数据本身的特点,能更快速地处理数据。大数据挖掘常用的算法有分类、聚类分析、回归分析、关联规则、特征分析、Web 页挖掘技术、神经网络等。

(1)分类

分类就是通过学习得到一个目标数据,根据目标数据的不同特点按照分类模式将其划分为不同的类别,其作用是通过分类模型,将目标数据映射到某个特定的类别。分类技术是一种根据输入数据集建立分类模型的系统方法,非常适合用于描述或预测二元或标称类数据集。例如,阿里巴巴对淘宝用户进行分类,包括根据用户的属性和特征进行的分类及用户的购买行为进行的分类,这样商家便可以根据用户的喜好恰当推广地和促销商品,进而提高利润。

(2)聚类分析

聚类分析是把一组数据按照差异性和相似性分为几个类别,使得属于同一类的数据之间相似性尽可能大,不同类的数据之间相似性尽可能小,跨类的数据关联性尽可能小。组内数据的相似性越大,组间数据的差异性越大,聚类效果就越好。聚类分析常用于结构分组、客户细分、文本归类和行为跟踪等方面,是数据挖掘中发展很快且灵活多变的一个分支。

(3)回归分析

回归分析是确定两种或两种以上变量之间相互依赖的变量关系的一种统计分析方法,用以分析数据的内在规律,常用于数值预报、系统控制等方面。回归分析按照因变量和自变量之间的关系,可分为线性回归分析和非线性回归分析;按照涉及变量的数量可以分为一元回归分析和多元回归分析。在线性回归中,根据因变量的数量,又可以分为简单回归分析和多重回归分析。回归分析在市场营销方面有着广泛应用,常用于寻求客户,预防客户流失,预测销售趋势、产品生存周期,开展有针对性的促销活动。

(4)关联分析

关联分析最主要的目的就是找出隐藏在数据之间的相互关系和关联性,即可以根据一个数据项的出现推导出其他相关数据项。关联规则中有两个基本度量：支持度和可信度。支持度定义为 A 与 B 在同一次事务中出现的可能性，由 A 与 B 在数据集中同时出现的事务占总事务的比例进行估计；可信度用于度量规则当中后项事务对前项事务的依赖程度。关联规则的可信度和支持度都是 0~1 的值，关联规则挖掘的主要目的就是找到变量值之间的支持度和可信度都比较高的规则。关联规则挖掘过程包含两个阶段：第一个阶段，从海量的目标数据库中找出所有的高频项目组；第二个阶段，从这些高频项目组中产生关联规则。关联分析在电商精确销售中已得到广泛应用，利用基于关联分析的数据挖掘技术可以建立客户忠诚度模型，帮助商家了解哪些因素影响了客户忠诚度，并采取应对措施。

（5）特征分析

特征分析是指从数据库中的一组数据中提取出关于这些数据的特征式，这些特征式即为此数据集的总体特征。如销售公司可以通过对顾客流失因素的特征提取，找出顾客流失的一系列原因和主要特征，然后针对这些特征改进服务，以有效减少顾客流失量。

（6）Web 网页挖掘技术

Web 网页挖掘技术是随着互联网的快速发展及 Web 的普及兴起的。当前 Web 上的信息无比丰富，通过对 Web 上的数据进行挖掘，抽取其中感兴趣的、有潜在价值的信息进行集中分析，这对政治和经济政策等的制定有着积极的引导作用。Web 网页挖掘涉及 Web 技术、计算机语言、信息学等多个领域，是一个综合性的过程。

（7）神经网络

神经网络是一种模拟大脑神经突触连接结构来进行信息处理的数学模型，具有强大的自主学习能力和联想存储功能并具有高度的容错性，非常适合处理非线性数据及具有模糊性、不完整性、冗余性的数据。

目前，主要有三种较为典型的神经网络模型，即前馈式神经网络模型、反馈式神经网络模型、自组织映射模型。

①前馈式神经网络模型一般用于分类预测或模式识别，主要代表为感知机和函数型神经网络。

②反馈式神经网络模型一般用于联想记忆和优化算法，主要代表有 Hopfield 的离散模型和连续模型。

③自组织映射模型主要用于聚类，主要代表有 ART 模型。

虽然神经网络有多种模型和算法，但在特定领域的数据挖掘中使用何种模型及算法没有统一的规则，需要具体问题具体分析。

3.3 大数据可视化分析

3.3.1 大数据可视化的基本特征

大数据时代已经来临。大数据被认为是当今信息时代的新"石油"，蕴藏着巨大的价值，如果善于利用数据可视化分析技术，将给很多领域带来变革性的发展。相关研究表明，人类主要通过视觉来获取外界的信息中来自于视觉，可视化是人们有效利用数据的主要途径。大数据可视化随着大数据时代的到来而兴起，是数据加工和处理的基本方法之一。大数据可视化主要是通过计算机图形图像等技术来更为直观地表达数据，展现数据的基本特征和隐含规律，辅助人们认识和理解数据，进而支持人们从数据中获得需要的信息和知识，为发现数据的隐含规律提供技术手段。当大数据以直观的可视化的图形形式展示在分

扩展阅读 3-1　大数据可视化

析者面前时，分析者往往能够一眼洞悉数据背后隐藏的信息并将其转化为知识。数据可视化使得数据更加友好、易懂，提高了数据资产的利用效率，更好地支持人们对数据认知、数据表达、人机交互和决策支持等方面的应用，其在建筑、医学、地学、力学、教育等领域发挥重要作用。

大数据可视化既有一般数据可视化的基本特征，也有其本身特性带来的新要求，其特征主要表现在以下四个方面，如图 3-3 所示。

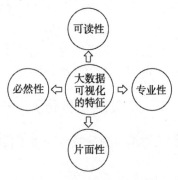

图 3-3　大数据可视化的特征

（1）可读性

将数据进行可视化分析，数据更加容易被人们理解和接受，更加容易与人们的经验知识产生关联。数据可视化使得碎片化的数据转换为具有特定结构的知识，从而为决策支持提供帮助。

（2）必然性

当今大数据所产生的数据量已经远远超出了人们直接阅读和操作数据的能力，必然要求人们对数据进行归纳总结，对数据的结构和形式进行转化处理。

（3）片面性

数据可视化往往只是从特定视角或者特定需求认识数据，从而得到符合特定目的的数据可视化模式，所以数据可视化只能反映数据规律的一个方面。数据可视化的片面性特征要求可视化模式不能替代数据本身，只能作为数据表达的一种特定形式。

（4）专业性

数据可视化与专业知识紧密相连，其形式需求也是多种多样，如网络文本、电商交易、社交信息、卫星影像等。专业性体现在人们从可视化模型中提取专业知识的环节，该环节是数据可视化应用的最后流程。

3.3.2　数据可视化的作用

数据可视化主要包括数据表达、数据操作和数据分析三个方面，它是以可视化技术支持、计算机辅助帮助人们认识数据的三个基本阶段。

（1）数据表达

数据表达是通过计算机图形图像技术来更加友好地展示数据信息，方便人们阅读、理解和运用数据。常见的形式有文本、图表、图像、二维图形、三维模型、网络图、树

结构、符号和电子地图等。

（2）数据操作

数据操作是以计算机提供的界面、接口、协议等条件为基础完成人与数据的交互需求，数据操作需要友好的人机交互技术、标准化的接口和协议支持以完成对多数据集合或者分布式数据库的操作。以可视化为基础的人机交互技术快速发展，包括自然交互、可触摸、自适应界面和情景感知等在内的新技术极大地丰富了数据操作的方式。

（3）数据分析

数据分析是通过数据计算获得多维、多源、异构和海量数据中隐含信息的核心手段，它是数据存储、数据转换、数据计算和数据可视化的综合应用。可视化作为数据分析的最终环节，直接影响着人们对数据的认识和应用。友好、易懂的可视化成果可以帮助人们进行信息的推理和分析，方便人们对相关数据进行协同分析，也有助于信息和知识的传播。

数据可视化可以有效地表现数据的各类特征，帮助人们推理和分析数据背后的客观规律，进而使人们获得相关知识，提高人们认识数据的能力和利用数据的水平。

3.3.3 大数据可视化方法

大数据可视化技术涵盖了传统的科学可视化技术和信息可视化技术两个方面，它以海量数据分析和信息挖掘为出发点。信息可视化技术在大数据可视化中扮演更为重要的角色。根据信息的特征可以把信息可视化分为一维、二维、三维、多维信息可视化，以及层次信息可视化（tree）、网络信息可视化（network）和时序信息可视化（temporal）。多年来，研究者围绕上述信息类型提出众多的信息可视化新方法和新技术，并获得了广泛的应用。本节将以文本可视化、网络（图）可视化和多维数据可视化等大数据可视化方法进行重点讲解，如图3-4所示。

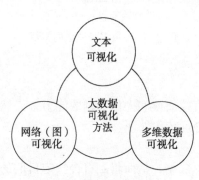

图 3-4　大数据可视化方法

1）文本可视化

文本信息是大数据时代非结构化数据类型的典型代表，是互联网中最主要的信息类型。当下各种物联网传感器采集到的比较热门的信息，以及人们日常工作和生活中接触到的电子文档，都是以文本形式存在的。文本可视化的意义在于，能够将文本中蕴含的语义特征（如词频与重要度、逻辑结构、主题聚类、动态演化规律等）直观地展示出来。

（1）标签云

图3-5展示的是一种被称为标签云（word clouds 或 tag clouds）的典型文本可视化技术。它将关键词根据词频或其他规则进行排序，按照一定规律进行布局排列，用大小、颜色、字体等图形属性对关键词进行可视化。一般用字号大小代表该关键词的重要性，该技术多用于快速识别网络媒体的主题热度。

文本中通常蕴含着逻辑层次结构和一定的叙述模式，为了对结构语义进行可视化，研究者提出了文本的语义结构可视化技术。DaViewer将文本的叙述结构语义以树的形式进行可视化，同时展现了相似度统计、修辞结构及相应的文本内容；DocuBurst 以放射状层次圆环的形式展示文本结构，如图 3-6 所示。基于主题的文本聚类是文本数据挖掘的重要研究内容，为了可视化展示文本聚类效果，通常将一维的文本信息投射到二维空间，以便对聚类中的关系予以展示。例如，Hipp 提供了一种基于层次化点排布的投影方法，可广泛用于文本聚类的可视化。上述文本语义结构可视化方法仍建立在语义挖掘的基础上，与各种挖掘算法绑定在一起。

图 3-5　标签云举例

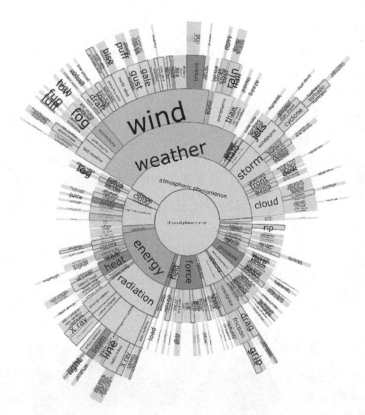

图 3-6　文本语义结构图

（2）动态文本时序信息可视化

有些文本的形成和变化过程与时间是紧密相关的，因此，如何将动态变化的文本中与时间相关的模式和规律进行可视化展示，是文本可视化的重要内容。引入时间轴是主要的一类方法，常见的形式有河流图等。河流图按照其展示的内容可以划分为主题河流图、文本河流图及事件河流图等。主题河流图（theme river）以河流为隐喻方式，从左至右流淌的河流代表时间轴，文本中的每个主题用一条色带表示，主题的频度以色带的宽窄表示，如图 3-7 所示。

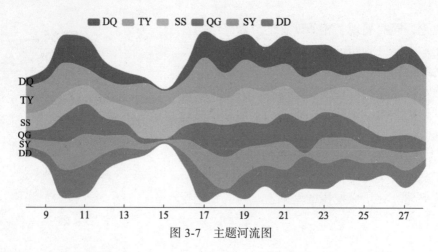

图 3-7 主题河流图

2）网络（图）可视化

网络关联关系在大数据中是一种常见的关系，在当前的互联网时代，社交网络可谓无处不在。社交网络是指基于互联网的人与人之间相互联系、沟通信息和互动娱乐的运作平台。新浪微博、腾讯微博、脸书（Facebook）、推特（Twitter）等都是当前互联网中较为常见的社交网站。基于这些社交网站建立起来的虚拟化网络就是社交网络。

社交网络是一个网络型结构，其典型特征是由节点与节点之间的连接构成。这一个个节点通常代表一个个人或者组织，节点之间的连接关系有朋友关系、亲属关系、关注或转发关系（微博）、支持或反对关系，或者节点之间由共同的兴趣爱好相连接。例如，图 3-8 所示为《悲惨世界》的人物关系，节点表示小说中的人物，两个节点之间的连线代表这两个节点之间存在社会关系。

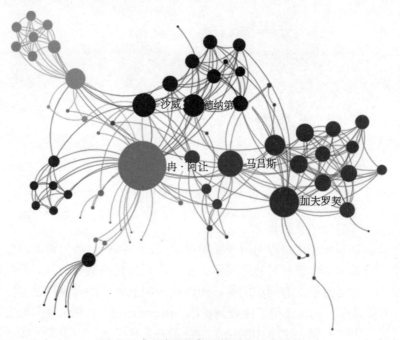

图 3-8 《悲惨世界》人物社会关系图

3）多维数据可视化

多维数据指的是具有多个维度属性的数据变量，其广泛存在于基于传统关系数据库和数据仓库的应用中，例如，企业信息系统及商业智能系统。多维数据分析的目标是探索多维数据项的分布规律和模式，并揭示不同维度属性之间的隐含关系。凯姆（Keim）等人归纳了多维数据可视化的基本方法，包括基于几何图形、图标、像素、层次结构、图结构的方法及混合方法。其中，基于几何图形的多维数据可视化方法是近年来主要的研究方向。大数据背景下，除了数据项规模扩张给研究带来挑战，多维数据所引起的问题也是研究的重点。

（1）散点图

散点图是最为常用的多维数据可视化方法。二维散点图将多个维度中的两个维度属性值集合映射至两条轴，在二维轴确定的平面内通过图形标记不同视觉元素来反映其他维度属性值，例如，可通过不同形状、颜色、尺寸等来表示连续或离散的属性值，如图 3-9（a）所示。二维散点图能够展示的维度十分有限，研究者将其扩展到三维空间，通过可旋转的散点图方块（dice）扩展可映射维度的数目，如图 3-9（b）所示。散点图适合对有限数目中较为重要的维度进行可视化，通常不适合用于需要对所有维度同时进行展示的情况。

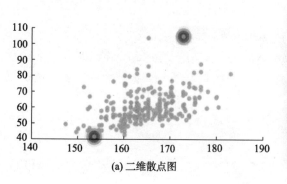
(a) 二维散点图

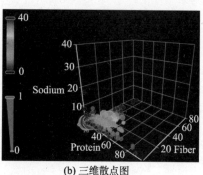
(b) 三维散点图

图 3-9　二维散点图和三维散点图

（2）投影

投影（projection）是能够同时展示多维数据的可视化方法之一，如图 3-10 所示，可以将各维度属性集合通过投影函数映射到一个方块形的图形标记中，并根据维度之间的关联度对各个小方块进行布局。基于投影的多维数据可视化方法既反映了各维度属性值的分布规律，也直观地展示了多维度之间的语义关系。

（3）平行坐标

平行坐标（parallel coordinates）是研究和应用最为广泛的一种多维数据可视化技术，如

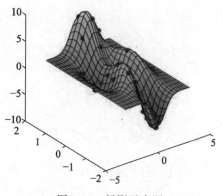

图 3-10　投影示意图

图 3-11 所示，将维度与坐标轴建立映射，在多个平行轴之间以直线或曲线映射表示多维信息。近年来，研究者将平行坐标与散点图等其他可视化技术进行集成，提出了平行坐标散点图 PCP（parallel coordinate plots）技术，如图 3-12 所示，将散点图和柱状图集成在平行坐标中，支持分析者从多个角度同时使用多种可视化技术进行分析。有学者建立了一种具有角度的柱状图平行坐标，支持用户根据密度和角度进行多维分析。大数据环境下，平行坐标面临的主要问题之一是大规模数据项造成的线条密集与重叠覆盖问题，根据线条聚集特征对平行坐标图进行简化，形成聚簇可视化效果，如图 3-13 所示，为这一问题提供了有效的解决方法。

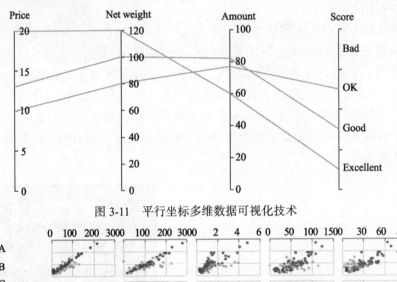

图 3-11　平行坐标多维数据可视化技术

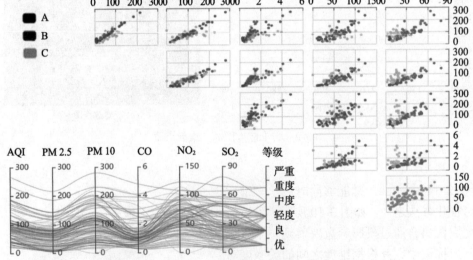

图 3-12　平行坐标散点图

3.3.4　大数据可视化工具

（1）Excel（Power BI）

Excel 是 Microsoft Office 的组件之一，是由 Microsoft 为 Windows 和 Apple Macintosh 操作系统编写和运行的一款表格计算软件。Excel 是微软办公套装软件的一个重要组成部分，它可以进行各种数据的处理、统计分析，数据可视化显示及辅助决策操作，广泛地应用于管理、统计、财经、金融等众多领域。本节重点讨论 Excel 在数据可视化处理方面的应用。

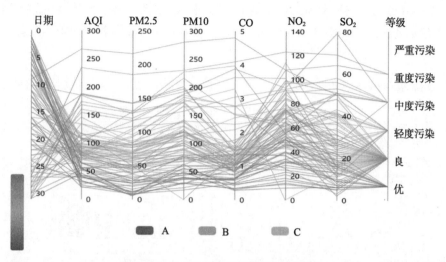

图 3-13　平行坐标图聚簇可视化效果图

应用 Excel 的可视化规则实现数据的可视化展示，如图 3-14 所示。Excel 从 2007 的版本开始为用户提供了可视化规则，借助于该规则的应用可以使抽象数据变得更加丰富多彩，也能够为数据分析者提供更加有用的信息。

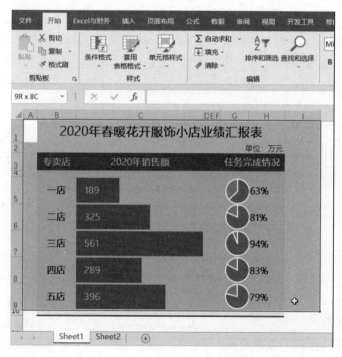

图 3-14　应用 Excel 的可视化规则实现数据的可视化展示

Excel 的图表功能可以将数据图形化，更直观地展示数据，使数据对比和变化趋势一目了然，从而达到提高信息整体价值，更准确、直观地表达信息的目的。图表与工作表的数据相链接，当工作表的数据发生改变时，图表也随之更新，反映出数据的变化。本书以 Microsoft Office 365 为例，它提供了柱形图、折线图、散点图等常用的数据展示形式，供用户选择使用，如图 3-15 所示。图 3-16 是利用 Excel 图表中的条形图对某公司销售收入和销售成本的可视化展示。

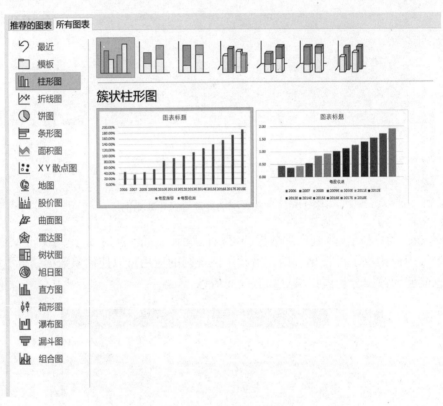

图 3-15　Excel 图表样式

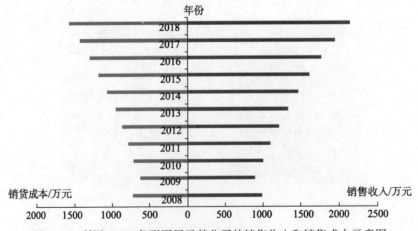

图 3-16　利用 Excel 条形图展示某公司的销售收入和销售成本示意图

（2）ECharts

ECharts 是商业级数据图表（enterprise charts）的缩写，是百度公司旗下的一款开源可视化图表工具。ECharts 是一个纯 JavaScript 的图表库，可以流畅地运行在计算机和移动设备上，兼容当前绝大部分浏览器（IE6/7/8/9/10/11、Chrome、Firefox、Safari 等）。它的底层依赖轻量级的 Canvas 类库 ZRender，提供直观、生动、可交互、可高度个性化定制的数据可视化图表。创新的拖拽重计算、数据视图、值域漫游等特性大大地增强了用户体检，赋予了用户对数据进行挖掘、整合的能力。

扩展阅读 3-2　大数据可视化工具——ECharts

ECharts 自 2013 年 6 月正式发布 1.0 版本以来，在短短两年多的时间，功能不断完善，截至目前，ECharts 已经可以支持包括柱状图（条状图）、折线图（区域图）、散点图（气泡图）、K 线图、饼图（环形图）、雷达图（填充雷达图）、和弦图、力导向布局图、仪表盘图、漏斗图、事件河流图等多类图表，同时提供标题、详情气泡、图例、值域、数据区域、时间轴、工具箱 7 个可交互组件，支持多图表、组件的联动和混搭展现。

ECharts 图表工具为用户提供了详细的帮助文档，这些文档不仅介绍了每类图表的使用方法，还详细介绍了各类组件的使用方法。每类图表都提供了丰富的实例，用户在使用时可以参考实例提供的代码，稍加修改就可以满足自己的图表展示需求。

综上所述，随着互联网、物联网、云计算技术的迅猛发展，数据随处可见、触手可及。政府的政策制定、经济与社会的发展、企业的生存与竞争及每个人日常生活的衣食住行无不与大数据有关。因此，未来任何领域的普通个人都将参考大数据分析的结果。大数据可视化是大数据分析的重要方法，能够有效弥补计算机自动化分析方法的劣势与不足。大数据可视化将人面对可视化信息时强大的感知认知能力与计算机的分析计算能力进行有机融合，在数据挖掘等方法技术的基础上，综合利用认知理论、科学信息可视化技术及人机交互技术，辅助人们更为直观、高效地洞悉大数据背后的信息、知识与智慧。相信随着科学技术的发展，"人人都懂大数据，人人都能可视化"将成为大数据领域发展的重要目标之一。

3.4　大数据文本分析

Python 是一门简洁、优雅的语言，丰富的第三方库使得基于 Python 语言的大数据文本分析变得简单高效。如果要用 Python 进行中文文本的词频统计，可以用第三方函数库如 jieba 来实现。如果要进行文本词云的分析，除了 jieba 库，还需要用到第三方函数库 cloud、marplotlib 和 scipy。除标准库外的第三方函数库都需要另行安装才能使用，一般使用 pip 工具来安装第三方库。

3.4.1　词频统计

词频统计可以帮助人们找到文本中的高频词，这些高频词可能是热词或者关键词。

英文是以词为单位的，词和词之间是靠空格隔开的。对于一段英文文本，如果希望分词，那么只需要用 split()方法分割字符串即可。

对于一段中文文本，词与词之间并没有分隔，因此中文分词就需要将汉字序列按照一定的规范重新组合成词序列。目前 jieba 分词是国内程序员用 Python 开发的一个中文分词模块，可能是最好的 Python 中文分词第三方库。

使用 Python 进行词频统计首先需要安装 jieba 库，使用 pip 在 cmd.exe 命令窗口安装 jiaba 库的命令为：pip install jieba。执行该命令后，系统将自动安装完成。如果出现"Requirement already satisfied..."，则表示 jieba 库已经在该版本的 Python 的标准库里面了，不需要再安装。

Jieba 库常用的两种分词模式如下：

（1）精确模式。通过 jieba.lcut（）函数，将句子精准切开。相关代码及运行结果如下：

>>>import jieba
>>>jieba.lcut（"小明硕士毕业于河南财经政法大学"）
['小明','硕士','毕业','于','河南财经政法大学']

可见，jieba.lcut（）函数输出的分词能够完整且不多余地组成原始文本，适合文本分析。

（2）全模式。该模式可以把句子中所有可以成词的词语都扫描出来，速度非常快，但是不能解决歧义的问题。通过 jieba.lcut（，True）函数来实现，相关代码及运行结果如下：

>>>jieba.lcut（"小明硕士毕业于河南财经政法大学"，True）
['小明','硕士','毕业','于','河南','财经','政法','大学','财法大',' 河南财经政法大学']

可见，jieba.lcut（，True）函数输出的是全部可能的词，有部分重复和冗余，因此在文本分析中用得较少。下面根据一道例题来了解如何用 jieba 库来进行同频的统计。

【例 3-1】《天龙八部》是著名作家金庸的代表作之一，历时四年创作完成。该作品气势磅礴，人物众多。这里给出一个《天龙八部》的网络版本，文件名为"天龙八部-网络版.txt。"请编写程序，对《天龙八部》文本中出现的中文词语进行统计，采用 jieba 库分词，词语与出现数之间用冒号分隔，输出保存到"天龙八部-词语统计.txt"文件中。参考格式如下（注意：不统计任何标点符号）：

天龙：100，八部：10

解析：这一题主要考查文件的读写和词频的统计。程序的输入与输出分别采用文件的读操作和写操作。词频的统计首先通过 jieba 库进行中文分词，然后通过字典结构进行词频的统计。程序求解代码如下：

```
import jieba
fi = open("天龙八部-网络版.txt","r", encoding = 'utf-8')
#通过读文件输入
fo = open("天龙八部-词语统计.txt","w", encoding = 'utf-8')
#通过写文件输出
```

```
txt = fi.read()  #将文件中所有字符读入到txt
words = jieba.lcut(txt)  #对txt中的字符进行分词，结果列表保存在words里面
d={}
for w in words:
d[w] = d.get(w,0)+1  #通过字典结构依次统计每一个词的词频
deld['']  #删除字典中不相关的字符的词频统计
deld['\n']  #删除字典中不相关的字符的词频统计
ls=[]
for key in d:
ls.append("{}:{}".format(key,d[key]))
#将通过字典统计的词频格式化后，添加到列表中
fo.write(",".join(ls))
#将列表中的字符用逗号连接起来形成新的字符串，然后写到输出文件中
fi.close()    #关闭文件
fo.close()    #关闭文件
```

3.4.2 词云分析

词云分析是一种常见的文本分析方法，它将文本转换为一种可视化的词云，将出现频率较高的"关键词"在视觉上突出呈现，形成关键词的渲染，并形成类似云一样的彩色图片，从而人们一眼就可以知晓文本数据主要表达的意思。

使用词云进行文本分析的第三方库是 wordcloud、matplotlib 和 scipy，第三库在使用前都要先进行安装，安装方法与前面 jieba 库的安装方法一样，都是在 cmd.exe 命令窗口使用 pip 命令，例如 scipy 的安装命令为 pip install scipy，执行该命令后的系统将自动安装完成。

扩展阅读 3-3 wordcloud 下载

下面以示例代码，介绍词云的形成方式。

```
#wordcloud模块用于生成词云图
from wordcloud import WordCloud,ImageColorGenerator
#matplotlib是一个Python的第三方库，里面的pyplot可以用来作图
import matplotlib.pyplotasplt
#scipy用于处理图像文件，imread()返回ndarray对象，即numpy下的多维数据对象
from scipy.miscimport imread
#读取一个txt文件
text=open("test.txt','r').read()
#读入背景图片
bg_pic=imread('testimage.png')
#生成词云图片
wordcloud=WordCloud(mask=bg-pic,backgroundcolor='white',scale=1.5).gen
    erate(text)
'''
```

参数说明
mask：设置背景图片
backgroundcolor：设置背景颜色

scale：按照比例放大画布，此处指长和宽都是原来画布的 1.5 倍
generate（text）：根据文本生成词云
'''
#产生背景图片，基于彩色图像的颜色生成器
imagecolors=ImageColorGenerator(bgpic)
#绘制词云图片
plt.imshow(wordcloud)
#显示图片时不显示坐标尺寸
plt,axis('off')
#显示词云图片
plt.show()
#保存图片
wordcloud.tofile('result.jpg')

在该示例中，test.txt 为一篇英文小说，testimage.png 为背景文档，生成文档为 result.jpg，即最终将一篇英文小说和背景文档转换为关键字的图片。生成词云图片结果如图 3-18 所示。

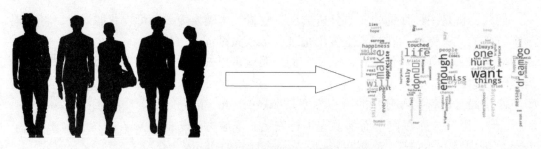

图 3-17　生成词云图片结果

本章小结

本章系统分析了大数据分析的概念及分类，介绍了大数据分析的方法及步骤，并着重围绕大数据可视化的方法及工具，进一步阐释了大数据文本分析，重点展示了如何运用 Python 语言进行词频统计和词云分析。通过本章学习，学生应该能够了解大数据分析的概念及分类，理解大数据分析的方法及步骤，掌握大数据可视化分析的特征及工具，熟悉并灵活运用大数据文本分析。

复习思考题

1. 什么是大数据分析？数据分析主要有哪些类别？
2. 大数据分析的方法及步骤是怎么样的？
3. 大数据可视化分析的特征、方法及工具有哪些？
4. 什么是大数据文本分析？

第3章 即测即练

案例分析

数据爬取与可视化展示案例

第4章 大数据与财务分析

本章学习目标

1. 了解大数据财务分析的特征与变革路径。
2. 理解大数据时代财务分析职能的转变。
3. 熟悉和掌握大数据财务分析的基础技能。
4. 了解大数据财务分析的分析思维和分析逻辑,具备编写财务大数据分析报告的能力。

引导案例

老板对财务分析满意吗?

一家经营进口建筑机械销售、服务与零配件销售的公司,业务规模发展很快,销售、服务网络遍及几十个分支机构,年经营额突破 5 亿元,公司人员达 800 人。该公司在财务分析方面的现状是:老板对公司的财务经营分析报告很不满意。财务人员很郁闷,把大家都在用的管理报告给了老板,老板为什么还是不满意呢?

老板的困扰:

1. 迫切想知道公司存在的问题。
2. 感觉公司已经存在问题,但是又不知道具体问题在哪。
3. 所有决策需要财务提供数据支持,但财务不能及时提供数据,或者提供了数据,但数据不能起到决策支持作用。

财务人员的困扰:

1. 不敢多问老板,怕挨老板骂,更担心自己被辞退,处于两难之中。
2. 不知道如何写出高质量的财务报告。
3. 找不到老板要的数据。

小建议:如果想成为好的分析人员,大数据财务分析正是你可以努力的方向,财务人员不仅要了解公司的业务,发现问题,更需要掌握大数据财务分析的相关技能,找到有用的数据并进行有效的分析,提出公司发展真正需要的建议。在财务分析方面,不要提泛泛的问题,要具体到部门、业务环节,提供数据去有效支持老板进行决策。

4.1 大数据时代财务分析的特征与路径

4.1.1 财务分析概述

（1）财务分析的产生和发展

财务分析是随着工业革命后企业的建立而发展起来的，17世纪末18世纪初，股份公司开始在英国出现，利益相关者要求公司编制资产负债表。英国的会计学家确立了"财产=资本"和"资产-负债=纯资本"的会计等式，创建了英国式的资产负债表。在这一时期，资产负债表是当时唯一的财务报表，财务分析的数据只能来源于资产负债表。1929年，英国修订的《公司法》首次正式要求企业编制收益表，收益表成为企业第二个正式对外提供的财务报表。到20世纪30年代早期，会计确认、计量的重心开始由资产计价向收益计量转移，财务分析的数据不仅仅来源于资产负债表。直到今天，国外很多企业，尤其是上市公司在其年度报告中都把收益表放在首位。1987年11月，FASB（美国财务会计准则委员会）公布第95号财务会计准则公告《现金流量表》，取代了APB（会计原则委员会）的第19号意见书，并要求企业在1988年7月15日以后，必须以现金流量表替代财务状况变动表。1992年12月，IASB（国际会计准则委员会）对第7号国际会计准则《现金流量表》进行了修订，《现金流量表》于1994年1月1日起生效，现金流量表中的信息也成为财务分析的主要数据之一。

一般认为，公开对外的财务分析产生于19世纪末20世纪初，当时，借贷资本在企业资本中的比例不断增加，银行家需要对贷款人进行信用调查和分析，借以判断贷款人的偿债能力。此后，随着经济的发展，资本市场开始形成，财务分析的内容拓展到盈利分析和市场价值分析，分析的目的由主要为贷款银行服务扩展到为投资人服务。随着社会筹资范围的扩大，非银行的贷款人和股权投资人增加，公众开始进入资本市场和债务市场，因而投资人要求的信息更加广泛。财务分析范围的扩展包括盈利能力、筹资结构、利润分配、现金流量等方面。

对内的财务分析则经历了观察性分析、统计性分析、财务性分析、战略性分析四个阶段。内部财务分析不仅可以使用公开报表中的数据，而且可以利用内部的数据（预算、成本数据等），找出管理行为和报表数据的关系，以便通过管理来改善未来的财务报表。

从研究方法来看，经典财务分析方法有沃尔评分法、杜邦财务分析法、哈佛分析法等，近20年来，研究者们试图在原有方法上进行突破，相关方法有多属性决策法、DEA（data envelopment analysis）法、模糊综合评价法、多元统计分析法。

在进入大数据时代之前，企业财务分析多采用企业管理软件加上人工操作的方式，对企业内部及历史数据进行分析，从分析的数据源到分析的方法均存在较大的局限性。随着大数据时代的到来，财务分析也面临新的发展机遇。一方面，运用大数据技术可以全面提升企业的财务分析能力，使财务分析不再仅仅是对历史数据的分析，而是更多地运用实时数据和预测分析提高决策质量，使财务分析更加即时、准确；另一方面，未来对于海量数据的分析，包括建立模型，将会是财务人员需要具备的基本素质，财务人员不再是单纯做账，而是要利用大数据快速建立财务分析工具，对成本、生命周期等做出分析。

大数据时代，对企业财务分析来说，最重要的是如何利用大数据技术开展财务分析，只有通过分析才能获取很多深入的、有价值的信息。大数据的分析方法在财务分析领域显得尤为重要，可以说是决定最终信息是否有价值的关键因素。通俗地讲，大数据财务分析技术就是财务数据的收集、存储、分析和可视化的技术。广义的数据分析应该包括数据挖掘和数据统计。数据挖掘是针对海量数据进行有效的处理，从而得到更为有价值的数据进行分析。数据统计是为分析过程提供可靠的模型和检验结果的有效工具。大数据在财务分析中的应用本质上就是财务数据变成有效信息的过程。

（2）财务信息的载体

财务信息的载体是财务报告。企业对外提供的财务报告一般包括两个部分：财务报表和财务报表附注。财务报表包括资产负债表、利润表、现金流量表，以及其他一些附表。利润分配表（留存收益表）和所有者权益（或股东权益，下同）变动表通常也包括在内，但它仅说明利润表中"净利润"的分配，资产负债表中"股东权益"的变化，以及"盈余公积"和"未分配利润"（两项合称"留存收益"）项目的变化。通常在提供这些财务报表时还会提供比较详细的辅助说明，这些辅助说明就是财务报表的附注。因此，为了正确评价企业的财务状况、经营成果和现金流动情况，报表的使用者需要详细了解各种财务报表及相关附注的说明。

我国《企业会计准则第30号——财务报表列报》[①]的第二条和第四条的规定如下：

第二条　财务报表是对企业财务状况、经营成果和现金流量的结构性表述。财务报表至少应当包括下列组成部分：（一）资产负债表；（二）利润表；（三）现金流量表；（四）所有者权益（或股东权益，下同）变动表；（五）附注。

第四条　企业应当以持续经营为基础，根据实际发生的交易和事项，按照《企业会计准则—基本准则》和其他各项会计准则的规定进行确认和计量，在此基础上编制财务报表。

资产负债表是反映某一特定时期资产和权益存量的报表。企业的财务状况包括资产、负债和所有者权益。资产负债表能够提供企业在一定时期所掌握的资源（资产）、所承担的债务（负债）、股东对企业的所有权（所有者权益）的情况，以及企业的负债能力和财务前景等重要资料。

利润表是反映企业一定时期经营成果累计数的财务报表。编制利润表的目的是将企业有关经营成果方面的信息提供给信息的使用者，以便信息的使用者据以分析企业的经营成果，并通过对前后期的利润表、不同企业间的利润表的比较分析，以及利润的构成分析，了解企业的盈利能力。

现金流量表是详细说明企业在某一特定时期累计现金流入量和现金流出量情况的财务报表。现金流量表一般由三个部分组成：经营活动现金流量、投资活动现金流量和筹资活动现金流量。编制现金流量表的目的是为财务报表的使用者提供企业在一定会计期

[①] 《企业会计准则第30号——财务报表列报》由财政部制定，于2006年2月15日财政部令第33号发布，自2007年1月1日起施行，2014年7月23日修订，我国企业会计准则体系包括基本准则与具体准则和应用指南。

间内现金及现金等价物流入和流出的信息，以便于报表的使用者了解和评价企业获取现金及现金等价物的能力，并据以预测企业未来的现金流量。

财务报表附注主要用于说明报表内有关项目的附加信息和另外的财务信息，是财务报表一个不可缺少的组成部分。详细地阅读报表附注，对于更好地理解财务报表是很有必要的。财务报表的格式和内容具有一定的固定性及规定性，其所能反映的财务信息受到了一定程度的限制，因此，为了正确理解财务报表中的有关内容，应添加财务报表附注。

4.1.2 大数据时代财务分析的特征

格雷布林克（Grobelink）2012年在《纽约时报》专项栏目中称"大数据时代"已来临，在商业、经济等很多领域中，管理者决策依赖更多的应是数据分析而非直觉和经验。这是一个依靠全新的技术支持，在新的硬件平台上，通过互联网、物联网等广泛的信息渠道快速有效地进行大规模数据的存储、处理和分析的高速发展的信息时代。大数据时代，企业可以通过所有开放数据来获取信息并将其转换为对企业长远战略发展有用的信息。大数据时代，计算机技术已融入人们的生活之中，各个领域产生的数据量剧增，数据产生和存储的方式发生了巨大变化，越来越多的数据被开放和交叉使用。由于数据不断产生，数据的收集、处理、分析技术等也需实时更新。

（1）大数据时代财务分析的优点

①数据来源更充足，数据准确性更高。传统的企业财务分析利用的数据多为内部静态的结构化数据，大数据时代，除了从财务报表等内部资料中获得数据外，利用大数据技术还能够从供应商、客户、竞争对手等方面挖掘到更多的数据信息，不仅有财务信息，还涵盖非财务信息，丰富了数据来源。以往受到技术条件的限制，信息收集、整合利用难度较大，分析效率低，相关数据由于收集、存储方式的原因精准性不高，在使用完后便丧失利用价值处于休眠状态，大数据的出现促使数据筛选、存储、处理技术的升级，使企业高效整合这些数据成为可能，且由于对大数据技术规范性和标准化的要求，数据的准确性得以大幅提升。

②实时财务分析变为可能。数据来源的复杂性和数据类型的多样性势必会打破企业传统的技术分析方式，来自企业内外部的结构化、半结构化及非结构化数据纷繁杂乱，需要依靠大数据技术对这些数据进行过滤。财务分析由传统的对财务报表等资料的分析转变为在历史数据的基础之上，结合企业内外部财务资料和非财务资料对未来发展态势的分析预测。大数据的特点之一是时效性高，面对快速流动的大量数据，财务人员应当快速捕捉，实时分析，早一步从数据中获取隐藏价值，就能先于竞争对手了解市场，在竞争中取胜。现有的财务分析一般依据财务报告，对阶段性的月度、季度和年度报告进行分析，随着大数据技术的成熟，在不久的将来，可以实现定期或即时发布，如以往月末才编制的财务报表可变成每天可见的"日报"，库存、利润和收入的数据都能及时掌握，信息披露的周期大大缩短。

③财务分析效果更好，结果的可信度更高。在大数据时代，由于对分析技术和分析及时性、准确性的要求越来越高，财务分析结果对企业决策的影响日益增大，财务分析

越来越得到管理者的重视。大数据时代,数据挖掘技术的使用能够搜集并加工与企业会计核算、业绩评价相关的外部信息,例如同行竞争情况、供应商与客户情况等信息。此外,大数据技术能够对其中的半结构化或非结构化数据进行加工和转换,最终为财务分析所用。数据挖掘所提供的关联发现和趋势预测等结果,能够帮助管理者发现真实存在的隐性成本,以主动发现价值的方式促使管理者关注历史核算数据之外的与企业经营相关的内容。因此,基于数据挖掘的企业成本确定和收益计算不仅更加精确科学,而且为企业创造的价值远远超过了传统模式,能够为企业的生产、销售活动降低更多的风险,提高企业的管理水平。

(2)大数据时代企业财务分析面临的挑战

①数据收集、处理的技术能力欠缺。大数据时代,半结构化和非结构化数据超过数据总量的80%,传统的数据收集和处理技术明显表现出不足。一是硬件设施不完善,面对大数据的兴起,许多厂商推出了针对大数据的解决方案,不少企业在招聘的时候也会聘用相关研究大数据的人才。现有的解决方案大部分是在原有硬件基础上做的扩容,并没有专门针对大数据设计的硬件架构,而且大数据的硬件架构技术并非一家厂商可以单独提供,即使在企业中有应用技术也是不成熟的,处于初级阶段。企业需要强大的实力和强烈谋求改变的愿望才能推动大数据技术发展,因此,创新大数据处理的硬件技术任重道远。二是软件不成熟,大数据的应用情景可谓多种多样,各大厂商提供的软件几乎没有一款能够适用于大数据应用的所有情景。

②信息安全缺乏保障。大数据时代,信息开放会带来不可忽视的问题,那便是会计信息的安全缺乏保障。在网络技术高度发达的今天,信息公开是必然趋势,但数据泄露问题也随之而来。数据在存储、传输过程中容易被盗或者丢失,企业内部数据容易被篡改和窃取,技术不成熟会导致系统加密失灵,这些都会给企业带来巨大的风险,使企业面临无法挽回的损失。保证信息公开却不侵犯隐私,建立安全的数据传输、存储和分析系统是大数据时代财务分析面临的又一重大挑战。

4.1.3 大数据时代财务分析的变革路径

大数据时代财务分析的目标是发现数据,并深入挖掘其隐藏价值,为企业的决策提供依据。大数据时代企业财务分析的转型,需要从以下三个方面来展开。

(1)树立大数据应用理念,转变思维模式

大数据时代,企业的财务分析离不开管理层的支持,著名的管理学家波特提出三种基本竞争战略:成本领先战略、集中化战略和差异化战略。在大数据时代,大数据战略将成为企业的第四种竞争战略,并且将对传统的三大竞争战略产生重大影响。如今的市场,如果企业不能紧跟社会的步伐,不能从大数据中发掘商机、识别风险,不能将大数据同企业管理结合应用,那么在未来的行业竞争中企业被击败是不可避免的。管理者掌握企业的发展方向,企业意识形态的革新源自于企业管理层的推动,只有管理者具备了大数据管理意识,才能从根本上树立起企业的大数据意识。当然,单凭管理者大数据分析意识的提高并不能解决所有问题,更应将大数据分析意识思想贯彻到执行者中。大数据时代,信息技术的发展满足了数据展示的需求,也为财务工作的创新提供了良好的际遇，企业财务人员应转变分析思维，转换财务分析的方式，重视大数据并将之运用到实际的财务分析工作中，建立大财务的思维模式，在对财务工作的完善过程中努力使财务分析成为企业财务管理的核心，使财务管理居于企业经营管理的核心地位。

（2）搭建数据仓库，改变数据处理方式

海量数据的存储需要专门的数据仓库，过去的数据库中除了常见的结构化数据，还包含抄录到系统中的原始凭证等纸质资料，在数据库中存储的信息并不完整，如果想要看到原始凭证，就得从一大堆纸质资料中去翻阅，尽管有的企业编排归类做得很好，可是翻阅工作烦琐，且不易查找，文件资料也容易破损和丢失，并且占据了很大的存储空间。搭建数据仓库可以避免这些麻烦，《财经信息技术会计核算软件数据接口》中规范了部分数据标准，如会计科目、凭证、报表等，实现了会计信息化的企业可以使用具有标准化数据接口输出能力的财务核算软件，根据数据接口的标准要求，输出和保存企业的历史数据，建立属于自己的财务数据仓库。数据仓库的创建过程重点涵盖三个重要的步骤：数据采集、数据转化、数据加载。具体来说，数据仓库创建完成后，采集不同数据源的财务数据，进行转化再加载到数据仓库之中，其目的是整合不同类型的数据源，使数据仓库中的数据标准化、规范统一。

大数据时代，数据结构的多样性、产生与传送的快速性和连续性，不仅对财务人员的专业素质和素质敏感性提出了更高的要求，也给财务数据处理技术带来了更大的挑战。现有的大多数企业主要采用从财务软件中导出数据，利用 Excel 进行人工分析的处理形式，这种方式耗时费力，一是处理的数据量有限，二是容易出现失误，三是在实操过程中，经常会遇到数据出错或者 Excel 崩溃的情况，而且数据更新迟缓，这样分析得出的结果准确性和及时性不高。

（3）建立大数据平台

财务大数据信息平台应具备如下功能：①实现各种财务数据的收集和转换，包括企业内外部、历史的和即时的结构化和非结构化数据，这是必备的基本功能；②能够针对不同企业的需求构建不同的处理方案，没有任何一种程序可以满足所有企业的需要，因此个性化设置很重要；③实现在同一数据协议下多源异构分布式数据的处理，将不同企业多种结构、不同格式的数据汇集到一个平台处理；④支持以多种方式（包括代码、插件、流程、脚本、模块、数据库等）运行的功能的使用，且功能可以单独使用或同时使用；⑤可以根据应用环境的变化，迅速搭建平台，对功能做出调整，采用柔性结构设计，形成开放式的应用集成系统。

4.2 大数据时代财务分析职能的转化

（1）数据分析效率更高

大数据时代，企业能收集更多的数据并进行加工处理，如供应商和客户的信息，以及半结构化或者非结构化数据，比如客户下单行为、叉车司机的装货效率。一些先进的分析技术将有助于企业更好地结合市场、业务等非财务数据进行企业经营的预测，这可能打破原先财务分析的局限性和传统性,有利于企业管理层从一个全新的角度看待企业的经营和业务发展,有助于企业管理层发现企业的失控点或者发展潜力。企业的财务分析再也不局限于对历史数据进行考核评估。

(2)决策支持和预测的功能更强

在当前竞争、风险不断增加的市场环境中,财务预测作为企业财务管理的重要环节之一,其功能与影响力将日益突出。基于大数据的财务分析中的决策支持和预测功能在企业日常管理中将起到越来越重要的作用。大数据时代,企业进行数字化转型,可以收集到更多财务数据和非财务数据,以帮助财务分析人员更加准确、客观地进行预测。在大数据背景下,基于大数据的财务分析可以在传统的分析层面更加深入挖掘数据,可以收集到更加全面和准确的信息,同时将财务数据和非财务数据有效地结合在一起,从而得出分析结果并对企业经营计划做出相应的调整。

(3)控制与评价更全面

有些情况下,财务分析的目的是全面控制和考核。大数据时代,通过企业的数字化转型,基于大数据的财务分析可以帮助企业财务人员转变工作方式,实现实时、快速地采集数据和处理数据。在新的工作方式下,财务分析可以实现一个完整的实时动态预警系统。企业管理者可以看到当月、截至当月的实际数据,与去年同期、当期的预算、预测的实时动态相比较。基于大数据的财务分析平台首先可以根据需求设置预算或者预测值的偏离范围,然后与 ERP 系统中的数据进行实时比较。一旦偏差超过预设范围,将发出提醒。可以看出,在大数据的背景下,财务分析中的控制评价功能可以逐步介入事中控制,这种实时预警将使企业经营管理更有价值,提升企业的管理效率。

4.3 大数据在财务分析中的应用

4.3.1 大数据财务分析的内容

(1)财务数据可视化分析(analytic visualization)

不管是对数据分析专家还是财务人员来说,财务数据可视化是数据分析最基本的要求。可视化可以直观地展示数据,让数据自己说话。

(2)数据挖掘算法(data mining algorithm)

数据可视化是给人看的,数据挖掘是给机器看的。集群、分割、孤立点分析还有其他的算法让我们深入数据内部,挖掘数据价值。这些算法不仅要处理大数据的量,也要跟上大数据的更新速度。

(3)预测性分析能力(predictive analytic capability)

数据挖掘可以让分析员更好地理解数据,而预测性分析可以让分析员根据可视化分析和数据挖掘结果做出一些预测性的判断。

(4)语义引擎(semantic engine)

由于非结构化数据的多样性给数据分析带来了新的挑战,我们需要一系列工具去解析、提取、分析数据。语义引擎需要被设计成能够从"文档"中智能提取信息。

（5）数据质量和数据管理（data quality and master data management）

数据质量和数据管理是一些管理方面的内容。通过标准化的流程和工具对数据进行处理可以保证一个预先定义好的高质量的分析结果。

4.3.2　大数据财务分析的具体应用

大数据处理方法有很多，根据 3.2.2 数据分析活动步骤，结合本节分析目的，一个基本的大数据处理流程可以概括为四步，分别是采集、导入和预处理、统计和分析、挖掘，下面以 Python 为工具，以互联网上披露的财务数据为数据源介绍大数据的处理流程。

扩展阅读 4-1　大数据财务分析所需 Python 代码

（1）财务数据的采集

财务数据的采集是指利用 Python 编写爬虫程序从互联网各种网页上爬取财务数据，用户可以通过互联网浏览到这些数据。在财务数据的采集过程中，其主要特点和挑战是并发数高，因为有可能会有成千上万的用户同时进行访问和操作，所以需要设计合理的爬虫程序，有一些网站已经将写好的爬虫程序封装成简单的爬虫语句，相关的网站有 Tushare 网站、BaoStock 网站。

①Tushare 网站上的数据代码

Tushare 网站上的数据全部来自新浪财经，由于财务数据项目比较多，所以拆分成了很多个表，使用时可以通过股票代码合并在一起，也可以独立使用。数据在抓取时，需要一页一页地抓取，所以需要一点等待时间，最后会合并成一个大表。

基本面数据提供所有股票的基本面情况，包括股本情况、业绩预告和业绩报告等，主要包括以下类别：沪（深）股票列表、业绩预告、业绩报告（主表）、盈利能力数据、营运能力数据、成长能力数据、偿债能力数据、现金流量数据。

其一，获取 2014 年第三季度的业绩报表数据。

Python 代码：

```
import tushare as ts
df=ts.get_report_data(2014,3)
df
```

运行结果如图 4-1 所示。

	code	name	eps	eps_yoy	bvps	roe	epcf	net_profits	profits_yoy	distrib	report_date
0	601900	南方传媒	0.51	NaN	NaN	13.78	NaN	28777.64	NaN	NaN	01-20
1	300499	高澜股份	0.36	NaN	NaN	NaN	NaN	1820.94	NaN	NaN	01-20
2	001979	招商蛇口	NaN	NaN	NaN	NaN	NaN	171909.43	NaN	NaN	12-28
3	002778	中晟高科	0.43	NaN	NaN	8.21	NaN	2841.67	NaN	NaN	12-16
4	002777	久远银海	0.50	NaN	NaN	12.88	NaN	3000.57	NaN	NaN	12-16
5	002787	华源控股	0.52	NaN	NaN	NaN	NaN	5441.16	NaN	NaN	12-16
6	300491	通合科技	0.39	NaN	NaN	14.21	NaN	2309.85	NaN	NaN	12-16
7	300490	华自科技	0.39	NaN	NaN	10.02	NaN	2923.35	NaN	NaN	12-16
8	603778	乾景园林	0.40	NaN	NaN	6.35	NaN	2381.49	NaN	NaN	12-16

图 4-1　2020 年部分企业第三季度的业绩报表数据

其二，获取 2020 年第三季度的盈利能力数据。
Python 代码：

```
import tushare as ts
df=ts.get_profit_data(2020,3)
df
```

运行结果如图 4-2 所示。

	code	name	roe	net_profit_ratio	gross_profit_rate	net_profits	eps	business_income	bips
0	002164	宁波东力	241.77	168.77	30.4872	1423.1139	2.6741	843.1872	1.5844
1	002069	獐子岛	135.47	1.60	17.8407	23.5159	0.0330	1468.6724	2.0653
2	000585	*ST东电	125.77	272.60	34.4867	163.6478	0.1873	60.0313	0.0687
3	300981	中红医疗	107.14	54.53	NaN	1602.5693	12.8205	2938.8686	23.5109
4	600961	株冶集团	85.86	1.48	5.1018	166.9992	0.3166	11227.2222	21.2855
5	301047	义翘神州	82.80	70.24	96.5561	750.5942	NaN	1068.5357	NaN

图 4-2 2020 年部分企业第三季度的盈利能力数据

其三，获取 2020 年第三季度的营运能力数据。
Python 代码：

```
import tushare as ts
df=ts.get_operation_data(2020,3)
df
```

运行结果如图 4-3 所示。

	code	name	arturnover	arturndays	inventory_turnover	inventory_days	currentasset_turnover	currentasset_days
0	000606	ST顺利	35.2679	7.6557	875744.3084	0.0003	5.3363	50.5969
1	002400	省广集团	3.4577	78.0866	37003.0259	0.0073	1.7674	152.7668
2	000676	智度股份	6.0682	44.4942	19478.2773	0.0139	1.7588	153.5138
3	000429	粤高速A	9.6986	27.8391	8589.7083	0.0314	0.4884	552.8256
4	600093	*ST易见	32.6075	8.2803	6687.8392	0.0404	0.4283	630.3993
5	002647	仁东控股	4.3308	62.3441	6683.4505	0.0404	0.8381	322.1573
6	300242	佳云科技	4.6245	58.3847	6259.3503	0.0431	2.5385	106.3620
7	000526	学大教育	51.7865	5.2137	5755.5198	0.0469	1.3751	196.3494
8	002039	黔源电力	7.6998	35.0658	5352.1143	0.0504	2.6422	102.1876

图 4-3 2020 年部分企业第三季度的营运能力数据

其四，获取 2020 年第三季度的成长能力数据。
Python 代码：

```
import tushare as ts
df=ts.get_growth_data(2020,3)
df
```

运行结果：

	code	name	mbrg	nprg	nav	targ	epsg	seg
0	002124	天邦股份	80.1740	20623.5092	246.2204	101.5348	23201.9417	248.5312
1	002211	宏达新材	-2.5737	16909.8453	-6.7839	-0.1476	15760.0000	-6.7839
2	688289	圣湘生物	1381.4688	10702.3941	NaN	NaN	10940.0000	NaN
3	002157	正邦科技	85.6345	6603.6448	110.5145	95.6821	10700.0000	103.2687
4	000038	深大通	-15.3401	5855.0383	1.9013	0.4097	5587.5000	0.5634
5	300228	富瑞特装	8.4512	5540.3475	-18.4642	-6.4310	939.8374	-18.8473
6	688037	芯源微	121.4252	4761.4093	NaN	184.5445	NaN	257.3807
7	600517	国网英大	-12.0179	4420.9693	451.2230	355.3273	750.0000	391.1075
8	600804	鹏博士	-9.3390	4286.5538	-63.5085	-42.7232	4000.0000	-64.2585

图 4-4　2020 年部分企业第三季度的成长能力数据

其五，获取 2020 年第三季度的偿债能力数据。

Python 代码：

```
import tushare as ts
df=ts.get_debtpaying_data(2020,3)
df
```

运行结果如图 4-5 所示。

	code	name	currentratio	quickratio	cashratio	icratio	sheqratio	adratio
0	301021	英诺激光	--	--	--	--	74.1841	--
1	688071	华依科技	--	--	--	--	--	--
2	301048	金鹰重工	--	--	--	--	--	--
3	688136	科兴制药	--	--	--	--	--	--
4	688226	威腾电气	--	--	--	--	--	--
5	300918	南山智尚	--	--	--	--	57.2205	--
6	300922	天秦装备	--	--	--	--	--	--
7	300936	中英科技	--	--	--	--	78.6986	--

图 4-5　2020 年部分企业第三季度的偿债能力数据

其六，获取 2020 年第三季度的现金流量数据。

Python 代码：

```
import tushare as ts
df=ts.get_cashflow_data(2020,3)
df
```

运行结果如图 4-6 所示。

	code	name	cf_sales	rateofreturn	cf_nm	cf_liabilities	cashflowratio
0	002670	国盛金控	851.1351	0.1213	NaN	0.1910	19.7159
1	000416	民生控股	30.8080	0.1273	4.2750	9.2882	928.8163
2	600061	国投资本	16.7258	0.0235	1.3561	0.0300	4.0170
3	000679	大连友谊	16.7133	1.4246	188.7018	2.9560	323.9925
4	000627	天茂集团	12.5180	0.0740	15.2812	0.0868	244.0950
5	000809	铁岭新城	8.2633	0.0252	NaN	0.0537	7.3459
6	000892	欢瑞世纪	7.3387	0.0366	NaN	0.1341	14.7094
7	002423	中粮资本	7.3201	0.0757	4.5066	0.1034	22.9300
8	000890	法尔胜	5.8880	1.9633	147.3388	1.7557	184.0536
9	600155	华创阳安	5.3837	0.0272	2.9450	0.0391	5.5738

图 4-6　2020 年部分企业第三季度的资金流量数据

②BaoStock 网站上的数据代码

通过 API 接口获取成长能力信息，可以通过参数设置获取对应年份、季度的数据，提供 2007 年至今的数据。返回类型：pandas 的 DataFrame 类型。

Python 代码：

```python
import baostock as bs
import pandas as pd
#登录系统
lg=bs.login()
#显示登录返回信息
print('loginresponderror_code:'+lg.error_code)
print('loginresponderror_msg:'+lg.error_msg)
#成长能力
growth_list=[]
rs_growth=bs.query_growth_data(code="sh.600000",year=2017,quarter=2)
while(rs_growth.error_code=='0')&rs_growth.next():
    growth_list.append(rs_growth.get_row_data())
result_growth=pd.DataFrame(growth_list,columns=rs_growth.fields)
#打印输出
print(result_growth)
#结果集输出到csv文件
result_growth.to_csv("D:\\aa\growth_data.csv",encoding="gbk",index=False)
#登出系统
bs.logout()
```

运行结果如图 4-7 所示。

```
login success!
login respond error_code:0
login respond  error_msg:success
        code    pubDate    statDate  YOYEquity  YOYAsset      YOYNI  \
0  sh.600000  2017-08-30  2017-06-30   0.120243  0.101298   0.054808

   YOYEPSBasic    YOYPNI
0     0.021053  0.052111
logout success!
<baostock.data.resultset.ResultData at 0x160991f8240>
```

图 4-7　某公司成长能力数据

该数据接口方法中的参数代表的意义：

code：sh.或 sz.+6 位数字代码（指数代码），如 sh.601398（sh：上海；sz：深圳），此参数不可为空。

year：统计年份，为空时默认当前年份。

quarter：统计季度，可为空，默认当前季度。不为空时只有 4 个取值：1，2，3，4。

③直接从新浪网页上获取利润表数据

如果没有已封装好的代码，需要从网页上获取数据，则由于网页有各种反爬虫机制，获取数据难度会提高。一般而言，包括三个步骤：查看数据所在的网页；编写代码，获取网页内容；根据网页内容筛选出所要的结果。

从网页中浏览龙版传媒（605577）的利润表如图 4-8 所示。

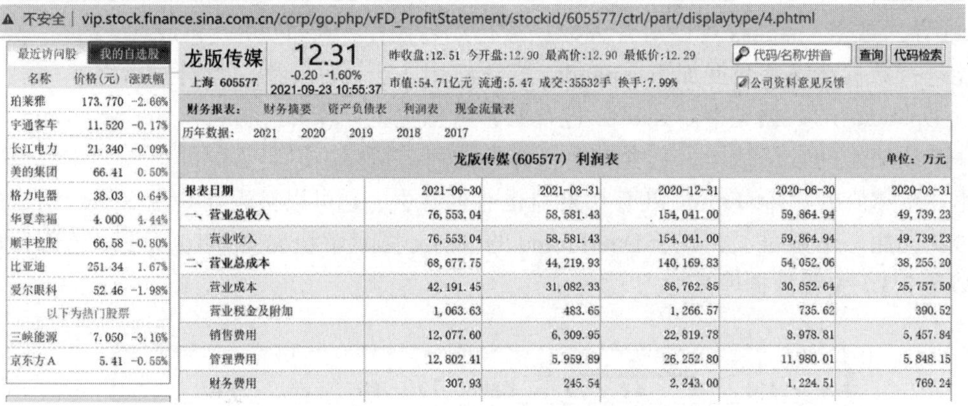

报表日期	2021-06-30	2021-03-31	2020-12-31	2020-06-30	2020-03-31
一、营业总收入	76,553.04	58,581.43	154,041.00	59,864.94	49,739.23
营业收入	76,553.04	58,581.43	154,041.00	59,864.94	49,739.23
二、营业总成本	68,677.75	44,219.93	140,169.83	54,052.06	38,255.20
营业成本	42,191.45	31,082.33	86,762.85	30,852.64	25,757.50
营业税金及附加	1,063.63	483.65	1,266.57	735.62	390.52
销售费用	12,077.60	6,309.95	22,819.78	8,978.81	5,457.84
管理费用	12,802.41	5,959.89	26,252.80	11,980.01	5,848.15
财务费用	307.93	245.54	2,243.00	1,224.51	769.24

图 4-8　龙版传媒利润表网页截图

Python 代码：

```
import pandas as pd
lrb_wangzhi='http://vip.stock.finance.sina.com.cn/corp/go.php/vFD_ProfitStatement/stockid/605577/ctrl/part/displaytype/4.phtml'
lrb_tables=pd.read_html(lrb_wangzhi)
lrb_tables
```

运行结果如图 4-9 所示。

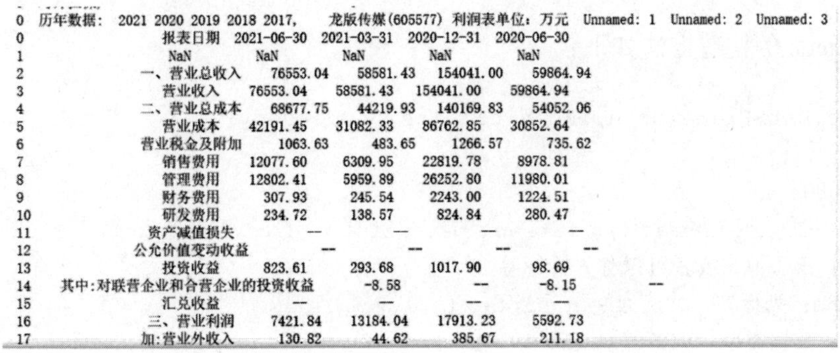

```
0  历年数据:  2021 2020 2019 2018 2017,   龙版传媒(605577) 利润表单位：万元  Unnamed: 1  Unnamed: 2  Unnamed: 3
0                    报表日期  2021-06-30  2021-03-31  2020-12-31  2020-06-30
1                     NaN        NaN         NaN         NaN         NaN
2                一、营业总收入    76553.04    58581.43   154041.00    59864.94
3                   营业收入    76553.04    58581.43   154041.00    59864.94
4                二、营业总成本    68677.75    44219.93   140169.83    54052.06
5                   营业成本    42191.45    31082.33    86762.85    30852.64
6                营业税金及附加     1063.63      483.65     1266.57      735.62
7                   销售费用    12077.60     6309.95    22819.78     8978.81
8                   管理费用    12802.41     5959.89    26252.80    11980.01
9                   财务费用      307.93      245.54     2243.00     1224.51
10                  研发费用      234.72      138.57      824.84      280.47
11                资产减值损失          --          --          --          --
12              公允价值变动收益          --          --          --          --
13                  投资收益      823.61      293.68     1017.90       98.69
14    其中:对联营企业和合营企业的投资收益       -8.58          --       -8.15          --
15                  汇兑收益          --          --          --          --
16                三、营业利润     7421.84    13184.04    17913.23     5592.73
17                加:营业外收入      130.82       44.62      385.67      211.18
```

图 4-9　2020 年 6 月—2021 年 6 月龙版传媒利润表数据

（2）财务数据的处理

扩展阅读 4-2 Python 数据清洗

虽然采集端本身会有很多数据库，但是如果要对这些数据进行有效分析，还是应该将这些来自前端的数据导入到一个集中的大型分布式数据库或分布式存储集群中，并且可以在导入的基础上做一些简单的清洗和预处理工作，具体方法可参考 2.2 节大数据预处理。财务数据的处理利用 Pandas 库进行代码修改，包括数据的输出、增删、合并等。

pandas 是 Python 的第三方库，提供高性能的易用数据类型和分析工具，常用于承担数据分析任务。pandas 名字衍生自术语"panel data"（面板数据）和"Python data analysis"（Python 数据分析）。pandas 是一个强大的分析结构化数据的工具集，基础是 Numpy（提供高性能的矩阵运算）。pandas 可以从各种文件格式比如 CSV、JSON、SQL、Microsoft Excel 导入数据。pandas 可以对各种数据进行运算操作，比如归并、再成形、选择，pandas 还能进行数据清洗和数据加工。pandas 广泛应用在会计、金融、统计学等各个领域。

①pandas 的数据类型。pandas 包含两种数据类型：DataFrame 和 Series。DataFrame 是一个表格型的数据结构，它含有一组有序的列，每列可以是不同的值类型（数值、字符串、布尔值）。DataFrame 既有行索引也有列索引，它可以被看作是由 Series 组成的字典（共用同一个索引）。关于 DataFrame 的 Series 图示解释如图 4-10 所示。该部分内容可结合 2.3.1 关系数据库来学习。

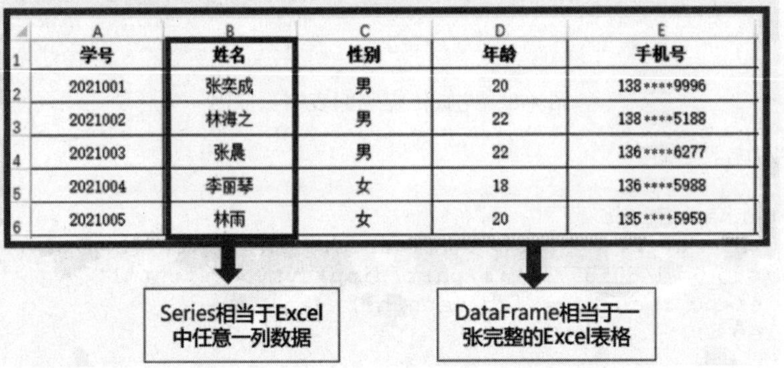

图 4-10 DataFrame 的 Series 图示解释

DataFrame 的构造方法如下：

pandas.DataFrame(data,index,columns,dtype,copy)

参数说明：
data：一组数据（ndarray、series、map、lists、dict 等类型）。
index：索引值，或者可以称为行标签。
columns：列标签，默认为 RangeIndex(0,1,2,…,n)。
dtype：数据类型。
copy：拷贝数据，默认为 False。

Pandas DataFrame 是一个二维的数组结构。

②pandas 的数据输出到 CSV 文件。CSV（comma-separated values，逗号分隔值，有时也称为字符分隔值，因为分隔字符也可以不是逗号），其文件以纯文本在形式存储表格数据（数字和文本）。CSV 是一种通用的、相对简单的文件格式，在商业和科学领域广泛应用。pandas 可以很方便地处理 CSV 文件，采用以下代码，就可以将 2020 年第三季度的现金流量数据保存在电脑的 D:\\cashflow_data.csv 中。

Python 代码：

```
import tushare as ts
df=ts.get_cashflow_data(2020,3)
df.to_csv('D:\\cashflow_data.csv',encoding='gbk',index=False)
```

运行结果如图 4-11 所示。

	A	B	C	D	E	F	G	H
1	code	name	cf_sales	rateofretur	cf_nm	cf_liabilities	cashflowratio	
2	2670	国盛金控	851.1351	0.1213		0.191	19.7159	
3	416	民生控股	30.808	0.1273	4.275	9.2882	928.8163	
4	600061	国投资本	16.7258	0.0235	1.3561	0.03	4.017	
5	679	大连友谊	16.7133	1.4246	188.7018	2.956	323.9925	
6	627	天茂集团	12.518	0.074	15.2812	0.0868	244.095	
7	809	铁岭新城	8.2633	0.0252		0.0537	7.3459	
8	892	欢瑞世纪	7.3387	0.0366		0.1341	14.7094	
9	2423	中粮资本	7.3201	0.0757	4.5066	0.1034	22.93	

图 4-11　pandas 数据输出到 CSV 文件截图

③pandas 数据清洗。数据清洗是对一些没有用的数据进行处理的过程。很多数据集中存在数据缺失、数据格式错误、数据重复等情况，如果要使数据分析更加准确，就需要将这些没有用的数据进行处理。可以利用数据清洗功能将上例中 2020 年第三季度的现金流量表中 cf_nm 列中空白行删除。

Python 代码：

```
import pandas as pd
pathz='D:\\cashflow_data.csv'
dfz=open(pathz,'r',encoding='ANSI')
df=pd.read_csv(dfz)
df.dropna(subset=['cf_nm'],inplace=True)
print(df.to_string())
```

运行结果如图 4-12 所示。

	code	name	cf_sales	rateofreturn	cf_nm	cf_liabilities	cashflowratio
1	416	民生控股	30.8080	0.1273	4.2750	9.2882	928.8163
2	600061	国投资本	16.7258	0.0235	1.3561	0.0300	4.0170
3	679	大连友谊	16.7133	1.4246	188.7018	2.9560	323.9925
4	627	天茂集团	12.5180	0.0740	15.2812	0.0868	244.0950
7	2423	中粮资本	7.3201	0.0757	4.5066	0.1034	22.9300
8	890	法尔胜	5.8880	1.9633	147.3388	1.7557	184.0536
9	600155	华创阳安	5.3837	0.0272	2.9450	0.0391	5.5738
10	600696	岩石股份	4.1825	0.5318	29.1028	2.8784	309.8898
11	600106	重庆路桥	4.0171	0.1026	3.1721	0.2606	68.1469
12	828	东莞控股	2.9140	0.1850	3.7564	0.5047	92.3141

图 4-12　pandas 数据清洗

（3）财务数据的可视化

Python 中有很多绘图的开源代码，其中，matplotlib 是 Python 的绘图库，它能让使用者很轻松地将数据图形化，并且提供多样化的输出格式。matplotlib 可以用来绘制各种静态、动态、交互式的图表。matplotlib 是一个非常强大的 Python 画图工具，我们可以使用该工具将很多数据通过图表的形式更直观地呈现出来。matplotlib 可以绘制线图、散点图、等高线图、条形图、柱状图、3D 图形、甚至是图形动画等等。以下为相关图表的代码。

①matplotlib 饼图

Python 代码：

```python
import matplotlib.pyplot as plt
import numpy as np
y=np.array([35,25,25,15])
plt.pie(y,
labels=['A','B','C','D'],#设置饼图标签
colors=["#d5695d","#5d8ca8","#65a479","#a564c9"],#设置饼图颜色
)
plt.title("RUNOOB Pie Test")#设置标题
plt.show()
```

运行结果如图 4-13 所示。

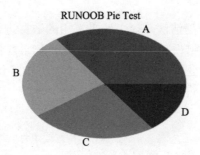

图 4-13　matplotlib 饼图

②matplotlib 折线图

Python 代码：

```python
from matplotlib import pyplot as plt
plt.rcParams['font.family']=['sans-serif']
plt.rcParams['axes.unicode_minus']=False
plt.figure()
#plt.subplot(1,1,1)
x=[0,1,2,3,4]
y=[3,7,5,9,4]
plt.ylabel('Y_LABEL')
plt.xlabel('X_LABEL')
plt.title('Matlib_case')
plt.plot(x,y)
plt.show()
```

运行结果如图 4-14 所示。

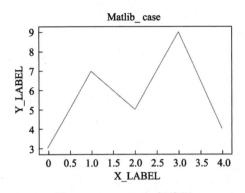

图 4-14　matplotlib 折线图

③matplotlib 直方图

Python 代码：

```
from matplotlib import pyplot as plt
import numpy as np
x=np.array(["Runoob-1","Runoob-2","Runoob-3","C-RUNO0B"])
y=np.array([12,22,6,18])
plt.bar(x,y)
plt.show()
```

运行结果如图 4-15 所示。

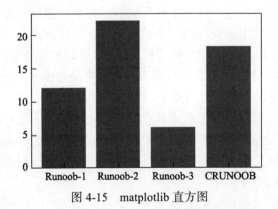

图 4-15　matplotlib 直方图

4.4　大数据财务分析案例

4.4.1　国家电网公司大数据财务分析应用案例

随着财务集约化、信息化工作的深入开展，财务数据与报表数据呈爆炸式增长，国家电网公司充分利用大数据技术进行信息系统建设，已能从海量数据中分析业务与财务的内在联系，找出数据背后隐藏的问题与风险，为企业经营提供多维度、多角度、多方位的决策支持。

1）大数据财务分析的体系构成

国家电网公司建成涵盖公司预算、工程、资产、资金、电价和风险等财务管理各个方面的分析体系。主要包括业绩考核指标分析、主要指标趋势分析、损益预算执行分析、预算考核分析、财务状况分析、售电量分析、电价综合分析、资金管理分析、税务管理分析、工程投资进度分析、资产结构与分布分析、风险预警等。

2）大数据财务分析的建设思路

以集成、集约、集团化管理为主要脉络，国家电网公司秉持全面预算管理"一盘棋"、会计核算"一本账"、资金管理"一个池"、资产管理"一条线"、财务监管"一张网"的管理理念，关注重点财务领域，依托信息系统搭建财务分析模型，充分利用信息系统集成和获取业务数据，从集团化的视角高度去分析问题、风险、趋势、机遇。

3）财务分析系统的技术支持

（1）财务管控系统

该系统已覆盖多个集团，并与成熟的套装软件、交易系统、营销系统、经法系统等多个应用平台建立起集成联系，为依据现有信息系统建立财务分析系统提供了业务和数据支撑。采用先进的、成熟的内存BI技术，满足高效稳定、易开发、易维护、可快速调整分析模型的业务需求，使各种各样的终端用户以一种高度直觉化、功能强大和创造性的方式，互动分析重要的业务信息。

（2）BI系统

从技术角度来看，BI系统具有两种与众不同的技术，具备快速、灵活、实时运算的强大功能。技术之一是在内存中采用了阵列集合，每个字段里剔除重复值，记录之间用指针去寻址。这样使得数据能够在内存中被压缩，平均压缩比为10∶1。技术之二是采用了"数据云"，任何字段都可以作为维度进行度量，可以按需随意组合成一个分析图表。此外，BI系统采用排除法过滤数据，仿照人脑的思考决策模式，快速拿到需要的数据，排除不相关的数据。在内存的运算速度上，BI技术远远超过基于数据库的查询技术。对于各种数据源，用户只需将数据加载进来，不同的业务数据通过特定的字段关联，形成一个统一的视图，实现各类数据的关联交叉分析。BI技术提供的分析手段可以按照用户的分析需求，将一些维度组合起来，形成钻取组合维度或旋转组合维度。

（3）辅助决策支持系统

该系统具有丰富的图表和强大的自定义分析计算能力，不仅可以提供多维分析支持所必需的同比、环比、钻取、维度切换、仪表盘等各种分析手段，而且还能提供数据的追溯、比对、预测、数学模型等高级技术，为辅助决策提供技术支持。

4）数据财务分析的组织保障体制

（1）合理确定阶段目标及业绩考核指标，包括利润总额、净资产收益率、流动资产周转率、可控费用、资产负债率、投资收入比、EVA、成本收入比。

（2）确定数据来源，利用财务集约化、信息化发展成果，最大限度地利用"一本账"及"一键式报表"功能。通过ETL工具，ODS、Web Service等数据接口方式，开发获取财务管控、ERP 等业务系统接口，直接通过企业内部局域网，定时或实时地将数据抽取或推送到分析系统数据仓库，从数据仓库中加载数据并对数据进行各种分析；将协同办公系统进行综合利用，国家电网公司经营情况通报、国家电网公司财务集约化考核情况通报等办公系统文件材料上传到财务分析系统进行分析；通过查找大量历史资料的方式，对信息化水平较低时期的历史数据进行最大限度的补充。

（3）财务管控系统与 ERP 系统管理重点的明确区分。财务管控系统以融资、票据及投资、产权管理为细化核算的重点；ERP 系统是以费用报销、往来款及工程、资产为细化核算的重点。通过大数据财务分析系统的海量数据压缩与分析技术，将财务管控系统与 ERP 系统各自的管理重点集合在同一平台展示。

（4）确定财务分析体系的展现形式及展现原则：①根据指标特点设置表现形式；②根据指标需求设置表现形式；③根据指标成因进行分析展示；④财务分析报告文档一键展示；⑤于同一平台查询分析财务账表。

（5）确定数据抽取周期，按月自动抽取财务指标数据，按季度形成财务指标分析文档。

5）国家电网公司大数据财务分析的应用效果

（1）指标体系平台化，分析能力提质提效。将涉及业绩考核、财务状况掌控、预算集约调控、资金集中管理、资本集中运作、电价集约管理、风险在线监控、财税管理筹划、基建财务管控、财务集约化执行情况、特定期间的财务指标等反映在同一指标平台，充分提高财务分析的广度与深度。

（2）全面反映经营概貌，全面降低风险水平。通过主要指标趋势分析、损益预算执行分析、预算考核分析、财务状况分析、资金管理分析、税务管理分析、电价综合分析、财务指标汇编、风险预警、账表查询、财务报告等功能，使相关人员及时、全面地掌握影响财务状况的综合情况；通过对主要指标趋势、损益预算执行、工程进度、电价执行等综合情况进行分析，使财务部门、公司领导及时了解相关业务的完成情况及各基层单位的业务开展情况，提高财务部门及公司领导对业务的管控能力和对市场变化的响应速度，从而有效增强公司监控业绩指标和防范经营风险的能力。

（3）强化预算引领力，瞄准管理的重点领域，合理设计预算分析指标。将损益预算执行、预算、国家电网公司业绩等指标，与预算、历史同期进行对比分析，用直观的综合管理仪表盘形式进行展现，帮助公司管理层直观、及时、全面地掌握财务与运营概貌，快速抓住企业经营管理的重点，提高预算的执行能力，强化预算价值的引领能力，统驭财务专业管理条线的预算执行，提升财务部门对经营活动的价值管理和资源调配能力。

4.4.2 基于 Python 的大数据财务分析应用案例

（1）获取所有上市公司财务指标数据并将其存入指定路径

基于 Tushare 的程序包获取上市公司财务指标数据，以 2014 年为例，获取 2014 年所有财务指标数据，并将其分财务指标类别存入指定路径，其中将基本情况指标存入路径 "E:/财务指标/201404/基本情况.csv"。若要获取 2015 年的数据，则将以下代码中的 "2014" 改为 "2015" 即可。

Python 代码：

```python
import tushare as ts
df1=ts.get_stock_basics()
df2=ts.get_report_data(2014,4)
df3=ts.get_profit_data(2014,4)
df4=ts.get_operation_data(2014,4)
df5=ts.get_growth_data(2014,4)
df6=ts.get_debtpaying_data(2014,4)
df7=ts.get_cashflow_data(2014,4)
df1.to_csv('E:/财务指标/201404/基本情况.csv',encoding="gb18030")
df2.to_csv('E:/财务指标/201404/业绩报告.csv',encoding="gb18030")
df3.to_csv('E:/财务指标/201404/盈利能力.csv',encoding="gb18030")
df4.to_csv('E:/财务指标/201404/运营能力.csv',encoding="gb18030")
df5.to_csv('E:/财务指标/201404/成长能力.csv',encoding="gb18030")
df6.to_csv('E:/财务指标/201404/偿债能力.csv',encoding="gb18030")
df7.to_csv('E:/财务指标/201404/现金流.csv',encoding="gb18030")
```

运行结果如图 4-16 所示。

图 4-16 获取财务数据文档截图

（2）对某一上市公司及可比公司的财务指标数据进行分析

以张家界（000430）为例，分析该公司 2016—2020 年的净利润变化情况，以及该公司所在行业的所有公司 2016—2020 年的平均净利润变化情况，以及该公司所在省份的所有公司 2016—2020 年的平均净利润变化情况，最后将其可视化。

①读取 2016—2020 年盈利能力指标的基础数据，在盈利能力指标表的基础数据中筛选出年度、行业、省份信息。

Python 代码：

```python
import tushare as ts
import pandas as pd
path0='E:/财务指标/201704/基本情况.csv'
df01 = open(path0,'r',encoding='ANSI')
df1 = pd.read_csv(df01,dtype=str)

path2='E:/财务指标/201604/盈利能力.csv'
df02 = open(path2,'r',encoding='ANSI')
df2= pd.read_csv(df02,dtype=str)
```

```
path3='E:/财务指标/201704/盈利能力.csv'
df03 = open(path3,'r',encoding='ANSI')
df3= pd.read_csv(df03,dtype=str)

path4='E:/财务指标/201804/盈利能力.csv'
df04 = open(path4,'r',encoding='ANSI')
df4= pd.read_csv(df04,dtype=str)

path5='E:/财务指标/201904/盈利能力.csv'
df05 = open(path5,'r',encoding='ANSI')
df5= pd.read_csv(df05,dtype=str)

path6='E:/财务指标/202004/盈利能力.csv'
df06 = open(path6,'r',encoding='ANSI')
df6= pd.read_csv(df06,dtype=str)

#加日期
df2['date']='2016-12-31'
df3['date']='2017-12-31'
df4['date']='2018-12-31'
df5['date']='2019-12-31'
df6['date']='2020-12-31'

#将5年的数据合并在一张表df2a上
df2a=df2.append([df3,df4,df5,df6])
#只保留盈利指标
df2b=df2a[['code','net_profits','date']]

df2b["net_profits"]=df2b["net_profits"].astype("float")
#将行业和省份数据筛出
df2c =pd.merge(df2b,df1[['code','name','industry','area']],on=['code'],how='left')
df2c
```

运行结果如图4-17所示。

	code	net_profits	date	name	industry	area
0	600725	1544.5634	2016-12-31	ST云维	焦炭加工	云南
1	000504	21.7561	2016-12-31	ST生物	环境保护	湖南
2	600319	26.7817	2016-12-31	ST亚星	化工原料	山东
3	600265	33.7095	2016-12-31	ST景谷	林业	云南
4	600306	110.7098	2016-12-31	*ST商城	百货	辽宁
5	300791	724.7721	2016-12-31	仙乐健康	医疗保健	广东
6	000505	73.3006	2016-12-31	京粮控股	食品	海南
7	002959	105.5100	2016-12-31	小熊电器	家用电器	广东
8	688188	75.1672	2016-12-31	柏楚电子	软件服务	上海
9	002968	70.2609	2016-12-31	新大正	房产服务	重庆
10	000037	1306.6948	2016-12-31	深南电A	火力发电	深圳
11	600129	853.3185	2016-12-31	太极集团	中成药	重庆

图4-17 上市公司盈利能力指标的基础数据

②选取公司张家界（000430），筛选2016—2020年净利润指标数据。
Python 代码：

```
#挑选000430的数据
df3a=df2c[(df2c['code']=='000430')]
df3b=df3a.groupby(['industry','area','date','code'],as_index=False).agg({'net_profits': lambda x: sum(x)/len(x)})
df3b
```

运行结果如图4-18所示。

	industry	area	date	code	net_profits
0	旅游景点	湖南	2016-12-31	000430	61.1559
1	旅游景点	湖南	2017-12-31	000430	67.3622
2	旅游景点	湖南	2018-12-31	000430	26.4039
3	旅游景点	湖南	2019-12-31	000430	11.0559
4	旅游景点	湖南	2020-12-31	000430	-92.2055

图4-18 张家界公司的净利润数据

③针对张家界（000430）所属行业的上市公司，求2016—2020年的平均净利润指标数据。

python 代码：

```
df4a=df2c[(df2c['industry']==df3a['industry'].iloc[0])]
#求该数据平均值
df4b=df4a.groupby(['industry','date'],as_index=False).agg({'net_profits': lambda x: sum(x)/len(x)})
df4b
```

运行结果如图4-19所示。

	industry	date	net_profits
0	旅游景点	2016-12-31	734.376167
1	旅游景点	2017-12-31	906.380333
2	旅游景点	2018-12-31	1144.808442
3	旅游景点	2019-12-31	1245.612600
4	旅游景点	2020-12-31	898.135042

图4-19 同行业上市公司平均净利润数据

④针对张家界（000430）所属省份的上市公司，求2016—2020年的平均净利润指标

数据。

Python 代码：

```
df5a=df2c[(df2c['area']==df3a['area'].iloc[0])]
#对该数据求平均值
df5b=df5a.groupby(['area','date'],as_index=False).agg({'net_profits':
lambda x: sum(x)/len(x)})
df5b
```

运行结果如图 4-20 所示。

	area	date	net_profits
0	湖南	2016-12-31	197.415726
1	湖南	2017-12-31	259.931740
2	湖南	2018-12-31	195.215338
3	湖南	2019-12-31	232.904329
4	湖南	2020-12-31	409.812986

图 4-20　张家界公司所属省份上市公司平均净利润

⑤将张家界（000430）的净利润指标、所属省份上市公司平均净利润指标、所属行业上市公司平均净利润指标进行可视化展示。

Python 代码：

```
# encoding=utf-8
import matplotlib.pyplot as plt
from pylab import *              #支持中文
mpl.rcParams['font.sans-serif'] = ['SimHei']
names = ['2016', '2017', '2018', '2019', '2020']
x=df5b['date']
y=df3b['net_profits']
y2=df4b['net_profits']
y3=df5b['net_profits']

plt.plot(x, y, marker='o', mec='r', mfc='w',label=df3b['code'][0])
plt.plot(x, y2,marker='*', mec='r', mfc='w',label=df4b['industry'][0])
plt.plot(x, y3, marker='v',mec='r', mfc='w',label=df5b['area'][0])
plt.legend()  # 让图例生效
plt.xticks(x, names, rotation=45)
plt.margins(0)
plt.subplots_adjust(bottom=0.15)
plt.xlabel(u"年份") #X轴标签
plt.ylabel("万元") #Y轴标签
plt.title("A simple plot") #标题
plt.show()
```

运行结果如图 4-21 所示。

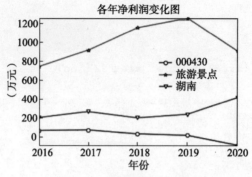

图 4-21　净利润变化示意图

本章小结

本章系统分析了大数据技术对财务分析的影响。在大数据技术发展的背景下，大数据提供商、主流商务软件商都在通过自主研发或收购的方式进行业务整合。财务分析是影响公司发展的重要职能，也是大数据应用的主要领域。企业需要把握大数据带来的机遇，也要应对大数据时代的挑战，充分利用大数据的工具和手段开展财务分析工作。通过本章的学习，学生既需要了解大数据对财务分析的影响，也应该具备利用 Python 语言对财务指标数据进行采集、清洗、展示的能力。

复习思考题

1. 什么是大数据财务分析？传统财务分析的不足有哪些？
2. 大数据财务分析的应用流程是怎么样的？
3. 大数据时代财务分析的困境有哪些？如何破解？
4. 选择一家上市公司，尝试编写一份大数据财务分析报告。

第 4 章　即 测 即 练

案例分析

大数据技术如何应用于财务分析？

第 5 章

大数据与经营管理决策

本章学习目标

1. 了解企业经营管理大数据的内容及分类。
2. 厘清对大数据经营管理决策的认识。
3. 理解并掌握大数据经营管理决策的框架。
4. 理解大数据在经营管理中的应用场景。
5. 熟悉大数据经营管理决策的流程。
6. 掌握大数据经营管理决策的步骤及思路。
7. 理解大数据经营管理决策的效果。

引导案例

亚马逊的"信息公司"[①]

如果说全球哪家公司从大数据中发掘出了最大价值,截至目前,答案可能非亚马逊莫属。作为一家"信息公司",亚马逊不仅从每个用户的购买行为中获取信息,还将每个用户在其网站上的所有行为都记录下来,包括页面停留时间、用户是否查看评论、每个搜索的关键词、浏览的商品等。这种对数据价值的高度敏感和重视,以及强大的挖掘能力,使得亚马逊早已打破了它的传统运营模式。

亚马逊 CTO 沃纳·威尔格(Werner Vogels)在 CeBIT 上关于大数据的演讲,向与会者描述了亚马逊在大数据时代的商业蓝图。长期以来,亚马逊一直通过大数据分析,尝试定位客户和获取客户反馈。"在此过程中,你会发现数据越大,结果越好。为什么有的企业在商业上不断犯错?那是因为他们没有足够的数据对运营和决策提供支持。"威尔格说,"一旦进入大数据的世界,企业的手中将握有无限可能。"从支撑新兴技术企业的基础设施到消费内容的移动设备,亚马逊的触角已触及更为广阔的领域。

亚马逊推荐:亚马逊的各个业务环节都离不开"数据驱动"的身影。在亚马逊上买

[①] 大数据实验室. 大数据公司挖掘数据价值的 49 个典型案例[EB/OL]. http://www.cbdio.com/BigData/2015-01/06/content_2178290.htm.

过东西的朋友可能对它的推荐功能都很熟悉,"买过 X 商品的人,也同时买过 Y 商品"的推荐功能看上去很简单,却非常有效,而这些精准推荐结果的得出过程非常复杂。

亚马逊预测:用户需求预测是通过历史数据来预测用户未来的需求。对于书、手机、家电这些东西——亚马逊内部称其硬需求的产品,你可以认为是"标品"——预测是比较准的,甚至可以预测到相关产品的需求。但是对于服装这样的软需求产品,亚马逊干了十多年都没有办法预测得很好,因为这类东西受到的干扰因素太多了,比如用户对颜色款式的喜好、穿上去合不合身、爱人朋友喜不喜欢……这类东西太易变,所以需要更为复杂的预测模型。

亚马逊测试:你会认为亚马逊网站上的某段页面文字只是碰巧出现的吗?其实,亚马逊会在网站上持续不断地测试新的设计方案,从而找出转化率最高的方案。整个网站的布局、字体大小、颜色、按钮及其他所有的设计,其实都是多次审慎测试后的最优结果。

亚马逊记录:亚马逊的移动应用让用户有一个流畅的无处不在的体验的同时,也通过收集手机上的数据深入地了解每个用户的喜好信息;更值得一提的是 Kindle Fire,内嵌的 Silk 浏览器可以将用户的行为数据一一记录下来。

以数据为导向的方法并不仅限于以上领域,亚马逊的企业文化就是冷冰冰的数据导向型文化。对于亚马逊来说,大数据意味着大销售量。数据显示出什么是有效的、什么是无效的,新的商业投资项目必须要有数据的支撑。对数据的长期专注让亚马逊能够以更低的售价提供更好的服务。

5.1 大数据与经营管理决策概述

5.1.1 企业经营管理大数据的内容及分类

(1)企业经营管理大数据的内容

随着大数据和人工智能技术的逐渐成熟,经济转型升级背景下的增长压力促使企业借助数据制定科学的生产战略和营销战略。企业数据对企业的日常运营和未来发展来说都是一种十分宝贵的资源,也是一种"商品",它可以用市场化的方式来流通。咨询机构在找出各个行业的企业生产经营管理上存在的问题、分析问题产生的原因及制定切实可行的改善方案等方面具有相对丰富的经验,如果在此基础上通过掌握大量数据建立大数据平台并精准高效化运营,其将具有高效利用大数据资源的先天优势。对于投资者和被投企业来说,如果能利用大数据来管理企业,不仅可以帮助被投企业在技术上实现"精准营销和高效生产",还可以为被投企业的战略规划提供科学依据,建立集团管理和控制系统,有效优化管理模式,为投资者的投后管理提供数据支持和智力支持。

一个企业,无论大小,在其每天的生产经营过程中,通常都会产生非常多的数据。但是,并非这些数据就可以称为"大数据",也并非全部数据都有被收集、存储和分析的价值。企业产生的数据来源广泛,并不仅仅局限于网络上的企业新闻、工商信息、行业研究报告等,还包括企业日常生产经营活动中产生的诸多数据。例如,制造业企业在生产过程中产生的工业数据、在日常经营中获得的用户反馈信息、在购买和销售过程中产生的价格及运输成本等数据，都是企业大数据的来源。企业大数据还包括机械设备反馈的数据，例如温度、湿度等，非机械设备产生的数据，包括销售信息、客户信息等购销信息，员工薪酬、人员流动、员工考勤等管理信息。

（2）企业经营管理大数据的分类

通常来说，可以从以下三个方面对企业经营管理大数据进行分类。

第一，如果从会计的角度对企业大数据进行分类，可以分为经营活动数据、投资活动数据和融资活动数据三类。经营活动数据是指与商品和劳务相关的数据，包括原材料的购买、商品的销售，以及企业制定的相应的价格策略、广告策略等；投资活动数据包括企业扩大生产规模、投资设立子公司、购买其他公司股权等方面的信息；融资活动数据包括企业的直接融资，间接融资及相关的抵、质押等方面的信息。

第二，如果从数据形态的角度进行分类，企业经营大数据可以分为静态数据和动态数据两类。静态数据是指变化频率较低、不会随着日常经营活动的开展而实时变动的数据，如企业工商注册信息、固定资产、无形资产、企业章程等；动态数据是指随日常经营活动的开展而实时变动的数据，如库存变化、商品销售状况等信息，这些信息通常具有极强的时效性。

第三，如果从数据来源与企业关系的角度进行分类，企业经营大数据可以分为两类，分别为企业内部大数据和企业外部大数据。企业内部大数据主要来自人力资源部门、财务部门、销售部门等业务相关部门相应的数据清单；企业外部大数据则主要包括政府公布的人口数据、经济数据、行业政策信息、权威机构发布的研究数据及同行或者潜在市场的相关数据等，企业在制定战略、开发投资时，需要深度分析这些信息。

（3）企业经营管理大数据运用的基本方法

首先是对比的方法。进行数据的对比，是最基本的方法之一，其核心的方式是设计一个合理的指标，也就是商业分析从业者常说的基准（benchmark）。"指标"不仅仅是数据，更是一个评价体系，是有很多标准并经过逻辑运算得到的，比如国家报告里常出现的 CPI（消费者物价指数），或者企业常用来考核员工的 KPI（关键业绩指标）。对于企业经营来说，以下几个指标最为重要：①规模指标：代表市场影响力；②速度指标：代表发展潜力；③效率指标：代表投入产出比；④效益指标：代表赚钱的能力。值得注意的是，不同企业关注指标的侧重点不同：初创企业最关注速度指标，要跑得快；成长型企业最关注效率指标，资源要充分利用；成熟的企业最关注规模指标，要当市场老大。

其次是分类与归类。对数据进行分类和聚类的处理，同样是最基础的方法。一是分类——根据目的找维度。例如，一款游戏产品有 300 万个用户，可以按年龄划分为 12~18 岁、19~25 岁、26~35 岁……以此来分析用户的年龄，当然也可以再根据一二三线城市划分。不同的分析对象有不同的属性，不同的属性自然会产生不同的分析维度，分类不仅可以帮助我们分析数据，还可以帮助我们采集数据，如果我们打算分析一款电子产品在市场中取得成功的可能性，那可以关注以下几个维度的数据：产品性能、品牌力、产品价格、消费者接受程度、渠道覆盖范围等。二是归类——根据目的做聚合。有一句话值得一提："大数据让归类越来越重要。"因为大数据让个性凸显出来，越来越多的消费者形成独特的、小众的、具有社群性的群体，过去称之为"亚文化"群体，因此也催生出了 Supreme、Vans、摩登天空及其他各种厂牌，我们现在看到的网红经济，也是个性化需求与多样化市场供给结合带来的化学反应。但必须注意的是，无论多小的类目，它们之间还是有差异性，我们在归类的时候要设定一个相应的指标和变量，按照这个指标去进行数据聚合。例如，有一款拥有 300 万用户的游戏，我们通过抽样调研，找到 3000 个用户，分析他们选择这款游戏的原因，最后我们会得到各种各样回答：为了消磨时间、游戏效果好、周围的人都在玩、可以跟朋友互动等。我们可以把众多的答案进行归类，分成几大驱动因素，从而得出比较简明又容易理解的原因。

再次是明确逻辑和因果关系。这部分是最考验梳理分析能力的。很多时候，分析师会用回归分析这样的专业语言来表述方法，核心则是构建一个数学模型，以发现影响事物的原因和科学规律。数理层面的东西，大家可以参考计量经济学中的回归分析方法论。需要指出的是，数据和运算只能告诉我们结果，不能告诉我们原因。如果要探究原因，我们还需要思考，比如著名的"啤酒和尿不湿"的例子。在运用数据的时候，一定要加上自己的思考，这样才能从数据层面的关联关系推断出信息间的逻辑关系。

最后是预测。从宏观层面来看，规律的预测是核心；从微观层面来看，业务的预测是核心。例如，我们会通过数据来分析行业所处的市场生命周期，找出其中的规律；而在设计一款新产品的时候，我们会根据数据来看未来消费者是否会出现比较大的需求。一般可以通过以下几个方法进行预测：依靠以往经验，类比相似事物的数据，查看周期性规律、相关逻辑关系等。例如，根据 GIS 地理信息系统的数据，可以了解到不同区域的居民特征（收入和消费水平、人口结构、生活偏好等），通过这样的方式，可以预测城市不同区域的消费能力和消费偏好，这对于店铺选址或者差异化广告宣传有很好的指导作用。又比如，对天气数据与超市销售数据进行深入挖掘和分析，发现特殊天气与某些货品销量的联系，能有效指导零售商调整库存及货架的布局。曾经有个零售商发现，某个沿海城市一到台风季，高度酒的销量就增加，多年来一直如此，究其原因，原来是大风天气人们不需要出门工作，可以借此机会饮些高度酒。数据本身多高的价值，一直以来困扰数据发展的就是如何把海量的数据转化成可以接收的信息，并进一步转化成知识，以最大化地呈现数据内容，最大化地实现数据价值。刚才提到的天气和零售货品的例子里，台风天气的预测是数据，酒的销量也是数据，两者结合得到一到台风天气高度酒的销量就增长的信息。再进一步，恶劣天气里，人们会更容易买高度酒，这就成了一条可以指导销售的知识。以上就是比较简单的依靠数据预测未来趋势的方式。

5.1.2 企业经营管理大数据的用途和意义

通过企业大数据分析系统对市场上众多企业产生的海量数据进行汇总、加工、分析，所得出的结论不仅可以为企业优化运营、提升生产效率、制定科学战略规划、做好投融资规划提供科学依据，也可以帮助投资者判断一家企业是否具有核心竞争能力和可持续发展能力。例如，当投资者采用关键成功因素分析法（key success factors，简称 KSF，1970 年由哈佛大学教授威廉·泽尼提出）分析行业的核心竞争要素时，可不再停留在定性分析的层面。通过对比行业内的优秀企业与普通企业，可以发现在某些环节的运营上，优秀企业要普遍优于普通企业，由此可以找到影响企业竞争优势的关键变量。而这些关键变量的改善将会极大地提升普通企业在业内的核心竞争力。但是，企业在发展到哪个阶段适合针对哪个关键因素增加投入，以及如何选择合适的投入增长速度，都无法通过定性分析得到一个相对准确的结果。建立企业大数据库，并利用人工智能技术对数据进行整理和分析，虽然这样不是通过量化的方式完全解决上述问题，但可以通过对比其他企业的相关数据给出建议。例如，企业在进行投资活动时，如何确定投资规模、投资速度，可能关系到企业能否持续发展甚至影响企业的存亡。众所周知，用"非油炸"这种健康理念迅速打开市场的某著名方便面品牌在产能扩张速度不当导致破产事件中的众多关键数据信息（排除其中需受到保护的专利和商业机密等信息），成为众多企业家分析自身企业发展的数据素材。

企业大数据除了可以作为数据支撑，辅助企业管理者和投资者做出战略规划及投资决策，还可以直接应用于部分行业的日常工作之中。例如，会计行业，每个事务所在参与各个项目的过程中都会收集企业一段时期内所产生的众多财务数据及经营数据。通常某一个项目会由一个会计师团队负责，当项目结束后，会产生大量的资料底稿，目前普遍的做法是直接将纸质资料存档。在该项目结束后的一段时间内，如果客户或是会计师事务所想再次调取项目的相关资料，则需要耗费工作人员大量的时间和精力从众多纸质资料中寻找，而资料常常会由于当初负责项目的团队成员的离职而丢失。律师事务所、咨询公司、券商、私募机构等也常出现类似的情况，这类企业的共同特征是随着时间的推移和项目的推进，每天都会产生大量的数据。如果将此类企业的纸质资料电子化，利用大数据系统将企业各部门的数据集合起来，则可以实现将同行业中各企业的数据进行汇总并集中分析。通过这样的方式，不仅便于调取数据，还可以根据总量巨大的数据，选取合适的分析模型，进行判断与预测。例如，目前有些开发智能投研系统的创业公司就是通过将网络中的券商、统计局、协会网站、上市公司等统计和研究的零散式成果，按照行业来进行梳理，提供一份全面且具有时效性的行业报告。除提供行业报告之外，大数据系统还可以作为会计师事务所、券商等机构的预警系统。当系统中的样本新增时，大数据系统可以对新样本中不符合既定逻辑的部分进行提示，从而有效提升企业员工的工作效率。

5.1.3 厘清对大数据经营管理决策的认识

为更好地理解大数据在经营管理决策中的应用，需要先从财务人员对大数据理解和应用的误区谈起，只有明白正在发生怎样的误读误用，才有机会更好地发现新的、有价值的大数据应用场景。但目前多数企业实际上都尚未对大数据应用展开认真思考和实践。

误区一：将传统的财务分析强行定义为大数据应用，没有理解非结构化数据的意义

这是最常见的误区。一些企业在接触到大数据这个概念后很有感触，似乎企业内的财务分析人员全都成了大数据专家，而我们从事了多年的财务分析工作转瞬间成为大数据应用的典范。这是一个陷入典型的"概念炒作型"认知误区的案例。大数据应用与传统的财务分析工作显然是不同的，传统的财务分析更多的是在有限的结构化数据的基础上基于因果关系的分析。如果把原来在做的工作简单地强行定义为大数据应用，这显然是不够的。

实际上，大数据的来源非常广泛，不仅包括结构化数据，如财务报表数据，还包括非结构化数据，如视频、音频、文本等数据。因此，阻碍企业大数据发挥价值的第一大挑战就是兼容性和融合性。大数据的一个主要特点是来源多样。然而，如果数据形式不相同，或难以整合，则其来源的多样性将使公司难以削减开支，也无法为客户创造价值。例如，一些公司拥有丰富的数据，记录了客户的交易量和专门的在线浏览行为，但是缺少交叉检索这两类数据来判断某种浏览行为即为交易达成的前兆的工具。面对这种挑战，一些公司创建了"数据湖"来容纳大量的非结构化数据。但是，目前这些公司能够加以利用的数据杂乱无章，只不过是一些文本而已，也就是说，当这些数据只是普通的二进制数字时，要将它们井然有序地存储起来非常困难，而当它们来源不同，整合起来更是难上加难。阻碍大数据发挥价值的第二大挑战是其非结构化的特性。对文本数据的挖掘已经有了特别的进展，其语境和技术所带来的认识与结构化数据类似，只是其他形式的数据如视频仍不易于分析。虽然从非结构化数据中获取信息面临挑战，但是各公司在利用这些数据初步提升分析已有数据的速度和精确度上取得了显著成绩。总之，一开始就希望通过利用非结构化数据形成新的研究假设是站不住脚的，除非各公司通过"实践"有了这种专业能力，能利用非结构化数据优化某个问题的答案。

误区二：使用 Hadoop 等大数据技术架构就实现了大数据的应用

同样受制于对大数据认知的不足，一些企业在接收到大数据这个概念后，认为大数据应用是一个纯粹的技术问题，只要使用了大数据的技术架构，就可以将原先的财务数据和业务处理数据进行技术迁移进而实现了大数据的应用。如果深刻理解了第一章所谈的大数据的概念和特点，相信读者应该很容易明白这种误解的严重性。就如同英语是一种工具，并不是说把中文的家常对话用英文复述一遍就能够成为文学作品，Hadoop 等大数据技术架构仅仅是工具，它们能够帮助你在找到大数据的应用场景后，更好地实现这些场景，而不是创造场景。

误区三：依靠现有财务管理模式下的数据就可以实现大数据的应用

还有一些企业对大数据的数据基础估计不足。它们认为，只要能够把现有的财务数据，比如会计核算数据、预算数据、经营分析数据、管理会计数据充分利用起来就能够实现大数据的应用。当然，如果企业要走大数据的道路，这些现有的数据是非常重要的，也应当被优先充分利用起来。但是企业必须意识到，这些数据基本上还是以结构化数据为主，并且局限在企业内部。如果想充分发挥大数据的优势，获得超出其他企业的竞争优势，就不应当局限于此，而应当充分采用企业内部的非结构化数据和社会化数据，通过更为广义的数据基础来进行财务数据的应用，从而实现预期的价值产出。数据本身是没有价值的，只有与管理、构建和分析技能结合起来，明确试验过程和算法，这样数据才能对公司有用。当你把价格信息看作是处理价格信息处理的技能时，你就清楚了。很多情况下，相对于数据成本，留住数据处理人才的成本更高。这说明对于一个公司而言，数据处理能力比数据本身更重要。

大数据经营分析的核心在于设定目标，进行管理目标的考核，并对考核结果展开深度分析，以帮助业务部门进一步优化经营行为，获得更好的业绩。在这样一个循环中，数据贯穿其中并发挥重要的价值。传统的经营分析模式面临数据量不足、依赖结构化数据、关注因果关系等问题。大数据技术有助于提高经营分析的决策支持能力。

传统的经营分析下主要是通过分析自身历史数据、行业数据区竞争对手数据，再结合自身战略来设定目标的。因此，目标是否合理在很大程度上依赖于参照系数据的可用性。大数据能够帮助企业更好地认清自身情况，更加客观地看清行业情况和竞争态势。特别是后两者，在传统模式下，数据受限于狭隘的信息获取渠道，而大数据将整个社会、商业环境都转化为企业的经营分析基础。在这种情况下，目标的设定将更为客观、合理。而在事后对目标达成情况的解读上，和传统财务模式相比，大数据基于对相关性而不仅是因果关系的挖掘，能够找到更多靠传统财务思维无法解读的目标结果相关动因。而针对这些新发现动因的管理，有可能帮助业务部门获得更加有效的决策建议。

5.2 大数据经营管理决策的总体架构

5.2.1 大数据对经营决策的影响

大数据对企业经营决策的影响，包括对经营决策理念、经营决策数据及技术、经营决策者及经营决策组织的影响。[①]

首先，思维方式转变。从传统的基于因果关系决策转变为基于相关关系决策。传统的基于因果关系的决策方式是通过发现企业发展中出现的问题，找到企业出现问题的症结所在，并针对产生问题的因素进行整顿，从而解决企业发展中的问题，使得企业由问题企业向优秀企业进行转变。这种从问题找原因的决策思维属于逆向思维，而大数据时代的决策思维则是正向思维，所谓的正向思维是不追寻因果关系，而是寻找相关关系。正向思维首先要对大数据进行搜集，然后对大数据进行量化分析，找到相关关系，提出优化方案，从而使企业得到发展，从优秀企业转向卓越企业。

其次，数据数量级、数据获取方式、数据种类改变。一是大数据时代下获得数据的渠道和方法更加多样，获取数据的速度更加快捷，而且每天互联网上都会产生无数新的数据，这会改变企业的数据数量级，而这些数据也恰恰会成为各个企业决策的依据。二是大数据时代获取数据的途径和数据的种类都非常丰富，涵盖的方面比较多，也更加多元，而且利用大数据时代的社交媒体、互联网、移动客户端等可获得更加社会化的数据。结构化和非结构化数据可以并存，使得企业对于目标客户人群的判断更加精准。从宏观数据中整理微观数据，让企业掌握的客户数据更加具有针对性。三是基于云计算的数据处理和分析技术，大数据时代提供决策支持系统。决策支持系统是指建立在数据库、模型库、知识库、方法库基础上，以人机交互方式辅助决策者进行半结构化决策的计算机应用系统。决策支持系统的基础数据不仅包括结构化数据，还包括图形、声音、图像、地理位置等非结构化数据。在此基础上，结合现有的云服务平台，建立针对不同的决策

---

① 胡文俊，邓虹. 大数据时代对企业经营决策的影响分析[J]. 商业经济研究, 2016(7): 80-82.

层的服务推送支持机制，是大数据背景下建立决策支持系统的基本要求。大数据决策支持系统将会使未来的决策更加准确，更具有效率，并将逐渐取代传统的决策支持系统。

再次，企业经营决策者改变。传统的企业经营决策者往往都是领导层，他们依靠经验和眼光做出决策而不是依靠数据。而在大数据时代，这种传统的决策方式则会被数据分析所取代。大数据时代的决策者不仅仅由企业领导层担任，而是逐渐地向数据分析师分流，由领导层和数据分析师共同做出决策，而且数据分析师在企业经营决策中的比重日益增加。大数据时代，对于数据分析技术的运用，将会成为当下的企业领导人管理信息的主要手段。

最后，企业经营决策组织改变。传统企业是以企业利益和价值为根本核心，而企业结构的建立也以企业价值为导向，这就是说传统的企业结构是价值结构，而大数据时代的企业决策结构则以意义为核心。大数据技术促使企业由原来的依赖企业领导的主观思维进行决策，转变为依靠数据样本分析进行决策。大数据为企业能够更加准确客观地做出决策提供重要条件。大数据时代的数据样本更加倾向于客户的使用数据，包括客户的满意度、需求、反馈等，而不是传统业务销售人员的数据，这种源于消费者本身的数据更加具有真实性和客观性。

5.2.2 大数据经营管理的框架

大数据时代，企业经营管理的各项工作内容都会受到新技术的影响，包括直接的技术影响，以及智能技术改变整个社会、经济形态后带来的间接影响。本书基于CFO基础能力框架进行详细阐释，并进一步介绍经营管理决策在大数据时代会发生怎样的改变。

（1）经营分析与管理

该模块主要包括经营分析报告、营运资本管理、现金流量管理。一是经营分析报告。依托大数据技术，能够为企业提供有决策支持价值的经营分析报告，形成经营分析报告的层次化体系、日常管理和归档体制。针对报告中的问题，企业能够有效地展开深入的专题分析，形成既有广度也有深度的经营分析能力。二是营运资本管理。企业通过对企业经营过程中的流动资产与流动负债进行管理，从而合理地确定营运资金量，在满足经营需求的情况下，合理地节约营运资金，提高资金周转率，保障短期偿债能力。三是现金流量管理。企业以现金流量作为管理的重心，兼顾收益，围绕企业的经营活动、投资活动和筹资活动构建现金管理体系，对当前或未来一定时期内的现金流动，在数量和时间安排方面进行预测与计划、执行与控制、信息传递与报告，以及分析与评价。对于营运资本管理和现金流量管理来说，大数据可以帮助企业发现更多的管理线索，且大数据结合机器学习，能够为企业经营提供更强大的预测能力。经营预测将更可靠，将在营运资本和现金流量预测方面带来价值。

（2）绩效管理

该模块主要包括KPI（关键债权指标）体系搭建、绩效考核制度搭建及奖惩执行、投入产出管理、市场对标管理、重大关键项目管理。一是KPI体系搭建。依靠大数据技术，企业能够根据经营目标，结合业务特点，设置有清晰导向作用的KPI体系。KPI体系应当构建由根指标、衍生指标组成的指标树，并定义指标口径，明确指标的维度和计算方法，明确指标的目标值设定逻辑。指标体系应当有可靠的日常管理和维护机制加以支持。二是绩效考核制度搭建及奖惩执行。企业要构建绩效考核制度，将KPI和经营分析报告与绩效考核形成有机整体。绩效考核体系能够与业务目标紧密结合，并能切实影响业务部门的经营行为，成为企业战略落地的重要驱动工具。绩效考核应与管理者的晋升、奖金等形成紧密联系。三是投入产出管理。这是对企业经营过程中的各类日常或项目化投入产出的评价机制。将投入产出率作为资源投入的重要财务评价指标，建立清晰的投入产出模型，并予以执行运用。四是市场对标管理。将企业的核心经营情况与市场展开对标，进行与市场同口径平均水平的对比评价，定义和识别关键竞争对手，并与竞争对手就关键经营指标进行对标。对标结果可用于KPI的目标值设定。五是重大关键项目管理。企业能够对重大财务投资项目进行全生命周期的专项管理，对项目的四算（概算、预算、核算、决算）及项目的投产、关键阶段的KPI等进行全面的财务评价和财务管理。

（3）市值管理

该模块主要包括产权管理、经济附加值管理、新业务价值管理、并购价值管理。一是产权管理。企业能够从产权建立、变动、退出的各个环节对产权进行全过程管理，建立清晰的产权地图，通过对产权的优化来实现对财务报告、风险管理、融资能力等各方面的优化。对于产权管理来说，基于规则的初级人工智能及大数据技术能够辅助其进行产权风险管理，帮助企业在风险出现的早期更加及时地识别和防范风险。二是经济附加值管理。企业能够在清晰计量债务成本和股本成本的基础上计算经济附加值，企业每年创造的经济附加值等于税后净营业利润与全部资本成本之间的差额。在企业绩效评价中引入经济附加值，能更加客观地反映企业的价值创造能力，能够驱动管理者关注利润创造过程中的资本投入成本，提升资本的使用效率。对于价值管理来说，大数据是智能增强的技术核心。在大数据之上辅以机器学习，能够帮助企业挖掘出更多的智能增强场景。三是新业务价值管理。特定行业，如寿险行业，会高度关注新业务价值，在考核中引入新业务价值管理，能够更好地反映寿险业务的长期性特征，更好地避免管理层的短期行为和代理问题，更好地驱动长期资源配置和战略决策方向。四是并购价值管理。企业能够帮助企业在并购过程中清晰地评估并购企业价值，进行财务和税务的尽职调查，并通过优化资本资产结构、合理设计股利分配方案等方法，帮助企业实现并购后整体价值的提升，优化被并购企业进行财务管理的能力，提升并购价值。在并购价值管理中，借助大数据的相关性分析，能够帮助企业发现更多可能提升并购价值的举措线索。这些线索有可能在最终的并购价值创造中发挥重要作用。

智能化技术将对企业经营分析的视角和工具方法带来影响。从分析视角来说，传统经营分析所受到的数据的局限性将被打破。在大数据的基础上，经营分析能够从因果分析向相关性分析转变。由于数据的边界从企业内部数据延展到社会化数据，KPI、经营分析报告、市场对标等都可能获得更加可靠的数据基础，从而对经营分析结果的可用性带来更大的帮助。而在工具方法方面，大数据和云计算的结合应用将使得企业获得更加灵活和丰富的经营分析能力。二者的结合，能够为经营分析提供更加强大的数据采集、数据捕获和数据处理能力，使经营分析的边界得到大大的延展。同时，大数据非结构化数据的处理能力，也能够帮助企业更好地处理市场上与企业相关的热点信息，将新闻客户端、微信、微博等社会化媒体的信息纳入经营分析的视野。此外，人工智能技术的发展，也将使得经营分析方法从经验分析向算法分析演变。这使得更为复杂的分析能够得以实现。同时，机器学习、算法的自我优化，也能够使企业的经营分析能力得到持续的提升。

（4）金融大数据架构

大数据架构在金融场景下面临诸多挑战，从架构上来说，业务对数据加工、存储和使用的全链路服务提出了更细致的管控需求；从使用上来说，用户并不想理解大数据架构具体实现和管控的细节，只想以更低的门槛、更快的方式来使用产品；从管理上来说，公司希望能够对数据加工、处理过程中的相关经验做到有效传承。

案例 5-1 度小满金融大数据架构实践

5.3 大数据经营管理决策的应用[①]

5.3.1 大数据在投资决策中的应用

对于投资者来说，除了需获取企业自身提供的基本财务报表、合同、资质证明等信息，还需要通过访谈、走访上下游客户及网络查询等方式获取企业的全景数据。全景数据的维度，从人的角度来看，包括企业实际控制人、股东、高管团队、核心技术人员等相关信息；从经营的角度来看，包括主营业务、核心产品/服务、企业品牌等相关信息；从财务的角度来看，包括企业年报、半年报、季度报告中的财务情况等相关信息；从核心技术的角度来看，包括企业知识产权、商标、其他证书等相关信息；从法律的角度来看，包括企业负面清单、人员失信记录等相关信息；从企业投融资的角度来看，包括过往投资人信息、控股企业等相关信息；从舆情的角度来看，包括企业新闻、企业招聘信息等相关信息。具体如图 5-1 所示。

目前，已经有许多创业者从数据收集和分析方面着手，以公开数据为切入点对零散的数据信息进行筛选整合，以关系为核心开发出一些能够对企业进行画像的系列产品，其具有查询企业信息、展现商业关系、挖掘商业关系等功能。部分服务商还针对 B 端、C 端客户进行定制化服务，为特定行业的功能需求定制开发相关的大数据产品。利用大数据和人工智能技术辅助投资决策的相关应用可以减弱信息的不透明性，让投资者在行业信息、项目数量、项目质量等方面得到更多的真实信息，辅助投资者做出更优的判断。根据对市场上相关应用的总结，现有工具主要围绕投资者最关心项目的一些核心要素来运行。

---

① 谢治博：赢面——运用大数据和人工智能技术辅助投资决策[M]. 北京：中国经济出版社，2019.

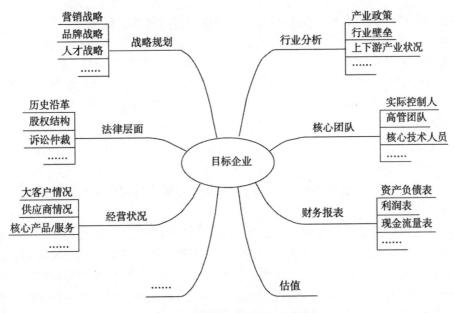

图 5-1　大数据工具的运行维度

下面我们来探讨一下大数据在金融投资领域的一些常见应用维度。

（1）工商信息维度

企业的工商信息包含多项内容，如企业股东信息、企业核心团队信息、工商变更信息、企业的分支机构信息等。一般来说，投资者获取这些信息主要有两个途径，一是查阅多个网站，二是由企业主动提供。投资者获取信息后的整合工作繁重，且重复性工作居多，故效率低下。而通过第三方信息服务商将数据集中整合，不但能大幅减少投资者在信息搜集过程中所付出的人力成本，还能提升所获取信息的全面性和准确性。除上述静态查询的需求之外，投资者通常还需要实时监测企业和市场的变化，以便在出现异动时迅速做出反应。以往的监测工作要由人工定期查询来实现，如今可由第三方数据服务平台来完成。当第三方数据服务平台监测到企业和市场的变化时，其可在第一时间将变化信息发送给平台用户。例如，当企业信息发生变动时，如出现工商变更、对外投资、高管变动、司法诉讼等，服务平台可将相关信息主动发送给投资者予以提醒，让投资者可以在第一时间获取情报，避免遗漏重要的异动信息。

（2）企业关联关系维度

根据《中华人民共和国公司法》（以下简称《公司法》）的定义，关联关系是指公司控股股东、实际控制人、董事、监事、高级管理人员与其直接或者间接控制的企业之间的关系，以及可能导致公司利益转移的其他关系。国家控股的企业之间不仅因为同受国家控股而具有关联关系，《公司法》还把可能导致公司利益转移的其他关系也定义为关联关系，该条款仅为指导性条款，实际操作中，一般还会参照会计准则和上市规则。上市公司的关联人包括关联法人和关联自然人，具体分类可以参考《深圳证券交易所股票上市规则》《上海证券交易所股票上市规则》等文件。公司及其子公司与具有关联关系的关联方进行的交易，即为关联交易。由于公司的关联方具有复杂、隐蔽的特点，关联交易容易出现定价不合理、交易不公平乃至侵害公司利益的情况。

市场上的有些企业为了粉饰自身的盈利水平，会利用关联交易手段来制造一些虚假交易。常见的关联交易主要包括以下三种：资产交易、业务往来交易、资金融通和担保。若与关联方的交易比例较大，还可能导致企业对关联方产生较大的依赖性。关联交易往往会对标的企业业务的独立性，业绩的真实性、可靠性及内控的有效性产生重大影响。因此，关联交易事项属于投资者尽职调查的重点。此外，如果叠加股权代持因素，则会导致股东利益关系更加复杂，关系交易也会更加隐蔽和不可预测。因此，在尽职调查过程中，投资者对于代持股权情况要特别重视，要从是否有代持协议、出资来源是否明确且合法、是否具有正当商业逻辑等角度进行核查和判断，以确保股权的真实性及不存在股权不清晰的情形。

如何界定关联交易，除了规则明确属于关联交易的事项，还需要遵循"实质重于形式"原则。关联交易的审查关键点在于：第一，识别交易双方是否具有关联关系，以及关联关系的重要连接路径；第二，识别关联交易中具体交易事项的交易价格、目的和实质，评价关联交易对公司独立运营能力的影响，以及关联交易是否具有公允性。在核查过程中，从企业提供的关联方名单为出发点进行核查，同时需要查阅社会公开信息等，来确定交易双方企业是否具有如母子公司、交叉持股、受同一方控制等明显的关联关系，或是各方实际控制人、董事、监事、高级管理人员及核心技术人员是否存在兼职情形或是否是关系密切的家庭成员等。除了传统的依靠人力对登记信息、合同信息等信息进行查阅，还可以依托计算机技术手段，通过设计算法将本次交易的信息数据与历史交易数据进行对比，对关联交易进行辅助检查。由于企业可能会通过多层嵌套的手段来规避形式上的关联关系，投资者可以利用网络大数据工具进行辅助调查，从而更方便地查询所有可能涉及关联性质的公司。一些工具的数据库系统中涵盖了一家企业股东、董事、监事、高级管理人员名下所有的企业，提供了可以辅助查询企业关联公司的增值服务。一些网站也可以针对股东、法定代表人、董事、监事、高级管理人员等反查关联企业，形成关联性关系图谱，并可以形成一份较为全面的报告，用于梳理交易背后的商业脉络。

如获取宇通客车的高管任职情况的 Python 代码如下：

```python
import requests
from lxml import etree
import pandas as pd
……
html = requests.get(url, headers = headers)
tree = etree.HTML(html.text)
name_xpath = "//td[@class='ccl'][1]/div/a"
job_xpath = "//td[@class='ccl'][2]/div"
start_xpath = "//td[@class='ccl'][3]/div"
end_xpath = "//td[@class='ccl'][4]/div"

name_list = tree.xpath(name_xpath)
name_list = [name.text for name in name_list]
job_list = tree.xpath(job_xpath)
job_list = [job.text for job in job_list]
start_list = tree.xpath(start_xpath)
start_list = [start.text for start in start_list]
```

```
end_list = tree.xpath(end_xpath)
end_list = [end.text for end in end_list]
stkcd_list = [600066]*len(name_list)

df = pd.DataFrame(data=[stkcd_list, name_list, job_list, start_list, end_list]).T
df.columns = ["股票代码","姓名","职务","起始日期","终止日期"]
```

Python 抓取的部分结果如图 5-2 所示。

股票代码	姓名	职务	起始日期	终止日期
600066	汤玉祥	总经理	2019-03-30	--
600066	于莉	董事会秘书	2012-03-25	--
600066	杨波	财务总监	2019-06-05	--
600066	曹中彦	副总经理	2020-11-13	--
600066	汤玉祥	非独立董事	2020-04-27	2023-04-26
600066	汤玉祥	董事长	2020-04-27	2023-04-26
600066	曹建伟	非独立董事	2020-04-27	2023-04-26
600066	于莉	非独立董事	2020-04-27	2023-04-26
600066	卢新磊	非独立董事	2020-04-27	2023-04-26

图 5-2　Python 抓取的宇通客车部分高管任职情况

（3）个人征信维度

企业核心团队的相关信息包括团队成员的任职情况（是否有兼职等）及个人征信信息等。企业实际控制人对企业的影响是深远的，尤其是民营企业的实际控制人，其管理和决策深刻影响着企业的发展模式和成长潜力。如果实际控制人存在风险，则往往会导致企业的经营面临风险。所以要对企业的核心团队进行深入了解，除了深度访谈，还需要采用外围调查等多种方式，多角度全面考量企业核心团队的状况。如果需要了解企业员工的征信信息，则可以在中国人民银行征信中心或百行征信等相关平台进行查询。此外，还有一些第三方工具，提供查询和监测股权变更、股权冻结等相关信息的服务。

（4）竞争分析维度

投资者通过与同行业的企业或者相似企业进行对比分析，能够了解目标企业在行业内所处的地位和企业自身的优劣势，对比分析的内容涉及发展历程、产品与服务、商业模式、核心技术、市场占有情况、财务指标等多个方面。例如，分属于两个不同行业的甲、乙公司，甲公司的注册资本、营业收入、净利润远高于乙公司，但是因为甲公司所处行业的总体体量远高于乙公司所处行业，故甲公司在行业内的市场占有率可能远低于乙公司。一个行业的状况时刻发生变化，可能出现新的行业进入者和退出者，发生市场占有率的变动或产生新技术等情况。一般来说，上市公司等会定期披露自身信息，但众多初创型公司并没有一个集中对外披露信息的平台，投资者很难获取和统计相关内容，所以难以保证行业体量和参与者数量等数据的准确性。而利用大数据和人工智能技术，则可通过机器来收集和处理相关数据，具有快速、精确、全面的特点。例如，一些分析工具可以较为快速和精确地给出企业在资金规模、经营状况等方面在行业中所处的地位，做到在海量数据中以毫秒级速度进行搜索和分析。部分信息服务平台除了可以提供企业信息查询和展示功能,还可以针对全国主要省份、地市、县区企业的数量及产业发展状况推出排行榜服务。但这些平台覆盖的许多企业信息未经核实,存在数据不准确的情况。

(5)固定资产维度

在对企业有形资产进行尽职调查的过程中,投资者通常需要核查土地使用权、房产、车辆等资质证书。此外,投资者还需要核查固定资产的抵押登记等信息。一般来说,投资者需要通过土地登记及档案管理部门、房产登记及档案管理部门等相关渠道获取这些信息。投资者对固定资产信息进行查询,渠道一般为各相关官方网站,此外还有如金马甲等第三方信息服务平台及辅助查询工具。这些第三方平台通常会收集相关渠道上的公开数据,然后从行业和企业等维度来进行整合。

(6)无形资产维度

对于制造业等行业内的企业来说,商标、专利等无形资产在很大程度上决定了企业的核心竞争力。投资者可以通过国家知识产权局、商标局、中国版权保护中心等权威部门的官方网站查询企业的无形资产相关信息。

通过国家知识产权局的"专利检索系统",可以查询专利的基本信息,还可以查询各专利的法律状态、专利证书发文、年费计算及全国大部分省市的专利代理机构名录等内容。通过国家知识产权局、商标局、"中国商标网",可以查询注册商标信息及商标申请信息。需要注意的是,商标局明示该网站查询内容仅供参考,具体的商标注册信息还应以国家市场监督管理总局发布的《商标公告》为准。

通过中国版权保护中心可以查询计算机软件著作权登记、著作权质权登记机构等信息。此外,还有一些第三方查询平台,这些平台提供的数据较全、更新较快、信息较为准确。投资者可以由此获取知识产权出质等信息,及时了解企业无形资产信息的更迭情况,从而更全面地了解目标企业。

(7)法律维度

在法律层面进行尽职调查的过程中,投资者需要对目标企业的相关诉讼信息、被执行人信息进行详尽调查。投资者查询企业是否有违反法律法规被有关部门做出处罚的记录时,通常需要浏览最高人民法院"全国法院被执行人信息查询系统"、最高人民法院"全国法院失信被执行人名单信息查询系统"、中国法院网"公告查询"、人民法院诉讼资产网及各省级高级法院官方网站等信息发布平台。如果目标企业的管理者为失信被执行人,则该企业将在招标投标、资质认定等方面受到多重限制,会对企业的正常生产经营产生较大影响。所以投资者需要对目标企业是否涉诉等进行全面查询并实时监测,而这个过程需要花费大量的时间成本和人力成本。目前,市场上出现了一些第三方服务平台,如北大法律信息网"北大法宝"、信用世界等,它们将从全国企业信用信息公示系统等100家网站中提取的官方数据集合起来,"一站式"呈现目标企业的法院判决、法律诉讼、失信和被执行人等相关信息。

(8)企业运营数据维度

在日常的运营过程中,企业每天都会产生总量巨大的运营数据。一般情况下,由于受存储和运算能力的限制,企业所产生的数据往往不到几周甚至几天便会被新产生的数据覆盖或被删除，企业流失了大量的有效数据样本。例如，工业生产数据可应用于产品质量的追踪过程，实现全程溯源功能，从而帮助企业对从设计、施工、测试到运行的全流程进行科学化管理。众多企业开始意识到运营数据的重大意义，纷纷搭建了数据管理平台，如炼化领域的企业智能安全管理平台、中海油海上钻井平台的数字项目。一些企业还建立了大数据分析平台，如中国移动的大数据日志安全分析平台、中国电力的大数据日志运维分析平台和招商银行的大数据业务分析平台。

（9）舆情信息维度

在对企业进行尽职调查的过程中，投资者通过企业提供的书面材料和企业披露的公开资料、访谈笔录等获得的信息，可以视为项目的"正式信息"。此外，还有一些"非正式信息"，如网络中的招聘信息、企业新闻、访谈稿件及在企业现场的所见所闻、与一线工作人员交谈所获得的资讯等，都可以客观、完整地反映企业的生产经营和管理状况。这些"非正式信息"可以为调查工作提供新的思路，或作为"正式信息"的重要补充从侧面反映企业的现实情况。但是这些"非正式信息"分散在网络各处，数据量庞大，如果通过人工方式在网络上手动搜索，成本高且效果不佳。而且由于受到搜索途径和搜索范围的限制，可能会出现因为信息过于片面而使结论误差较大的情况。目前，有一些信息服务平台通过企业名称、人员姓名、品牌、专利等企业相关信息的关键字或者关键字组合来多维度锁定目标企业。利用机器获取分布在网络上的目标企业的相关新闻、招聘信息和企业评价信息等，可以帮助投资者全面了解目标企业。下方为通过Python抓取上市公司宇通客车的公告信息的代码：

```python
import requests
from lxml import etree
import re
import pandas as pd

url = "http://vip.stock.finance.sina.com.cn/corp/view/vCB_AllBulletin.php?stockid=600066&Page=1"

……
tree = etree.HTML(html.text)
date_xpath = "//div[@class='datelist']/ul/text()"
date_list = tree.xpath(date_xpath)
print(date_list)

# 公告标题与链接
title_xpath = "//div[@class='datelist']/ul/a/text()"
url_xpath = "//div[@class='datelist']/ul/a/@href"
title_list = tree.xpath(title_xpath)
url_list = tree.xpath(url_xpath)
for date, title, url in zip(date_list, title_list, url_list):
    info = date + "," + title + "," + url
    print(info)
```

抓取部分结果如图 5-3 所示。

```
2021-12-06,宇通客车，2021年11月份产销数据快报,/corp/view/vCB_AllBulletinDetail.php?stockid=600066&id=7698324
2021-11-27,宇通客车，065，关于开展应收账款保理业务的公告,/corp/view/vCB_AllBulletinDetail.php?stockid=600066&id=7681831
2021-11-20,宇通客车，重要事项说明公告,/corp/view/vCB_AllBulletinDetail.php?stockid=600066&id=7668742
2021-11-20,宇通客车，北京市通商律师事务所关于宇通客车股份有限公司实际控制人之法律意见书,/corp/view/vCB_AllBulletinDetail.php?stockid=60006
6&id=7668741
2021-11-04,宇通客车，2021年10月份产销数据快报,/corp/view/vCB_AllBulletinDetail.php?stockid=600066&id=7637747
2021-10-28,宇通客车，关于2021年第三季度获得政府补助的公告,/corp/view/vCB_AllBulletinDetail.php?stockid=600066&id=7615091
2021-10-27,宇通客车，第十届董事会第十次会议决议公告,/corp/view/vCB_AllBulletinDetail.php?stockid=600066&id=7610901
2021-10-27,宇通客车，第十届监事会第十次会议决议公告,/corp/view/vCB_AllBulletinDetail.php?stockid=600066&id=7610900
2021-10-27,宇通客车，北京市通商律师事务所关于公司2021年限制性股票激励计划回购的法律意见书,/corp/view/vCB_AllBulletinDetail.php?stockid=600
066&id=7610899
2021-10-27,宇通客车，关于增加2021年日常关联交易预计的公告,/corp/view/vCB_AllBulletinDetail.php?stockid=600066&id=7610898
2021-10-27,宇通客车，2021年第三季度报告,/corp/view/vCB_AllBulletinDetail.php?stockid=600066&id=7610897
2021-10-27,宇通客车，独立董事关于重大事项的独立意见,/corp/view/vCB_AllBulletinDetail.php?stockid=600066&id=7610896
2021-10-27,宇通客车，关于回购注销部分限制性股票通知债权人的公告,/corp/view/vCB_AllBulletinDetail.php?stockid=600066&id=7610895
2021-10-27,宇通客车，关于回购注销部分限制性股票的公告,/corp/view/vCB_AllBulletinDetail.php?stockid=600066&id=7610894
2021-10-09,宇通客车，2021年9月份产销数据快报,/corp/view/vCB_AllBulletinDetail.php?stockid=600066&id=7578072
2021-09-04,宇通客车，2021年8月份产销数据快报,/corp/view/vCB_AllBulletinDetail.php?stockid=600066&id=7524951
2021-08-25,宇通客车，关于2021年第二季度获得政府补助的公告,/corp/view/vCB_AllBulletinDetail.php?stockid=600066&id=7469128
2021-08-24,宇通客车，2021年半年度报告摘要,/corp/view/vCB_AllBulletinDetail.php?stockid=600066&id=7463227
2021-08-24,宇通客车，2021年半年度报告,/corp/view/vCB_AllBulletinDetail.php?stockid=600066&id=7463226
2021-08-24,宇通客车，第十届董事会第九次会议决议公告,/corp/view/vCB_AllBulletinDetail.php?stockid=600066&id=7463225
2021-08-24,宇通客车，关于调整限制性股票回购价格并回购注销部分限制性股票的公告,/corp/view/vCB_AllBulletinDetail.php?stockid=600066&id=7463
224
```

图 5-3 Python 抓取的宇通客车部分公告信息

（10）市场环境维度

投资者从海量项目中筛选优质标的，同时，项目方寻求适合的投资者，双方都需要付出较大的机会成本。通常投资者获取项目的方式包括网络查询、陌生拜访或是通过熟人介绍，这些方式的辐射范围小，项目筛选效率不高。利用大数据和人工智能技术构建投资者与项目方对接的生态体系，可将项目按照行业特征、地域等方式进行分类，为投资者贴上投资领域、投资规模等特征标签，实现双方的智能匹配，同时还可以为双方搭建交流的渠道，减弱信息的不对称性。除了展示和搜寻功能，大数据技术还可以帮助投资者通过设置投资方向、目标企业发展阶段等标签的功能对数据库中的企业信息更新状况进行实时监测。

从投资者需求的角度出发，大数据和人工智能技术辅助投资决策的应用场景可分为智能投顾和智能投研。一般来说，在对目标企业所处行业进行研究时，数据既需要有时效性（数据要新），也需要有全面性（对行业内的参与者、最新技术和动态都尽可能地全面掌握）。在研究过程中，研究员需要通过各类搜索引擎、公开信息披露网站、Wind或 Choice 等数据库获取相关内容，需要阅读大量的资料来摘取有价值的信息，在信息搜索工作中耗费大量的时间和精力。在分析过程中，研究员主要依据个人经验手动完成报告的撰写。不同的公司之间、同一公司的不同部门之间，甚至是同部门的不同工作小组之间，都在重复做着行业研究这项工作。

现在很多创业者都尝试着去汇总和整合市场上对行业及企业的研究成果，试图打破数据的"孤岛"效应。一些创业公司正在探索通过智能搜索的方式，对各大券商、私募机构的企业研究报告、行业分析报告等中的数据进行抓取，依靠搭建的知识图谱完成对事件的因果分析，自动生成符合各类投资者个性化需求的报告。迄今为止，由于智能投研产品的受众专业化程度较高，用户对智能投研产品功能和产品质量的要求较高，对智能投研产品的提供者提出了较高要求。智能投研行业的创业公司要想有效占据市场、树立品牌形象，就需要前期投入较高成本以保证产品的专业化程度、市场推广的深度和广度。投资顾问的主要职责是通过用户访谈、调查问卷等形式深入了解客户的风险承受水平、预期收益和投资风格,依据不同客户的风险偏好,为用户配置合适的资产组合。由于受人力成本和精力、自身能力的限制,投资顾问往往会收取一定的管理费用,因此投顾行业主要关注高净值的客户。而且由于无法克服人性的弱点,投顾人员给出的投资组合往往集中于他们自身熟悉的某一个市场板块,这存在较大的风险。智能投顾则依赖模型及算法来完成对客户风险承受水平和投资偏好的预估,用机器代替大量的人工劳动,降低了综合成本,使费率大幅下降。同时可以有效避免主观性,为客户提供分散程度高、资产配置范围广、风险相对较小的投资组合。因此,智能投顾产品的客户覆盖面更广。目前,众多公司都推出了自己的智能投顾产品,如美国的 Betterment、中国的同花顺等公司。但目前我国在智能投顾业务运营许可方面的政策尚不明晰,业务能否正常开展尚处于法律边缘。未来一旦开放相关许可,那么在技术上领先,同时拥有优势客户资源的综合性平台将在智能投顾行业中处于优势地位。

综上所述,大数据和人工智能技术并非是孤立的,它们会在各个维度与其他行业进行交叉融合,大数据的魅力就在于此,其可以创造出许多解决其他行业痛点的应用场景。在数据安全与数据伦理方面,需注意数据的开发、使用和流通必须在符合法律规定的框架下进行。2018 年 3 月,《人民日报》刊登的一篇文章就指出,"在大数据热中也需要冷思考,特别是正确认识和应对大数据技术带来的伦理问题,以更好地趋利避害"。

5.3.2 大数据在投研行业的应用

以往分析师需要人工收集、整理并分析海量数据,费时费力且效果有限。为了帮助分析师高效收集、整理数据,辅助优化投资策略,智能投研在大数据和人工智能技术迅猛发展的背景下应运而生。通过对国内外智能投研创业公司的研究和分析,大数据和人工智能技术在智能投研行业中的应用通常因其具体任务需求不同,在实施步骤上会有所差异。一般地,其整体实施过程可以概括为以下四个阶段。

(1)数据采集

通过各种信息采集渠道收集各种类型的数据并存储,形成原始数据集。在定义目标所需数据及数据类型后,一方面通过网络爬虫等技术采集各种网络媒体(如新闻网站、平面媒体电子版、论坛、博客、微博、贴吧、手机报等)中的非结构化数据与半结构化数据,并从中抽取出用户所需要的相关属性的内容。利用基于字符串匹配的分词方法或基于统计模型的序列标注切分等中文分词技术、去重技术对抓取到的网页数据进行内容和格式上的初步处理,将其转换为结构化数据,以供后用。另一方面,通过其他合法合规的方式获取消费者行为数据、商品和服务交易数据、工商登记信息、税务登记信息等结构化数据。在数据方面,有些智能投研创业企业专注于纯金融市场的数据挖掘,如券商研究报告、上市公司公告等数据。有些智能投研创业企业除了利用与目标企业直接相关的金融市场数据,还利用如电商平台消费者行为、新闻报道等可影响目标企业的其他"另类"数据。

(2)数据加工

在使用深度学习模型作为处理手段时,通常需要对采集到的原始数据按照目标模型进行标注，形成原始数据集。利用句法分析、语义分析、分词技术等对原始数据集做进一步的格式转换、信息过滤、分类等操作，进行特征提取，得到有利于模型加工的有清晰文本结构数据的数据集。同时，借助人工标注与自然语言处理框架中的标注工具对目标信息数据进行标注，从而形成标注集，以供机器学习中的模型使用。

（3）数据深度挖掘

利用自然语言处理等技术对数据进行处理和深度挖掘。根据目标任务，选取自然语言处理模型中的诸如贝叶斯语言模型、神经网络语言模型中的 CBOW 模型与 Skip-Gram 模型等相应模型算法对文本进行建模、编码，构建输入向量。根据目标任务，进一步利用分词技术、信息检索等，选取机器学习中诸如 RNN 循环递归等深度神经网络算法对数据集进行模型训练与评测优化，得到解决目标任务相关的具体模型。常见的目标任务包括情感分析、文本分类、语义推断、特定领域问答系统的知识学习模型构建等。最后选取最优模型，进行数据分析，从而得到目标信息。利用可视化技术，呈现更好的结果。

（4）数据智慧决策

在投资行业，分析师可以将宏观的经济形势，行业、企业的基本情况和其他多方面因素关联在一起，形成"知识图谱"。在智能投研行业，机器能够从各类数据源中批量、自动提取关键信息，然后构建关联关系，形成"知识图谱"。当发现某些因素发生变化时，可以根据关系链得出见解并做出预测，以便为投资决策提供支持。可以说，知识图谱是智能投研的灵魂。分析师利用得到的目标信息进行信息汇总，形成知识图谱，在此基础上形成诸如金融反欺诈等相关领域的智能问答系统，给决策者提供诸如风险提示等服务，辅助决策者做出相应的决策来防范风险。人工智能中的决策树算法、推荐算法等技术还可以进一步为用户提供自动风险预警、风险排查服务，开发出诸如"Warren"等更加智能且具有良好的人机交互功能、强大的深度学习能力的智能投研产品。

例如，对比分析北京市某类型餐厅和竞争对手的产品情况。第一步，利用网络爬虫技术获取初始信息。网络爬虫是一种获取网页信息并提取和保存信息的自动化程序。爬虫会把网页与网页之间的链接关系作为其爬行的路径，沿着链接关系爬到下一个节点，即通过一个页面继续获取后续页面，这样网页上所有评论信息都会被抓取下来，其主要字段便是餐厅地址、人均消费、餐厅类型、味道、态度、环境、推荐菜等信息。第二步，特征词、意见词抽取。主要原则为显性特征词抽取，隐形特征词过滤。简言之，就是留下能代表用户兴趣点的词语，比如性价比、气氛、特色、餐具、口味等。第三步，情感分析。可以通过特征词、意见词、子句否定词个数等对意见极性进行判断。

这三步下来的直观结果就是：餐厅评价上的星级情况、推荐度、排名等清晰可见，作为消费者可以考虑是否要去这家餐厅。间接益处是：在互联网思维下，你甚至可以去判断，这家店是否值得你去开展加盟、投资等商业行为。科大讯飞创始人刘庆峰曾说："未来一定不是机器代替人，而是人机耦合的。人工智能改变世界不能光靠一个核心技术，它需要行业专家，需要大数据，使其不断地学习和训练，从而才能改变世界。下一步人工智能发展的关键，第一是算法突破，第二是把脑科学和数学建模的方法相结合，第三是人机耦合。"

5.3.3 大数据在金融行业的应用

大数据在金融行业的应用之一是风险定价。定价永远是金融或者任何其他领域最核心的部分之一，大部分金融活动都涉及风险和收益的平衡。放贷，是利息收益与违约风险之间的平衡；保险，是保费收入与理赔金额之间的平衡……大数据技术可以让金融产品的颗粒度精确到每个人，从而可以根据每个人过去的历史推测其未来的财务状况及履约情况，即所谓的大数据征信，据此给予每个人不同的授信额度及利率。而扩展到保险，也是同样的道理，保费可以根据每个人的情况而有所差异。比如在美国买车险，根据购买人的婚姻状况、车辆颜色、年龄等各种信息，会得到不同的保费金额。而最近大火的 UBI（usage based insurance）更是将大数据技术的使用推向新高度。其甚至通过在保险购买者的车辆上安装检测 OBD 数据的硬件设备来获取各项数据，从而对好司机和坏司机差别定价保费。

扩展阅读 5-1　大数据时代的新型车险

5.4　大数据经营管理决策的效果

在厘清了对大数据经营管理决策的认识后，我们来进一步探究大数据给经营管理决策带来了哪些应用效果。本部分主要从提升决策支持能力、资产管理能力、预测和资源配置能力、风险管控能力四个方面的效果来分析。

5.4.1　大数据提升经营管理的决策支持能力

第一个应用效果是大数据提升经营管理的决策支持能力。大数据时代，企业在经营管理决策方面面临如下挑战：

首先，缺乏满足多场景决策所需的信息系统，是企业面临的一大挑战。在大数据时代，企业决策信息的采集与分析、决策方案的制定与选择均会受到错综复杂的环境因素的影响。企业决策支持系统的建设，需要考虑经营管理、产品研发、生产制造、综合保障等多方面的业务数据的特点、展示需求。

其次，缺乏完善的指标体系，是企业面临的重大挑战。很多企业构建了覆盖经营管理、产品研发、生产制造、组合保障等各个业务环节的应用系统，但缺乏科学完备的决策体系，用来支撑对经营全过程的管控。各类管控指标或者散落在相关职能部门，或者还未根据发展需要建立健全；已有的管控指标在其内涵、计算方式、数据收集渠道、分析方法等方面还存在诸多不一致问题；管控数据要么散落在个人手中，要么根本没有留存。企业迫切需要建立以"全级次、全领域、全流程"为特征的企业经营管控指标库，实现历史数据的快速跟踪查询和分析。

最后，缺乏基于关键指标和分析模型的智能化预警机制，制约了企业决策能力的提升。从企业预警分析的监测、识别、诊断、报警几个关键环节来看，很多企业目前存在不少需要着力完善之处：关键的预警指标尤其是事前预警指标还不够系统，不成体系，甚至在一些关键领域缺乏预警指标；在传统工作方式下，不同的部门、人员对同一问题采用不同的预警分析模型，带来不同的甚至是差异较大的预警研判和预警等级；预警分析时效性不够，基于手工模式的预警分析随着经营规模的扩大，在效率、效益上面临很大挑战，难以对经营状况进行连续的测定、监视和预先报警，难以及时、有效地展示潜在的风险和危机，难以使中高层管理者对企业的经营状况做到心中有数，能及时发现问题并应对问题。

为了解决上述问题，企业需要建立决策支持系统，有效提升企业对科研生产、财务、质量等各方面信息的大数据分析能力与智能决策能力，降低企业的经营风险。图 5-4 展示了一个大数据决策支持体系建设思路示例。

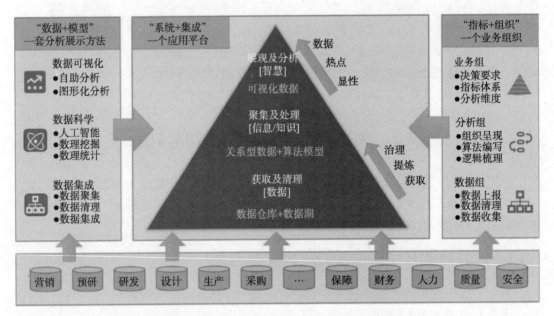

图 5-4　大数据决策支持体系建设思路示例
资料来源：基于大数据的决策支持[EB/OL]. https://zhuanlan.zhihu.com/p/85858502。

该方案的基本思路：

一套分析展示方法：建设适应制造业决策支持所需的各类分析展示组件，满足产品研发、制造、保障等多决策场景所需。

一个应用平台：建设覆盖数据获取、数据存储、数据模型管理、可视化展示分析等涵盖决策全过程的自主可控的信息化应用系统。

一个业务组织：梳理并建立适应企业决策支持所需的业务指标体系，形成企业决策所需的组织架构。

通过建设决策支持系统，可使企业具备全领域的数据采集能力、全级次的决策模型管理能力、全流程的多场景应用能力。通过数据分析和挖掘提取对企业有价值的知识成果，并以可视化的方式将数据挖掘的知识成果展示给用户，能够帮助企业从海量数据中发现规律、获取商业洞察力、创造商业价值，为以后基于大数据的信息化建设奠定坚实的基础。

5.4.2 大数据提升资产管理能力

第二个应用效果是大数据提升资产管理能力。随着大数据时代的来临，对数据的重视提到了前所未有的高度，"数据即资产"的说法已经被广泛认可。大数据是企业资产，必须纳入企业的资产管理中，同时，大数据又不是企业传统意义上的资产，因此大数据资产管理不同于企业传统的资产管理。日常生活中，数据无处不在，但并不是所有的数据都可以成为资产。数据成为资产需要具有可控制、可量化、可变现。数据资产一般具备虚拟性、共享性、时效性、安全性、交换性和规模性。

大数据最重要的发展方向是"数据驱动"，即在任何情况下，可以通过数据本身的统计和分析结果来获得相关目标的决策或行为，从而构成一个整体高效的运营系统。大数据的发展包括了三个层次，自下而上依次为数据处理、数据资产管理、业务价值实现。随着大数据技术发展的日新月异，数据处理不仅包括了目前技术领域所关注的海量数据的采集、存储、分布式计算、突发事件应对等，而且已经具备对各种格式、类型的数据进行加工、处理、识别、解析等能力。数据资产管理就是把在各种大数据处理平台上获得的数据资产有效地管理起来，并且围绕它创造业务价值目标，使数据得到更好的加工、分析和应用，数据资产管理甚至还包括数据的开放、连接、整合、嫁接等一系列过程。企业要围绕数据资产本身建立起一个可靠可信的管理机制，能够通过数据资产管理清晰地知道相关数据的定义、数据之间的"血缘关系"，并可以验证数据的有效性、合理性等数据质量指标。

大数据资产管理总体功能框架如图5-5所示。

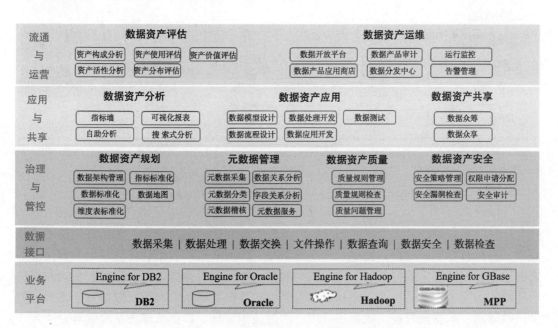

图5-5 大数据资产管理总体功能框架图
资料来源：大数据资产管理总体框架概述[EB/OL]. https://zhuanlan.zhihu.com/。

大数据资产管理包括三个方面的核心内容，分别是大数据资产治理和管控、大数据资产应用创新和资产共享、大数据资产流通运营和资产增值。

第一，大数据资产治理和管控。数据治理并不等同于数据管理。数据管理指规划、控制和提供数据及信息资产，发挥数据和信息资产的价值，强调在企业或企业内部进行。数据治理是对数据资产管理活动行使权力和控制的活动集合（规划、监控和执行）。数据治理要制定正确的原则、政策、流程、操作规程，确保以正确的方式对数据和信息进行管理。数据资产治理和管控是业务部门与 IT 部门的共同职责，需要由业务部门和 IT 部门分别或共同制定相关模型，规范与架构，如业务运营模型、数据治理模型、企业信息模型、业务规范、信息规范、数据安全管理规范、数据库架构、数据仓库/商务智能架构、元数据架构、技术元数据架构等。

数据资产治理和管控的方法主要是面向数据的生命周期，从空间视角和时间视角实现数据的治理和管控。从空间视角看，因为数据在不同业务、不同系统中流动，所以数据治理必须实现跨系统、跨业务、端到端的治理，需要有机构统筹规划与决策、协调与推进。大数据资产管理架构如图 5-6 所示。

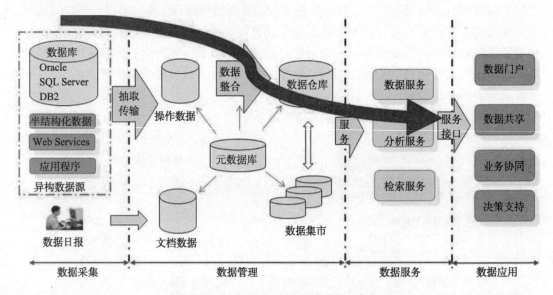

图 5-6　大数据资产管理总体功能框架图

资料来源：大数据资产管理总体框架概述[EB/OL]. https://zhuanlan.zhihu.com/。

从时间视角看，企业管理数据资产，就是管理数据的生命周期。数据首先被创建或获得，然后被存储、维护和使用，最终被销毁。因而有效的数据管理，开始于数据获取之前，企业先期制定数据规划、定义数据规范，以期获得数据采集、交付、存储和控制所需的技术能力。数据资产治理和管控主要包括数据治理政策制定、数据标准管理、数据结构管理、数据流管理、数据库管理、数据运用管理、数据治理质量改善等方面。

第二，大数据资产应用创新和资产共享。大数据资产应用创新是指将数据资产进行适当加工和分析，为企业管理控制和科学决策提供合理依据，从而支持企业开展经营活动、创造经济利益的过程。同时，在当今的互联网社会，所有人既是数据的生产者，也是数据的消费者，人们在互联网上共享信息、数据和实物，所有权被使用权代替，"交换价值"被"共享价值"代替。数据共享可以实现数据的快速建模、分析、共享和应用。在数据共享层实现可视化元数据的管理，从而建立企业大数据中心，强化数据资产的管理。

数据资产的应用创新需要围绕降低数据使用难度、扩大数据覆盖范围、增强数据供给能力等几个方面来展开。降低数据使用难度可采用数据可视化、搜索式分析、数据产品化等方式来实现；扩大数据覆盖范围则要使数据"平民化"，让一线业务人员接触到更多的数据，同时让数据分布更加均衡，甚至打造数据应用商店；增强数据供给能力要让企业业务人员从数据消费者转变到既是数据消费者又是数据生产者的角色上来，进而将这种角色推广至社会大众，形成数据众筹众享模式。

第三，大数据资产流通运营和资产增值。大数据资产的流通运营和资产增值是数据资产管理的最终目的，数据交易是大数据价值实现的推动力。数据资产实现良性流通需要解决好数据资产中的各项权利保障问题。数据资产权利包括所有权、管理权、使用权、处理权、知晓权等。数据资产实现流通和增值的前提是数据资产得到多方面的严格审计，包括数据验真、数据保障、数据调查和风险评估，同时数据资产权利人的各项权利得到保障。

围绕数据合作或交易等流通活动，从技术层面来说，需要建立相应的流通平台，该流通平台需要具备完善的保障机制，如服务保障、管理保障、技术保障等。从资产价值层面来说，需要对数据资产进行准确的评估，尽管目前还没有一个很成熟的数据评估模型，但随着数据资产流通规模的扩大，数据价值肯定会得到正确可靠的评估。目前数据资产增值和变现的主要方法是：对内强化数据分析能力，应用分析结果使数据资产增值；对外共享数据，进行数据租售，实现数据资产变现。从长远看，企业数据增值的未来在于跨界合作，通过跨界战略合作、数据共享来推动彼此主营业务的发展，实现远高于简单的数据租售带来的直接经济价值。跨界合作的主要形式有数据合作、交叉营销、资源互换、整合推广。

5.4.3　大数据提升预测和资源配置能力

第三个应用效果是大数据提升预测和资源配置能力。对于预算来说，在其管理循环中非常重要的两件事情是根据历史和现状，综合企业自身、行业和竞争对手三个维度，对未来进行预测及对资源进行有效的投放。而恰恰大数据可以在预测和资源配置这两个方面发挥自身优势，带来传统预算管理难以实现的应用价值。

一方面是预测能力的提升。传统的财务预测主要是利用结构化数据，构建预测模型，对未来的财务结果进行预测。而利用大数据技术，预测的数据基础可以扩大到非结构化数据，市场上的新闻、事件、评论等都可以成为预测的数据基础。特别是在引入大数据后，预测模型中的假设很可能发生意想不到的变化，这使得预测具有更高的可用性。

另一方面是资源配置的优化。在传统模式下，编制预算进行资源配置时，很多时候是财务部门听业务部门"讲故事",资源投向受到"讲故事"水平的影响。而大数据的出现,能够让财务人员形成一定的判断能力,如进行对相关产品市场热点、竞争对手的动态分析,并将这些分析结果与产品部门的"故事"进行印证,使其对是否该继续加大产品投入或者是否应该改变产品的设计方向形成不一样的判断和结论。

运用数据优化资源配置越来越重要,优化得好,将会给企业带来巨大的效益。经典案例将啤酒放在婴儿纸尿布旁促进啤酒销量的提升就是优化资源布局的体现。再例如,滴滴出行根据长时间不同时段用户叫车的数据分析,总结了不同时段用车高峰的地段,据此用来指派和调动司机,这样可以很好地让资源在最优的模式下运行。这一点更像是"大"数据给企业带来的帮助。数据处理速度的巨大提升,给了市场营销足够的时间去优化资源配置,实现真正的高效。运用数据优化资源的场景很多,大到一家工厂根据库存和市场销售监测及时优化工人或者生产的配置,小到一家餐厅根据季节和点餐情况优化食材的购买和厨房配菜情况。

5.4.4 大数据提升财务的风险管控能力

第四个应用效果是大数据提升财务的风险管控能力。在广义的风险管理领域,CRO(首席风险官)应该担负起风险管理的职责,但在财务领域,CFO应该对财务相关风险予以高度关注,并实施有效的管理。CFO力求创造价值,但必须牢记,风险是底线,控制好财务风险是一个好CFO的必修课。财务风险管理涉及的核心技能包括财务操作风险管理、财务风险意识培养及管理文化建设、RCSA风险控制与自我评价工具的财务应用、KRI关键风险指标体系的财务领域搭建、重大风险事件监控等。

首先,大数据在风险管控方面相较传统的风险管理模式有更高的应用价值,这种价值体现在能够看见传统风险管理模式下所看不见的风险。其实,在金融业务领域,已经有非常广泛地利用大数据进行风险管控的案例。而在财务领域,我们要怎样利用大数据管控风险呢?设置规则来辅助进行直接、精准的风险拦截,是人工智能更擅长的事情。我们希望利用大数据来实现一些相对模糊但是有控制价值的风险发现,以及能够进行财务风险分级。

其次,在风险发现方面,大数据通过纳入非结构化数据并进行相关性分析,能够发现一些风险事件的可能特征,并根据这些特征进行潜在风险线索的事前预警或事后警示。在这种应用场景下,不需要大数据告诉我们谁一定有问题,只要提示谁可能有问题就足够了。而这种提示本身并不存在必然的因果关系,仅仅是大数据进行相关性分析后的产物。

最后,应用到各种风险事项的分级。这里的风险事项可能是一份报销单据,也可能是一次信用评价。只要分析对象需要进行风险分级,就可以考虑使用大数据技术来实现。分级后的风险事项能够采用不同程度的应对策略,从而做到高风险事项严格控制,低风险事项低成本应对处理。

扩展阅读5-2 大数据发展面临的安全挑战

要满足大数据在经营管理决策中的应用,还要设法构建相应的条件基础。一方面是技术基础。对于大数据应用来说，传统的技术架构是无法支撑的，大数据的生态环境正在发生突飞猛进的变化。虽然 Hadoop 已经确立了其作为大数据生态系统基石的地位，但市场上依然有不少 Hadoop 的竞争者和替代品，一些新的产品也在不断涌现。另一方面是人力基础。大数据的应用，在对技术提出要求的背后还增加了对人力的要求，不仅需要更多高端的数据分析师，而且也加大了对基础数据处理人力的投入。高端数据分析师既可以通过鼓励现有的财务分析人员转型获得，也需要进行有针对性的人才招募。而在基础人力方面，数据工厂将被提上议程，基于财务共享服务模式的数据中心可能是开展日常数据管理的核心力量。

5.5 大数据与经营管理决策案例

5.5.1 农夫山泉用大数据卖矿泉水[①]

农夫山泉是中国软饮料行业盈利能力最强的企业之一，这从农夫山泉历年的营收数据中就可以看出。2018 年和 2019 年，农夫山泉的收益同比增速分别为 17.1%、17.3%。2017—2019 年，农夫山泉全年营收分别为 179.41 亿元、204.75 亿元、240.21 亿元，净利润分别为 33.86 亿元、36.12 亿元、49.54 亿元。2019 年的财报显示，农夫山泉旗下的包装饮用水毛利率为 60.2%。2012—2019 年，农夫山泉连续八年保持中国包装饮用水市场占有率第一。

案例 5-2　农夫山泉用大数据卖矿泉水

事实上，农夫山泉不只有农夫山泉矿泉水，很多人耳熟能详的饮品品牌其实都是农夫山泉旗下的业务品牌，包括茶饮料"东方树叶"、功能饮料"尖叫"、果汁饮料"维他命水""农夫果园""水溶 C100""NFC"等。以 2019 年的零售额计，农夫山泉在茶饮料、功能饮料、果汁饮料的市场份额均居于中国市场前三位。并且农夫山泉还在扩张着新的产品品类，如农产品"17.5 度橙""17.5 度苹果"、大米等。而这些产品也保持着和其他产品一样的较高的毛利率。根据招股书数据可知，茶饮料毛利率为 59.7%；功能饮料毛利率为 50.9%，果汁饮料毛利率为 34.7%。对比之下，农夫山泉产品的毛利率远高于行业平均水平。除了产品以外，农夫山泉的成功和它的大数据精准营销脱不开关系，农夫山泉建立了庞大的经销网络，覆盖了全国 237 万个以上的终端零售网点。这种下沉式的经销网络遍及全国各省市及县区，使农夫山泉无人不知。

5.5.2 今日头条的数据关联[②]

大数据场景应用下，以今日头条为代表的搜索、推荐、个性化定制的新闻客户端凭借技术优势成为业界焦点。通过数据分析、数据挖掘、信息检索、个性推荐算法、人工

[①] 刘旷. 有钱任性的农夫山泉，被迫踏上 IPO？ [EB/OE]. https://cloud.tencent.com/developer/article/1675184? from=15425，2020-08-06.
[②] 今日头条的人工智能技术实践[EB/OE]. https://www.sohu.com/a/129739958_505794，2017-03-22.

案例 5-3　今日头条的数据关联

智能等技术手段，今日头条得以实现最精准的内容推荐。算数中心是今日头条的数据部门，其数据全部由个性化推荐所积累。今日头条是一款基于机器学习的个性化推荐引擎，其基本逻辑主要有两条。

第一，用户使用 App 越多时，发生的动作类型就越多，如用户的互动，阅读内容的数量、速度及场景等。通过这些动作收集而来的数据能够完整地描绘用户画像，就像医生见到病人后从各个角度进行观察，并把其特征描述得很细。当细化的描述形成有结构的表格后，今日头条就能"认识"每一个人。然后再以同样的方法"认识"每篇文章、每个关键词，这样系统就能够让它们在向量空间中拥有各自的位置，并通过算法进行匹配。当匹配度高的时候，系统就认为这是该用户最想得到的信息，并进行推送。

第二，用户之前可能没有足够的历史信息提供给数据库，这种情况就需要第二条逻辑来为他们提供感兴趣的信息，即"越多的人用，越懂你"。即便用户对推荐引擎来说是陌生的，但总会有相同特征的用户，比如三十到四十岁年之间、使用苹果手机的男性这一人群画像是系统已经了解过的。它可以据此对类似人群进行解读，然后把用户最可能感兴趣的信息推送过去。因此，每个人的头条都是不一样的，即"你所关心的才是头条"。

按照以上两条逻辑，我们对文章和用户的匹配与连接对象进行了更细化的拆分。今日头条的推荐引擎按照关键词和分类先把文章分到具体的特征向量中，再对用户进行定位，并分配到具体的特征向量中。最后将这两者进行匹配，按照推荐引擎学习到的算法，把不同的信息推送到每位用户。

在整个推荐过程中，受众也会对文章进行反馈。对于反馈信息，今日头条会把它沉淀下来放到媒体实验室，而媒体实验室就是对今日头条后台数据进行提取和分析的数据产品。但媒体实验室现在最主要的功能就是促进创作、服务创作者，用数据来告诉创作者，目前内容的潮头在哪里，他们写什么样的东西可能会受欢迎，受众是什么样子的，等等。目前，人工智能已经可以在财经报道、体育赛事报道等领域自动创作内容，可读性完全可以媲美人工编辑创作的内容；智能算法还可以自动给出封面建议，以减少视频上传者的选择成本；智能算法也可以从体育比赛、MV 等长视频中自动抽取精彩片段，甚至生成 gif 动图，以节省用户时间和流量。

本章小结

本章首先系统介绍了大数据与经营管理决策，包括企业经营管理大数据的内容、分类、用途和意义，厘清了对数据经营管理决策的认识。其次阐释了大数据经营管理决策的总体架构。一方面，着重围绕大数据经营管理决策的总体架构、大数据在经营管理决策中的应用等展开分析；另一方面，分析了大数据在经营管理决策中的效果，主要介绍了大数据在提升经营分析的决策支持能力、资产资源能力预测及资源配置能力、财务的风险管控能力等方面的效果。最后分析了大数据下的经营管理案例。通过本章的学习，希望学生能够了解大数据在经营管理中的特点,切实理解大数据在经营管理中的应用场景,熟悉大数据在企业经营管理决策中的流程,并掌握大数据在企业经营管理决策中的步骤及思路。

复习思考题

1. 企业经营管理大数据的内容有哪些?大致类别有哪些?
2. 企业经营管理大数据的用途及意义有哪些?
3. 如何认识大数据经营管理的总体架构?
4. 大数据在经营管理决策中的应用场景有哪些?
5. 结合本章所学知识,尝试分析大数据在经营管理决策中的未来应用场景,以及可能面临的挑战。

第 5 章 即 测 即 练

案例分析

中国铁塔:打造面向数字化时代的财务体系

第 6 章

大数据与预算管理决策

◆ **本章学习目标**

1. 了解大数据预算管理的原理及原则。
2. 理解大数据所带来的预算变革。
3. 熟悉大数据预算管理的主要系统。
4. 理解并掌握如何使用 Python 进行大数据与预算管理决策。

◆ **引导案例**

韩都衣舍电子商务集团从大数据预算管理中受益了吗?

韩都衣舍电子商务集团创立于 2006 年,是一家以服饰、鞋包、化妆品、家纺等产品为主要经营范围的互联网电商集团,其品牌以"款式多、更新快、性价比高"为特点,受到广大消费者的喜爱。2012—2017 年,其连续 6 年蝉联行业综合排名第一,2016 年,集团总营收达到 14 亿元,有多达 70 个品牌集群。其组织架构为事业部形式,由总部的职能部门为各个品牌事业部提供服务。

该电商集团在应用大数据进行预算管理前的主要现状为:
①产品类型有上万种,产品款式多样;
②集团品牌多、服装款式更新快;
③事业部组织形式下,集团各部门之间信息传递有阻碍;
④会计记录以手工记账为主;
⑤预算分析主要采用的数据是服装的销量和价格信息。

该电商集团在应用大数据进行预算管理前的财务痛点为:
①预算管理和企业资源分配较为困难;
②事业部组织形式下,集团各部门之间信息传递的阻碍对集团预测分析的及时性造成压力;
③手工入账效率低、出错率高、耗时久,无法适应电商行业越来越大的竞争压力,以及企业高速的产品更新频率需求。

韩都衣舍电子商务集团从 2014 年开始引入企业数字财务系统,利用大数据辅助提高集团的预算管理效率。

实际效果：在满足"多款式、快更新、高性价比"的产品需求的前提下，保证了产品质量，严控了成本。通过应用大数据辅助预算，韩都衣舍电子商务集团的销售预测准确率由 2013 年的 38%提升至 2017 年的 72%，毛利率预算与实际差异率降低了 5%，净利率预算与实际差异率降低了 6%。与传统的预算管理模式相比，大数据预算管理能够更好地进行预算过程控制，更容易发现集团运营出现问题的原因，使集团的业务流程更加规范，集团设定的预算假设更加可靠。

6.1 大数据时代预算管理概述

6.1.1 预算管理的内涵

（1）全面预算的概念

全面预算指在预测与决策的基础上，将公司未来的销售、成本、现金流入与流出等情况以计划的形式具体、系统地反映出来，以便有效地组织与协调企业全部的经营活动，完成企业既定的目标。企业通过全面预算来监控战略目标的实施进度，同时全面预算也是整个绩效管理的基础和依据。企业战略、全面预算、经营绩效是一个密不可分、高效互动的有机整体，全面预算在其中起着承前启后的重要作用。

（2）全面预算的内容

全面预算是由一系列预算按其经济内容及相互关系有序排列组成的有机体，主要包括策略计划、目标设定、经营预算、资本支出预算、财务预算、预算说明书六部分。

①策略计划。策略计划是以企业历年的经营绩效为基础，全面审视目标市场的政治、经济环境，判断它们对于未来企业发展的影响，并通过企业内部的优劣势分析，制定出企业未来一年的经营策略，其主要包括地区环境信息、产品线分析、机会与威胁。策略计划是企业经营预算的依据和基础。

②目标设定。目标设定是以上述策略计划为依托而制定出企业未来一年的经营目标，是全面预算的总体概括，譬如采用 BSC（平衡计分卡）设定，主要包括企业整体目标及从财务、客户、内部营运流程、员工学习与成长四个方面体现的分目标。

③经营预算。经营预算是指与公司日常业务直接相关、具有实质性的基本活动的预算，与公司损益表的计算有关，主要包括销售数量预算、销售金额预算、销售成本预算、期末存货预算、营业费用预算、管理费用预算、财务费用预算、制造费用预算、人力资源预算等。这些预算以实物量指标和价值量指标分别反映公司收入与费用的构成情况。

④资本支出预算。资本支出预算是指公司不经常发生的一次性业务的预算，如公司固定资产的购置、扩建、改建、更新等都必须在投资项目可行性研究的基础上编制预算，具体反映投资的时间、规模、收益及资金的筹措方式等，包括固定资产投资预算和未完工项目进展投资预算。

⑤财务预算。财务预算是指与公司现金收支、经营成果和财务状况有关的各项预算，

主要包括现金预算、预计损益、预计资产负债、预计现金流量、关键营运指标预算。这些预算以价值量指标总括反映经营预算和资本支出预算的结果。

⑥预算说明书。预算说明书主要说明编制预算采用的会计政策及与预算有关的重要事项，以便于阅读理解各预算报表，主要包括业务前提条件或基础、主要业务交易量、产品毛利率水平、信用政策、折旧政策、税收政策、重要费用支出项目说明、预计已产生但账面未处理的呆坏账情况的说明、资金借贷及利息费用情况说明等。

（3）企业预算组织的职能

为有效推进全面预算的执行，企业可设置预算委员会和预算执行委员。

①预算委员会的职能包括：学习和贯彻企业的战略规划与预算管理办法；研究决定企业的年度工作目标及计划；组织企业相关部门编制全面经营预算；审查、讨论企业的全面预算情况；协调、解决有关方面在编制预算时可能发生的矛盾和争执；遵照执行经业务单元批准的经营预算；当企业内外环境变化时，及时修订预算；定期检查预算的执行情况，促使各有关方面协调一致，完成预算所规定的目标和任务；审查、讨论年度预算执行报告。

②预算执行委员的职责包括：提供各部门编制预算所需的表单，培训和指导各部门正确编制预算；提供各部门所需的收入、成本、费用明细内容等资料供编制预算参考；督促各部门预算编制的进度；汇总各部门的初步预算情况，提出建议事项和初步预算报表，提交预算委员会讨论；编报经预算委员会审查通过后的各类预算报表；定期比较与分析实际执行结果与预算的差异情况，督导各部门切实执行预算；根据年度预算的执行情况，编报预算执行情况及分析建议报告并提交预算委员会；负责其他有关预算推行的策划与联络事项。

（4）全面预算的编制程序

企业预算的编制，涉及经营管理的各个部门，只有执行人参与预算的编制，才能使预算成为他们自愿努力完成的目标，而不是外界强加给他们的枷锁。企业预算的编制程序如下：

①企业决策机构根据长期规划，利用本－量－利的分析工具，提出企业一定时期的总目标，并下达规划指标；

②基层成本控制人员自行草编预算，使预算能较为可靠，较为符合实际；

③各部门汇总部门预算结果，并初步协调本部门预算，编制出销售、生产、财务等预算；

④预算委员会审查、平衡各预算，汇总出公司的总预算；

⑤经过总经理批准，审议机构通过或者驳回修改预算；

⑥主要预算指标报告给董事会或上级主管单位，讨论通过或者驳回修改；

⑦批准后的预算下达给各部门执行。

（5）全面预算的作用

企业预算是各级各部门工作的奋斗目标、协调工具、控制标准、考核依据，在经营管理中发挥着重大作用。

企业的目标是多重的，不能用唯一的数量指标来表达。企业的主要目标是盈利，但也要考虑社会的一些限制。因此，需要通过预算分门别类地、有层次地表达企业的各种目标。企业的总目标，通过预算被分解成各部门的具体目标。它们根据预算安排各自的活动，如果各级各部门都完成了自己的具体目标，企业的总目标也就有了保障。预算中规定了企业一定时期的总目标及各级各部门的子目标，可以动员全体职工为此而奋斗。

企业内部各级各部门必须协调一致，这样才能最大限度地实现企业的总目标。各级各部门因其职责不同，往往会出现互相冲突的现象。例如，企业的销售、生产、财务等各部门可以分别编出对自己来说最好的计划，而该计划在其他部门不一定能行得通。销售部门根据市场预测，提出一个庞大的销售计划，但生产部门可能没有那么大的生产能力；生产部门可以编制出一个充分发挥生产能力的计划，但销售部门却可能无力将这些产品推销出去；销售和生产部门都认为应当扩大生产能力，但财务部门可能无法筹集到必要的资金。企业预算运用货币度量来表达，具有高度的综合性，经过综合平衡以后可以得出解决各级各部门冲突的最佳办法，可以使各级各部门的工作在此基础上协调起来。

计划一经确定，就进入了实施阶段，管理工作的重心转入控制过程，即设法使经济活动按计划进行。控制过程包括经济活动状态的计量、实际状态和标准状态的比较、两者差异的确定和分析及采取措施调整经济活动等。预算是控制经济活动的依据和衡量其合理性的标准，当实际状态和预算有了较大差异时，要查明原因并采取措施。

现代化生产是许多部门共同劳动的过程，不能没有责任制度，而有效的责任制度离不开对工作成绩的考核。通过考核，对每个人的工作进行评价，并据此实行奖惩和人事任免，这样可以促使人们更好地工作。考核与不考核是大不一样的。当管理人员知道将根据他们的工作实绩来评价其能力并实行奖惩时，他们将会更努力地工作。超过上年或达到历史最好水平，只能说明有所进步，而不能说明这种进步已经达到了应有的程度。由于客观条件的变化，收入减少或成本增加并不一定是管理人员失职造成的，很难依据历史变化趋势说明工作的好坏。当然，考核时也不能只管预算是否被完全执行，某些偏差对企业可能是有利的。如增加推销费用可能对企业总体有利。

为使预算发挥上述作用，除了要编制一个高质量的预算外，还应制定合理的预算管理制度，包括编制程序、预算执行情况的分析方法、调查和奖惩办法等。

6.1.2　大数据时代全面预算管理的应用原理和原则

（1）大数据时代全面预算管理的应用原理

大数据时代科学技术的快速发展，使会计服务的重点从财务会计转向管理会计，全面预算参与到企业决策和分析、提供战略支持并创造价值的循环中，并根据大数据时代对环境变化的动态预测和规划，提供及时的决策支持，协助企业建立一个包含财务分析预测、财务战略规划、资本市场运营为一体的全面预算管理体系。大数据环境下全面预算管理的应用原理是以财务处理系统为依托，借助互联网技术，把软件、硬件等技术设备相融合，并运用于会计信息处理系统，使会计信息处理系统具有实时共享，信息传递、筛选、分析及存储的功能，为企业的经营管理决策提供高效、可靠的数据信息。企业利用大数据技术,构建以信息系统为基础的资源分配模型,提高预算分配的效益及准确性。当预算被执行的时候,企业要对预算分析及流程进行加强管理,及时纠正预算执行的偏差及资源利用率低的行为。预算管理需要构建权责平等的激励约束机制,制定可以进行量化的预算考核指标。在激励机制下,对降低成本增加效益的行为进行奖励,对执行预算偏差大、浪费资源的行为进行惩罚,以形成公司的预算管理模式。每一个部门共同努力,通力合作,提高资源效率的输入和输出,创造资源利用的价值。

伴随着大数据的发展,它在企业价值创造中发挥的作用也越来越明显,越来越多的公司对利用大数据支持全面预算给予了更多的关注,同时越来越多的财务人员重视大数据集成的总体预算。换句话说,大数据环境下,全面预算管理的春天来了,但是应用程序仍有很长一段路要走。虽然同类型的企业在推进大数据和全面预算的整合上有不同的侧重点及步骤,但是这些都离不开信息系统的支持、领导的有力支持、内部组织的协同运作及对企业文化的强烈认同。

在大数据环境下,企业在预算管理上应该顺应时代及技术进步的需求,转变管理理念,促进管理模式的优化,形成以价值创造为基础的预算管理战略观。数据是会计核算与财务管理的基础,大数据对财务及会计的作用不断扩大,企业战略是全面预算的量化表现形式。大数据技术的使用将极大地提升企业全面预算的精准性,提高企业价值的创造力。

(2)大数据时代全面预算管理的原则

①战略性原则。通过全面预算管理,充分利用大数据技术和手段,有效落实公司发展战略和规划,促进资源的优化配置,提升公司的经营效益,促进公司发展。

②全面性原则。充分利用大数据技术和手段,实现公司预算在业务领域上的全面覆盖,在管理层级上的全面贯穿,在管理环节上的全面控制,使其成为全员参与、全方位管理、全过程控制的综合管理系统。

③协同性原则。充分利用大数据技术和手段,注重企业内外部经营要素的协同,根据经营形势的变化科学制定经营目标,保障经营目标的实现;注重财务与业务的协同,促进分工协作、责任共担;注重集团上下的协同,确保上下同欲、共谋发展。

④统筹性原则。充分利用大数据技术和手段,以预算作为统筹安排企业各项经济活动的资源配置方案,对企业各层级、各环节的经济活动和资金流动实施严格的管控及约束,各级单位各类经济业务活动都应当服从公司整体的经营目标要求。

6.1.3 大数据对全面预算管理的影响

(1)大数据技术有助于提升企业的预算编制水平

①预算编制的时效性得以提升。在传统模式下,企业预算主要是手工交付,这使得企业的整体预算编制处于比较低的水平耗时长的同时准确性低。大数据时代,企业的预算水平明显提升,它依托信息集成及共享的优势,使企业编制预算的方法更加灵活,上、下两种方法有机联结。大数据平台有效传达企业的预算目标,然后借助信息数据集成优势为企业制定预算政策,这不仅有效提高了企业预算编制的效率,也提升了科学性。

②动态预算管理模式能够实现。大数据技术提供的平台是一个信息共享平台，各个业务的系统可以实时交换信息，实现动态的预算管理模式。在这个信息共享的时代，利用大数据技术可以使企业各部门的员工协同工作，提高工作效率，保证信息、数据的时效性，同时动态的管理模式能提高企业预算管理的应变能力。例如 ERP 系统中的预算模块，能使企业在经营活动中实现数据的实时共享，各业务系统中的操作人员通过系统给出的信息数据，可以有效地分析企业的经营管理情况。企业通过财务预算系统将预算数据与实际数据进行对比，对企业内外部情况的变化迅速做出反应，及时调整预算数据，提高企业的反应能力。

（2）大数据技术有助于提高企业的预算执行能力

①预算控制活动更加精确。传统模式下，企业的预算管理模式没有充分动态地应用信息和数据，财务人员更加注重基础数据的处理，因此，预算管理不能发挥其应有的作用，不能有效地指导公司的经营管理。同时，由于数据共享平台还没有建立，预算管理的很多方面都需要手工完成数据的录入，这样容易造成人为操作上的失误。但在大数据的支持下，企业利用互联网将提取每个收集链接数据、处理的历史数据，对比数据等各种数据资源，在大大提高全面预算管理控制活动准确性的同时为公司管理决策提供更有效的数据支持。

②优化内部管理，提高执行效率。传统的预算编制流程使企业在信息技术的相互作用这一点上效率低下，企业出现了管理不规范、预算编制流程烦琐、管理复杂、跟踪审核慢等一连串的问题。企业在应用大数据后，通过计算机平台能够完美地运用多维数据的内部环境及外部环境，构设企业的战略分析模型，促进企业内部管理的不断完善，在信息系统的帮助下实现高效的预算管理。除此之外，如果企业可以提高其数据管理能力，降低人为因素的影响，将使企业的风险降低，准确地控制预算的分配、执行和调整，大大提升预算执行的效率。

（3）大数据技术有助于丰富企业的预算考评内容

①设置海量的预算评价指标参数。通过大数据技术，企业可以开拓预算评估参数的获取方式，使得企业的数据更加多样，并通过数据的变化及时更新企业的内部数据。比如，平衡积分卡作为企业全面预算的一个十分重要的工具，在大数据的帮助下，可以在不同维度进行延伸：财务方面，财务目标和盈利能力的关系十分紧密，大数据能够挖掘更多的数据，使企业的财务目标不再仅仅局限在传统的财务指标上；客户层面，通过大数据企业可以分析上下游企业的经营行为，分析员工和客户应用于客户模块和成长模块的经济行为、评价和习惯，从而确定更具体的最优订单周期和销售周期。

②对预算执行过程实现追踪评价。预算考核评价的数据可以作为下期预算编制和预算执行者业绩评价的依据，对管理者有激励作用，可增强管理者的成就感和组织归属感，与此同时能帮助管理者了解企业的经营状况，确保企业目标利润的实现。在传统的企业预算管理中，只对预算管理结果进行了分析评价，缺少对预算执行过程的分析评价，结果固然重要，但是在过程中我们更能看到整个预算体系的优缺点。如果要对预算执行过程进行追踪评价，就离不开大数据技术的支撑。ERP 系统可以对预算执行过程实现追踪

评价，所涉及的各个部门的工作人员对系统进行的操作都会保存下来。运用大数据技术构建预算结果和预算执行过程的评价体系也将变得至关重要。

6.2 大数据在预算管理决策中的应用

6.2.1 大数据应用于预算管理决策的必要性

（1）采集多样信息，提高预算准确性

企业现在的预算信息多是财务信息、财务数据，实际上，非财务信息对预算也会造成影响。而且企业每年编制预算都是通过与上年的比较，在上年的基础上略微增加，而没有与其他同水平企业预算数据进行横向比较，这也是没有获取数据信息的来源导致的。通过构建大数据平台，所有的财务信息、非财务信息都储存在里面，并且企业能够智能地筛选出与预算密切相关的信息，使预算基础不只是上一年的预算数据。且所有企业的预算数据都会存放在里面，通过大数据技术，企业可以得到其他企业的数据，并进行比较和智能分析。

（2）移动管控预算，实现实时预警

企业实际执行预算的过程当中，会存在超预算的情况。通常，各预算执行部门不会对超出部分进行申请，而是直接使用部门内的其他项目预算，这就会造成预算使用的混乱，不利于对其结果进行分析。利用大数据技术构建的管理信息系统，具有预警功能，使预算的执行更有效率，各部门的流程更为规范。例如，某部门的预算项目是 400 万元，那么在执行预算时，该项目超过 400 万元的费用就不能被支付，同时对即将超支的项目发起预警，在预算超过标准的情况下会触发报警机制，只有说明超出原因并由领导审批同意后，预算才符合规定，才能被执行。这一切都在大数据操作平台上进行，不再需要纸质的文件审批。通过这种方式，大数据平台可以了解预算偏差，从而判断出现偏差的原因并采取新的方案加以补救。

（3）智能分配额度，排除人为因素

企业预算都是由各部门负责人先申报，再经过预算委员会审批才能实现，而这个过程存在许多"讨价还价"的情况，人情因素明显。通过大数据的智能平台，各部门负责人在平台上申请来年预算，大数据通过分析对比，将预算智能分配给各单位部门，若存在分配不合理之处，则提出申请，再次分配，排除人为操作因素。此外，许多企业目前管理预算信息以手工制作表格为主，这容易出现数据录入错误等问题，使实际执行中的记录偏离预算，若不能及时发现，后期再追寻具体原因时就会投入多余的时间和人力，造成浪费。另外，在项目实施中经常遇到预算调整问题，现有的预算管理利用 Excel 表格进行统计，数据可能被遗漏，对其准确性造成影响，并很可能误导管理层的决策，从而影响以后各期的预算编制。因此，企业需要建立大数据下的预算管理信息系统，以满足对预算信息准确性的需求。

（4）设定合理指标，重视考核流程

轻视预算考核是目前企业普遍存在的问题。很多企业考核的指标设置很简单，就用一张简单的表格对各部门的预算进行考核，根本无法对预算的执行做到科学考核。大数据平台根据大量的数据信息，科学设置预算考核指标，智能分析企业目标的制定，分析预算与企业目标之间的契合度。大数据平台对绩效好的部门有激励措施，对绩效差的部门有惩罚措施，并且能够做到客观有效地实施，使部门重视预算考核，使企业全面预算管理流程形成完整流畅的循环。

6.2.2 大数据预算管理决策平台的主要子系统

（1）数据采集系统

全面预算管理需要的内部数据，可由各内部部门提供，以此建立内部共享数据库。全面预算管理需要的外部数据，可利用爬虫技术定期从互联网爬取，建立外部数据库。数据库可分为主数据库和其他数据库等。

（2）数据处理分析系统

建立数据处理分析系统，利用分类回归、关联规则、变化差异等数据挖掘技术进行数据仓库建设，再通过不同的分布方式和多维的分析模型对数据进行处理，为企业制定下一年度预算提供决策依据。通过大数据平台的数据处理分析系统，结合历史数据与国内其他企业数据，对企业的层次定位做出分析，根据产品成本和收入进行预测，以支持不同类型的预算决策。全面预算管理最理想的状态就是预测与实际的结果保持一致，这要求财务预算数据的收集和整理有科学的方法支撑。企业可通过多维度的分析方法，总结历史数据及数据库中的数据分布规律，并进行预算分析，将零散的预算结果根据企业的长期规划，进行精确的修改，最终整合为完整的全面预算管理方案。

（3）预算编制审核系统

基于大数据下的预算编制审核系统，是将现阶段的全部预算编制工作信息化、自动化，从而更加智能地维护预算编制工作的良好秩序，解决现阶段预算编制流在程预算方法和预算内容上的问题。企业预算编制包括"一上一下"和"二上二下"的过程，即各部门申报预算（一上），预算汇总编制交于预算委员会评审，各部门再修改预算（一下），修改好后再次申请上报预算（二上），经预算委员会通过交予董事会或其他上级主管部门审议，最后下达预算（二下）。在大数据平台上，根据最终预算编制方案建立预算项目库，对项目库进行功能分类、经济分类、用途分类、性质分类等，以满足不同管理者对预算项目汇总的需求，并且设置项目代码与会计科目的对应关系，建立无预算则无核算的机制，使预算工作与核算工作能够更好地衔接。制定预算编制目标是应用大数据预算编制审核系统的第一步，决定着预算管理的方向，预算目标是依据企业的发展战略和长期规划制定的。第二步是开展预算编制流程，从预算申报到下达，中间的每一步都需要信息化的审核。基于企业各部门的需求，系统自动在规定期限内申报预算方案，优化或重建不同的预算项目，降低无价值的冗杂环节。第三步是通过预算编制审核系统，对各部门的预算方案进行汇总并分析审核，信息化处理可以提高预算审核过程的透明度，经过大数据的处理分析，能够提高预算方案的准确度，确保全面预算管理工作井然有序。

在预算编制方法上，信息化的技术能够运用多种预算编制方法，避免现阶段增量预算法的局限。通过智能化的分析和数据处理系统，结合该项目预算编制方法的优点，选择适合该部门的预算口径，合理地编制预算方案。部门性质的不同导致业务经费大不相同，大数据平台通过有效的数据采集和分析，调整适合各部门的预算口径，提高预算编制的准确度。在预算编制内容上，"全额"管理在大数据平台得以实现。大数据平台的数据库有着海量的数据信息，强大的数据采集和处理分析系统，能够剔除与企业预算管理无关的数据信息，将财务数据与非财务数据、结构化数据与半结构化数据等与企业预算管理密切相关的数据信息考虑到预算编制中，完善预算编制的数据基础。全信息化管理平台使各部门的留用资金透明化，隐瞒收入的情况也不会发生。大数据平台在项目结束时，自动将各部门项目的存量资金暂停使用，并在年末收回，全额纳入下一年预算编制的范畴。

（4）预算执行控制系统

形成预算执行控制系统，需要企业各部门在三个系统，即数据采集系统、数据处理分析系统和预算编制审核系统的数据，执行控制系统对这些数据进行整理汇总，对重点项目、优先项目进行多维度的二次分析，实时监控项目库中每一笔金额的动向，设置警告机制，在使用额度出现异常时，对操作人员发出警告并告知负责人。在审批预算时，可以清晰地看到项目是否超过警戒线，以此对部门审批人进行提醒。预算执行控制系统在各项目之间和各部门之间建立多维连接，建立预算执行流程每一步之间的相关性，实现有效的全面监控，为预算考核流程做准备。实现差异分析和预算调整，也是预算执行控制系统的功能。大数据下的全面预算管理可以保证预算流程每一步的精准性，但是，遇到不可预见的因素时，预算方案需要做出调整。预算执行控制系统参考数据库数据，对新因素进行分析并做出分析报告，给出理想的预算调整方案。在各部门的主观因素导致实际执行与预算有较大差异时，对产生预算差异的项目或节点进行数据跟踪，迅速反馈预算与实际偏离的情况，调整不合理的预算指标。

基于大数据下的全面预算管理，可以解决现阶段预算执行存在的大部分问题，现阶段主要的问题是执行约束力不足。大数据下的预算申报由系统主动完成，数据通过数据处理分析系统生成，预算评审也只需在系统上评审即可，节省了大量时间，所以预算下达也能在年初准时完成，预算执行控制系统会对每一笔资金的动向进行跟踪和反馈，不需要借助财务核算，做到了有预算才有核算，避免了现阶段预算在预拨付期间约束力不足、相关人员随意挪用项目资金的情况。大数据平台通过平台服务，使每个人都能在自己的权限内查询到预算管理方案和预算执行情况，审批人可以保证预算资金在合理范围内使用，部门人员的权限设置也可以防止越权审批、重复审批等情况的发生，大数据全面预算管理使预算审批标准化。

预算执行控制系统在大数据条件下具有预警功能，其设置不同风险水平的预警指标，利用数据处理分析技术对风险进行测算，划分不同预算项目支出金额的风险等级，是否采取预警机制取决于系统反馈的风险等级，这有效地避免了严重超支情况的产生。预算执行的预警机制不仅体现在项目大金额的支出上，还体现在财务核算的不准确上。财务部门在进行每项支出金额的核算时，其产生的数据通过数据采集系统反馈到预算执行控制系统，金额不一致或者出入较大时，系统将发出预警，并从数据库中调取票据信息核实，有重大差异的票据将无法进入系统。

（5）预算考核评价系统

企业预算考核评价系统，要以该企业的预算项目设置、预算执行情况等因素为依据。大数据下的评价考核不仅是对各预算执行部门的评价考核，还是对各项目的评价考核，专项建设项目都要进行预算绩效的考核，重点关注重点建设项目及超出期限项目，为每个项目设置合理的指标。各部门都是预算考核的对象，重点关注有收入的预算执行部门。考核评价系统按照每个部门的性质不同，制定不同的考核指标。利用大数据对预算执行结果进行考核评价，不需要人为的参与，保证预算考核的公正公平。预算考核评价系统建立激励机制和问责机制，设置有效奖惩措施，奖惩措施可以由预算委员会制定。预算考核结果优秀的部门和项目，在下一年的预算资金上将优先给予支持，预算考核不合格的部门和项目，对相关负责人问责，发出警告，并在下一年的预算编制时减少一定比例的预算资金安排。这一过程由系统独立完成，以数据库为基础进行分析，预算考核数据也将并入数据库中。

大数据下的预算考核评价系统，不仅具有对各部门的考核功能，还具有对每个项目执行情况的考核功能。其要找出不合格项目并将考核结果存入数据库中，在下一年的预算管理开始时对该项目加以调整。年度预算编制是否准确，执行是否有效，可通过绩效考核进行判断。数据采集系统通过收集其他企业的预算考核激励制度，结合自身企业的具体情况，调整预算考核指标，建立预算考核激励机制，以绩效考核为基础进行奖惩，加强企业人员的预算意识，提高人员的参与度，优化企业全面预算管理。

6.3 大数据与预算管理决策案例

6.3.1 基于 Python 的人工成本预算案例

（1）案例介绍

某餐饮公司需要根据员工入职和离职信息对未来的人工成本进行预算管理。该企业的 HR 系统保存了员工的基本资料，包括工资、五险一金比例、入职日期、职级等。假设 2018 年 12 月的基本数据如表 6-1、表 6-2 所示，HR 预计明年会再招收 3 个新员工，并且对老员工的职级会做一定的调整，预测的员工信息如表 6-3 所示，需要预测 2019 年各月公司的人工成本总额。

表 6-1 员工信息表

员工序号	员工类型	部门	职级	工资	入职日期
01	老员工	销售	级别 4	13000	2014/3/5
02	老员工	财务	级别 4	13000	2015/9/27
03	老员工	财务	级别 3	10500	2011/4/21
04	老员工	HR	级别 2	8000	2015/7/1
05	老员工	行政	级别 6	18000	2010/4/8
06	老员工	CEO	级别 8	23000	2018/1/27

续表

员工序号	员工类型	部门	职级	工资	入职日期
07	老员工	运营	级别5	15500	2016/6/10
08	老员工	运营	级别5	15500	2017/8/10
09	老员工	法务	级别1	5500	2016/11/25
10	老员工	后勤	级别1	5500	2018/12/4

表6-2　员工工资标准表

职级	工资标准	升级工资涨幅	年终奖金月数	五险一金比例
级别1	5500	10%	1	30%
级别2	8000	10%	2	30%
级别3	10500	10%	2	30%
级别4	13000	10%	2	30%
级别5	15500	5%	2	30%
级别6	18000	5%	3	30%
级别7	20500	5%	3	30%
级别8	23000	5%	3	30%
级别9	25500	5%	4	30%
级别10	28000	5%	4	30%

表6-3　员工预测表

员工序号	员工类型	部门	职级	工资	入职日期	预测职级	预测离职
01	老员工	销售	级别4	13000	2014/3/5	级别5	
02	老员工	财务	级别4	13000	2015/9/27	级别5	
03	老员工	财务	级别3	10500	2011/4/21	级别3	2019/1/30
04	老员工	HR	级别2	8000	2015/7/1	级别3	
05	老员工	行政	级别6	18000	2010/4/8	级别6	
06	老员工	CEO	级别8	23000	2018/1/27	级别8	
07	老员工	运营	级别5	15500	2016/6/10	级别5	
08	老员工	运营	级别5	15500	2017/8/10	级别5	
09	老员工	法务	级别1	5500	2016/11/25	级别2	
10	老员工	后勤	级别1	5500	2018/12/4	级别2	
11	新员工	运营			2019/3/1	级别3	
12	新员工	运营			2019/5/10	级别4	
13	新员工	销售			2019/6/20	级别1	

扩展阅读6-1　人工成本预算案例Python代码

其他人工成本预算假设

预测工资：老员工工资＝工资涨幅×现工资，新员工＝按级别查找工资标准

预测奖金：预测工资×按级别查找奖金月份数/12

预测五险一金比例：预测工资×按级别查找五险一金比例

（2）Python代码及运行结果

步骤一：将表6-2保存在目录D:/file.xlsx的页签H01下，将

表 6-3 保存在目录 D:/file.xlsx 的页签 H02 下。

步骤二：计算 2019 年各月的工资、奖金、五险一金。

Python 代码：

```python
import pandas as pd
#读入源数据表
path1='D:/file.xlsx'
df_H01=pd.read_excel(path1,sheet_name='H01',index_col=0)
#HR员工预测表
df_H02=pd.read_excel(path1,sheet_name='H02',index_col=0)
#人工成本预算假设表
#计算工资涨幅：根据员工职级变化
df_H01['工资涨幅']=df_H01[['预测职级','职级']].apply(lambda x:df_H02.loc[x['预测职级'],'升级工资涨幅']if x['预测职级']!=x['职级']else 0,axis=1)
#预测工资：老员工=工资涨幅×现工资，新员工=按级别查找工资标准
df_H01['工资']=df_H01.apply(lambda x:x['现工资']*(1+x['工资涨幅'])if x['员工类型']=='老员工'else df_H02.loc[x['预测职级'],'工资标准'],axis=1)
#预测奖金：预测工资×按级别查找奖金月份数/12
df_H01['奖金']=df_H01.apply(lambda x:df_H02.loc[x['预测职级'],'年终奖金月数']*x['工资'],axis=1)/12
#预测五险一金比例：预测工资×按级别查找五险一金比例
df_H01['五险一金']=df_H01.apply(lambda x:df_H02.loc[x['预测职级'],'五险一金比例']*x['工资'],axis=1)
#将结果写入Excel
df_H01.to_excel('D:/file1.xlsx',sheet_name='H03')
df_H01
```

运行结果如图 6-1 所示。

	员工类型	部门	职级	现工资	入职日期	预测职级	预测离职	工资涨幅	工资	奖金	五险一金
张三01	老员工	销售	级别4	13000.0	2014-03-05	级别5	NaT	0.05	13650.0	2275.000000	4095.0
张三02	老员工	财务	级别4	13000.0	2015-09-27	级别5	NaT	0.05	13650.0	2275.000000	4095.0
张三03	老员工	财务	级别3	10500.0	2011-04-21	级别3	2019-01-30	0.00	10500.0	1750.000000	3150.0
张三04	老员工	HR	级别2	8000.0	2015-07-01	级别3	NaT	0.10	8800.0	1466.666667	2640.0
张三05	老员工	行政	级别6	18000.0	2010-04-08	级别6	NaT	0.00	18000.0	4500.000000	5400.0
张三06	老员工	CEO	级别8	23000.0	2018-01-27	级别8	NaT	0.00	23000.0	5750.000000	6900.0
张三07	老员工	运营	级别5	15500.0	2016-06-10	级别5	NaT	0.00	15500.0	2583.333333	4650.0
张三08	老员工	运营	级别5	15500.0	2017-08-10	级别5	NaT	0.00	15500.0	2583.333333	4650.0
张三09	老员工	法务	级别1	5500.0	2016-11-25	级别2	NaT	0.10	6050.0	1008.333333	1815.0
张三10	老员工	后勤	级别1	5500.0	2018-12-04	级别2	NaT	0.10	6050.0	1008.333333	1815.0
张三11	新员工	运营	NaN	NaN	2019-03-01	级别3	NaT	0.10	10500.0	1750.000000	3150.0
张三12	新员工	运营	NaN	NaN	2019-05-10	级别4	NaT	0.10	13000.0	2166.666667	3900.0
张三13	新员工	销售	NaN	NaN	2019-06-20	级别1	NaT	0.10	5500.0	458.333333	1650.0

图 6-1 2019 年各月的工资、奖金、五险一金

步骤三：统计员工在 2019 年各月是否在职。

根据入职和离职时间，计算 2019 年每个员工每个月的在职状态，如果某个月员工在职，则标注为 1，否则标注为 0。

Python 代码：

```
df_H04=df_H01[['员工类型','入职日期','预测离职']]
#根据入职和离职时间,计算2019年每个员工每个月的在职状态
period=['2019年01月','2019年02月','2019年03月','2019年04月','2019年05月','2019年06月','2019年07月','2019年08月','2019年09月','2019年10月','2019年11月','2019年12月']
foriinperiod:
month=pd.to_datetime(i,format='%Y年%m月')
df_H04[i]=df_H04.apply(lambdax:1if((x['入职日期']<=month)&(x['预测离职']>=monthifpd.notnull(x['预测离职'])else1))else0,axis=1)
df_H04
```

运行结果如图 6-2 所示。

	员工类型	入职日期	预测离职	2019年01月	2019年02月	2019年03月	2019年04月	2019年05月	2019年06月	2019年07月	2019年08月	2019年09月	2019年10月	2019年11月	2019年12月
张三01	老员工	2014-03-05	NaT	1	1	1	1	1	1	1	1	1	1	1	1
张三02	老员工	2015-09-27	NaT	1	1	1	1	1	1	1	1	1	1	1	1
张三03	老员工	2011-04-21	2019-01-30	1	0	0	0	0	0	0	0	0	0	0	0
张三04	老员工	2015-07-01	NaT	1	1	1	1	1	1	1	1	1	1	1	1
张三05	老员工	2010-04-08	NaT	1	1	1	1	1	1	1	1	1	1	1	1
张三06	老员工	2018-01-27	NaT	1	1	1	1	1	1	1	1	1	1	1	1
张三07	老员工	2016-06-10	NaT	1	1	1	1	1	1	1	1	1	1	1	1
张三08	老员工	2017-08-10	NaT	1	1	1	1	1	1	1	1	1	1	1	1
张三09	老员工	2016-11-25	NaT	1	1	1	1	1	1	1	1	1	1	1	1

图 6-2　2019 年部分员工每个月的在职状态

步骤四：根据员工是否在职和员工各月的预测工资、奖金、保险预测出 2019 年各月的工资总额，将文件存入 D:/file4.xlsx。

Python 代码：

```
df_H04.drop(['员工类型','入职日期','预测离职'],axis=1,errors='ignore',inplace=True)
df_H05=df_H01[['工资','奖金','五险一金']].stack().reset_index()
df_H05.columns='员工','科目','标准额'
df_H05=df_H05.set_index(['员工','科目'])
df_H05=df_H05.apply(lambdax:x['标准额']*df_H04.loc[x.name[0],:],axis=1)
#输出数据表
```

```
withpd.ExcelWriter('D:/file4.xlsx',mode='a',engine='openpyxl')aswriter:
df_H05.to_excel(writer,sheet_name='H05')
df_H05
```

运行结果如图 6-3 所示。

员工	科目	2019年01月	2019年02月	2019年03月	2019年04月	2019年05月	2019年06月	2019年07月	2019年08月	2019年09月	2019年10月
张三01	工资	13650.000000	13650.000000	13650.000000	13650.000000	13650.000000	13650.000000	13650.000000	13650.000000	13650.000000	13650.000000
	奖金	2275.000000	2275.000000	2275.000000	2275.000000	2275.000000	2275.000000	2275.000000	2275.000000	2275.000000	2275.000000
	五险一金	4095.000000	4095.000000	4095.000000	4095.000000	4095.000000	4095.000000	4095.000000	4095.000000	4095.000000	4095.000000
张三02	工资	13650.000000	13650.000000	13650.000000	13650.000000	13650.000000	13650.000000	13650.000000	13650.000000	13650.000000	13650.000000

图 6-3 2019 年部分员工各月的工资总额

步骤五：按科目汇总所有员工成本，将文件存入 D:/file5.xlsx。

Python 代码：

```
df_H06=df_H05.groupby('科目').sum()
#输出数据表
withpd.ExcelWriter('D:/file5.xlsx',mode='a',engine='openpyxl')aswriter:
df_H06.to_excel(writer,sheet_name='H06')
df_H06
```

运行结果如图 6-4 所示。

科目	2019年01月	2019年02月	2019年03月	2019年04月	2019年05月	2019年06月	2019年07月	2019年08月	2019年09月	2019年10月	2019年11月	2019年12月
五险一金	39210.0	36060.0	39210.0	39210.0	39210.0	43110.000000	44760.0	44760.0	44760.0	44760.0	44760.0	44760.0
奖金	25200.0	23450.0	25200.0	25200.0	25200.0	27366.666667	27825.0	27825.0	27825.0	27825.0	27825.0	27825.0
工资	130700.0	120200.0	130700.0	130700.0	130700.0	143700.000000	149200.0	149200.0	149200.0	149200.0	149200.0	149200.0

图 6-4 按科目汇总的所有员工成本

步骤六：可视化展示。

Python 代码：

```
#中文不能实现，通过在程序中增加如下三行代码解决：
Import matplotlib.pyplot as plt
plt.rcParams['font.sans-serif']=['SimHei']
plt.rcParams['axes.unicode_minus']=False
df_H06.T.plot(kind='bar',stacked=True,figsize=(12,6))
```

运行结果如图 6-5 所示。

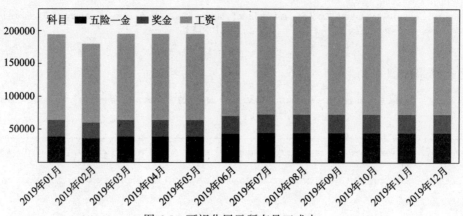

图 6-5 可视化展示所有员工成本

步骤七：比较。

Python 代码：

```
df_H01.pivot_table(index='部门',columns='员工类型',values=['工资','奖金'],aggfunc='mean')
df_H01.pivot_table(index='预测职级',columns='员工类型',values=['工资','奖金'],aggfunc='mean')
```

6.3.2 韩都衣舍电子商务集团大数据预算管理案例

（1）案例背景

韩都衣舍电子商务集团创立于2006年，是一家以服饰、鞋包、化妆品、家纺等产品为主要经营范围的互联网电商集团，其品牌以"款式多、更新快、性价比高"为特点受到广大消费者的喜爱，2012—2017年，其连续6年蝉联行业综合排名第一，2016年，集团总营收达到14亿元，有多达70个品牌集群。其组织架构为事业部形式，由总部的职能部门为各个品牌事业部提供服务，如图6-6所示。

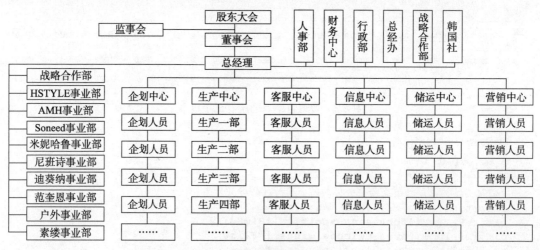

图 6-6 韩都衣舍组织架构

资料来源：https://www.sohu.com/a/108347055_373329。

（2）问题的提出

韩都衣舍电子商务集团每季度都会推出上千款产品，产品涉及上万种颜色、大小等属性信息，集团品牌多、服装款式更新快的特点使得韩都衣舍电子商务集团的预算管理和企业资源分配较为困难，在事业部组织形式下，集团各部门之间信息传递的阻碍更对集团做出及时的预测分析造成了压力。

在应用大数据预算管理之前，韩都衣舍电子商务集团的交易虽然在电商平台上进行，但其会计记录却是以手工记账为主，预算分析主要采用的数据是服装的销量和价格信息，手工入账效率低、出错率高、耗时久，无法适应电商行业越来越大的竞争压力及企业高速的产品更新需求，因此，韩都衣舍电子商务集团从2014年开始引入企业数字财务系统，采用大数据辅助提高集团的预算管理效率。

（3）大数据解决方案

韩都衣舍电子商务集团在引入大数据进行财务预算管理之前做了一系列准备工作，其中最关键的一步就是将数字财务系统和办公系统引入集团，替代原有的手工记账方式，实现集团信息的电子化。2013—2016年，韩都衣舍电子商务集团相继引入了OA（office automation）办公系统、金蝶财务系统、企业资源管理（enterprise resource planning，ERP）系统、仓储管理系统、商业智能（business intelligence，BI）系统、供应商协同（supplier relationship management，SRM）系统等一系列数字化系统，除了外购的信息系统，韩都衣舍电子商务集团还结合自身服装产品和业务流程特点自主开发了样衣评审系统、商品发布系统、商品清仓管理系统等适应集团运营环境的大数据分析系统。

通过引入这些信息系统，韩都衣舍电子商务集团实现了从产品设计、供应商选择、产品生产、产品入库、库存管理、产品出库、产品营销、产品销售到用户评价的运营全过程的电子化记录，此外，韩都衣舍电子商务集团还从外部购买了数据，与内部数据一起共同为韩都衣舍电子商务集团的预算分析提供数据基础。

（4）大数据分析系统架构

韩都衣舍电子商务集团的大数据分析系统主要由三个板块构成，分别是负责数据收集和标签管理的商业智能板块，负责数据分类存储、算法和分析模型建立的商业分析板块（business analyst，BA）及负责将数据信息可视化呈现以辅助财务和生产决策的人工智能板块（artificial intelligence，AI）。

（5）案例总结与讨论

企业通过应用大数据辅助预算决策能够有效提高预算的效率和准确性，同时提高预算执行过程中的管控能力，虽然大数据系统的应用对韩都衣舍的运营产生了积极影响，但其本身还存在外购系统和企业自研系统对接不完全、业务信息和财务信息分离等问题，集团下一步的发展方向应该是对系统间的接口进行改进，让信息系统更加一体化，同时将业务信息与财务信息相融合，让财务数据中的异动能够更好地追溯到业务数据中，业务部门的决策能够更好地得到财务数据的支持。

本章小结

大数据环境下的预算管理决策对于企业不仅是一门技术，更是一种全新的模式。本章系统介绍了大数据时代全面预算管理的应用原理和原则、大数据对全面预算的影响，并分析了大数据在预算管理决策中的应用，以及大数据下的预算管理案例。通过本章学习，学生应该了解什么是大数据预算管理，对大数据预算管理有一个全面、清晰的认知；并能够理解大数据所带来的预算变革；进一步熟悉大数据预算管理的主要系统；理解并掌握如何使用 Python 进行大数据与预算管理决策。

复习思考题

1. 预算管理是什么？
2. 传统的预算管理方法有哪些不足？
3. 利用大数据进行预算管理决策是否有必要？为什么？
4. 大数据在预算管理决策中的应用有哪些？

第 6 章　即　测　即　练

案例分析

大数据预算管理在京东集团中的运用及效果分析

第 7 章

大数据与风险管理决策

◆ **本章学习目标**

1. 了解大数据风险管理的特点。
2. 理解大数据在风险管理中的应用场景。
3. 熟悉大数据风险管理决策的流程。
4. 掌握大数据风险管理决策的步骤及思路。
5. 掌握大数据风险管理的整体架构。

◆ **引导案例**

大数据时代下的银行信贷风控[①]

无信任不金融。互联网降低了金融准入门槛,但信任门槛永远在那里。金融的发展,是建立在"信任"之上的,对于银行这类金融机构更是如此,银行只有先赢得用户信任,才有机会开展业务。银行风险管理大体上包括信用风险管理、市场风险管理、操作风险管理三大块。发达国家的银行,至少要用一半的资本抵御信用风险损失,15%~30%抵御操作风险损失,5%~10%抵御市场风险损失。以市场风险为例,市场风险是指因未预料或未对利率、汇率、主营客户所在行业的商品价格波动采取应对措施而导致的潜在风险。目前银行利率工具和信用工具,例如互换、信用衍生品、利率衍生品应用还比较少。操作风险仅停留在稽核检查层面,这都是基层基础工作。

1. 如何进行风险管理

其一,银行的主要风险是信用风险,其中贷款风险是主要内容。银行给一个客户贷款,一般前提是该客户在银行有较长时间的结算关系,有账户流水,更重要的是拥有日常企业财务人员到银行对公柜台储蓄柜台办理各种业务透露出来的一些信息。客户经理会和企业财务人员沟通,从而获知企业的运作情况及资金需求。传统上银行一般不和陌生客户打交道。当企业符合一定条件了,银行才开始介入授信放款,包括主动向客户营销信贷产品或客户主动申请贷款。借款人通过贷款银行进行日常结算,银行通过检查账

[①] 大数据时代下的银行信贷风控[EB/OL]. http://www.leveredu.com/, 2018-08-16.

户往来,可以发现一些信息。例如,近期借款人贷款1000万元购买100台汽车,那么这1000万元支付出去以后,正常情况下会陆陆续续会有汽车销售收入进账,比如一周进账几十万元。如果一个月内没有任何进账,银行就会很紧张。还有借款人缴税、水电费支付都是通过银行代扣代缴,工资也是通过银行代发。银行通过观察其支付是否中断、是否明显减少等,判断企业经营是否发生重大变故。如何做好银行信贷风控,不少互联网公司提供了办法,通过一些互联网信息,运用大数据开展数据挖掘、机器学习、反欺诈预测等,进行批量化操作。

其二,管人是风控管理最本质的一点。现在有各种风险防范方法,即人防物防技防,例如用大数据建模筛选信贷客户,用行为模型做贷后管理,但归根结底,风险管理本质上还是管人,这是最基础的一块。一方面,要管好手下的人。你知道事情该如何做,但是具体的事情要别人去做,一旦手下的人品质出了问题,那么,再强大的风险控制体系都无济于事。另一方面,要管理好客户,既要防范客户可能带来的风险,又不能失了人情味。现在技术发达了,银行用上了信贷管理系统,加上互联网,用大数据建立模型管理贷款,反欺诈手段高明了,但欺诈手段也升级了,在这方面,银行要对客户进行技术风险防控。但同时,信用还是靠人与人之间的感情建立的,因此也不能只用冷冰冰的数据与模型,还需要人与人之间人情味的交流。

其三,跟进相关政策法规。风控管理很多时候要和法律打交道:一方面,要熟悉法律对信贷的风险监管,防止误入"雷区";另一方面,法律法规经常变化,有时候一个不经意的变化就会导致很多业务改变。

2. 大数据时代下银行信贷的未来趋势:大数据+机器智能征信

随着移动互联网、云计算、物联网和社交网络的广泛应用,人类社会已经迈入一个全新的"大数据"信息化时代。而银行信贷的未来,也离不开大数据。国内不少银行已经开始尝试通过大数据来驱动业务运营,如中信银行信用卡中心使用大数据技术实现了实时营销,光大银行建立了社交网络信息数据库,招商银行则利用大数据发展小微贷款。从发展趋势来看,银行大数据应用总的可以分为四大方面:客户画像、精准营销、风险管控、运营优化。

客户画像主要分为个人客户画像和企业客户画像。个人客户画像包括人口统计学特征、消费能力数据、兴趣数据、风险偏好等;企业客户画像包括企业的生产、流通、运营、财务、销售和客户数据,相关产业链上下游数据等。值得注意的是,银行拥有的客户信息并不全面,基于自身拥有的数据有时难以得出理想的结果甚至可能得出错误的结论。

在客户画像的基础上,银行可以有效地开展精准营销,包括实时营销、交叉营销、个性化推荐、客户生命周期管理。

风险管控包括中小企业贷款风险评估和欺诈交易识别等手段。一是中小企业贷款风险评估。银行可通过企业生产、流通、销售、财务等的相关信息,结合大数据挖掘方法进行贷款风险分析,量化企业的信用额度,更有效地开展中小企业贷款。二是实施欺诈交易识别和反洗钱分析等手段。银行可以利用持卡人基本信息、交易历史、客户历史行为模式、正在发生行为模式(如转账)等,结合智能规则引擎进行实时交易反欺诈分析。

运营优化表现在市场和渠道分析的优化:一是市场和渠道分析的优化。通过大数据,银行可以监控不同的市场推广渠道尤其是网络推广渠道的质量，从而进行合作渠道的调整和优化；同时，也可以分析哪些渠道更适合推广哪类银行产品或者服务，从而进行渠道推广策略的优化。二是产品和服务的优化：银行可以将客户行为转化为信息流，并从中分析客户的个性特征和风险偏好，更深层次地理解客户的习惯，智能化分析和预测客户需求，从而进行产品创新和服务优化。

银行是经营信用的企业，数据的力量尤为关键和重要。在"大数据"时代，以互联网为代表的现代信息科技，特别是门户网站、社区论坛、微博、微信等新型传播方式的蓬勃发展，移动支付、搜索引擎和云计算技术的广泛应用，构建起了全新的虚拟客户信息体系，并将改变现代金融运营模式。大数据海量化、多样化、传输快速化和价值化等特征，将给商业银行市场竞争带来全新的挑战和机遇。大数据时代，智者生存，未来的银行信贷，是从数据中赢得未来，是从风控中获得安稳。

7.1 大数据与风险管理决策概述

随着移动互联网时代的来临，人们在网络上留下的行为印记越来越多，这些类型多种多样的印记作为数据被存储下来，已经成为金融机构控制金融风险的重要补充手段。运用大数据进行风险控制能够很好地弥补传统风险控制存在的信息不对称、数据获取维度窄、人工采集成本高、效率低等不足。

7.1.1 从大数据看企业风险管理

从美国安然公司、雷曼兄弟公司破产的案例中可以看出，企业在发展中面临很大的风险。安然公司是20世纪80年代美国两家天然气公司合并的产物。2001年11月9日，安然股价瞬间崩解，暴跌80%，每股到了1美元以下，创下了纽约股票交易所和纳斯达克市场有史以来个股的最大单日跌幅，它的市值也急剧缩水到了4.54亿美元。安然神话终于彻底破灭。从安然公司破产的案例中可以看出，企业面临以下风险：其一，企业决策风险。安然固执地认为，原先在能源领域的成功经验是可以被复制的，这种经验决策使得企业面临惨重失败。其二，企业财务风险。安然的管理人员创造了一套非常复杂的财务结构，管理层制定会计条目，从而导致了"严重的利益冲突"。其三，企业信用风险。安然公司这一案件涉及一大批政府要员和国会议员，而且安然公司还涉嫌勾结安达信会计师事务所，企业信用受到了严峻挑战。总的来看，因为企业是个开放的系统，所以其在生产经营和实现目标的过程中会面临六类风险：宏观环境风险、战略风险、财务风险、运营风险、市场风险、灾害性风险。

企业面临的第一类风险：宏观环境风险。其可以粗略地划分为宏观环境及经济政策不确定性风险、社会整体信用风险。前者可细分为经济环境风险、法律环境风险；后者可细分为政府信用风险、企业信用风险、个人信用风险。

企业面临的第二类风险：战略风险。战略环节中任何一方面的不确定性加大，都将增加企业战略目标实现的风险。有四点原因：第一，战略环境是企业赖以生存的土壤，包括政治经济环境、法律制度环境、技术发展环境和行业竞争环境等；第二，战略资源是企业的关键性资源，对于不同的企业，它是企业独家掌握的先进技术，或者是数量庞大的客户资源，也包括特殊的运营模式等；第三，找准战略定位时需要深入分析企业所处的环境和所具备的资源，找到有效利用资源、满足环境需要的切入点，制定企业生存的使命和目标；第四，战略执行是保证企业资源利用方式符合战略定位的要求，战略执行涉及一系列环节与分工，涉及资源保障，涉及战略能否有效落地。企业对于战略环境不确定性的一般反应有规避、控制、合作、模仿、适应五种。

企业面临的第三类风险：财务风险。财务风险是指在开展各项财务活动过程中，由于各种难以预料或控制的因素影响，企业的财务收益与预期收益发生偏离，从而使企业有蒙受损失的可能性。它源于三类风险。其一，筹资风险，其主要包括增加企业资金成本和降低企业偿债能力两类风险。企业可以通过权益融资和债务融资两种方式筹集资金。过多的债务可能使企业无法支付本息而濒临破产。如何有效管理企业资本，是企业财务风险管理的重要内容。权益融资还将面临政府的监管风险和市场行情风险，而债务融资将面临利率变动风险。商业信用筹资期限短、灵活性强，可以有效避免利率波动风险。但是，到期无法支付可能会严重破坏企业形象，甚至导致与供应商的关系恶化，影响企业的正常生产经营。其二，投资风险，其主要是指项目不确定因素导致投资报酬率无法达到预期目标的风险。根据企业投资对象的不同，可以将企业投资风险分为实体资产投资风险和金融资产投资风险。实体资产投资风险一般来自于企业外部环境的变化和内部的经营管理等。金融资产投资风险主要是由金融资产收益的不确定性引起的。信贷风险是投资风险中非常重要的一类风险，它是指贷款人或合同的另一方不能履行合约而使公司产生经济损失的风险。其三，收益分配风险。股利是投资者收回投资的预期。如果公司股利分配没有达到投资者的预期，可能会导致投资者低估公司价值，抛售公司股票。甚至于联合罢免管理层等，对生产经营活动带来不利影响。但是，如果公司过多分配股利，则会降低公司的现金拥有量，一方面导致部分投资项目缺乏资金，另一方面还可能引起债务危机。因此，公司管理层需要制定合理的收益分配政策，做出完善的资金筹划，引导投资者形成合理预期，保持投资和分配之间的平衡。

企业面临的第四类风险：运营风险。运营风险是指企业在运营过程中，由于外部环境的复杂性和变动性及主体对环境的认知能力与适应能力的有限性，而导致的运营失败或使运营活动达不到预期目标的可能性及其损失，主要源于企业内部流程、人为错误或外部因素而令公司产生经济损失的风险，它包括了公司的流程风险、人为风险、系统风险、事件风险和业务风险等。

企业面临的第五类风险：市场风险。市场风险分为两类：第一类是产品市场风险，是指因市场变化，产品滞销等原因导致跌价或不能及时卖出自己的产品而产生的风险。按照企业参与的产品市场类型，可以分为供给市场风险和需求市场风险。第二类是金融市场风险，主要包括利率风险，外汇风险，股票与债券市场风险，期货、期权与衍生工具风险等。

企业面临的第六类风险：灾害性风险。巨灾风险是一种不以人们主观意志为转移的客观存在。巨灾通常是指洪水、地震、飓风、水灾、暴风雨等破坏力强大的自然灾害。

人们可以采取以降低损失频率和损失幅度为目的的控制性措施进行风险管理，也可以将风险转移到保险公司或资本市场，但巨灾风险是不可能从根本上消除的。

金融的本质就是利用信息优势为交易双方提供服务的中介。数据与风险是其中的两大要素。数据的获取与分析能力决定信息优势的大小，这是核心竞争力所在。传统的风险评估方法除查看信用记录外，更多地侧重于土地、房屋等物质资产和公司信誉状况等指标，缓释风险的机制多数是抵押、质押和担保。而实际上，个人或企业信用的优劣及是否存在履约风险，在多种交易行为中是能体现出来的。持续性的、高频率的、以信用为担保的交易，更能真正地、动态地反映交易主体的信用和履约能力。互联网与生俱来的信息创造及信息流整合功能，在提升信息透明度的基础上成就了大数据时代。而以之为前提的云数据处理技术的出现，客观上使发掘和整合传统抽样调查所无法描述的细节信息成为现实。并且，这些云数据所包含的个人或企业的信用信息，比商业银行等金融中介传统用信用评级技术得出的结果更为准确。

7.1.2 大数据风险控制与传统风险控制的区别

（1）传统风险控制

传统风险控制流程：在客户提交申请表后，商业银行首先要查询客户的征信情况；由录单员负责，将申请表中的客户信息录入系统，并另行登记审批进度表；之后将客户申请资料随征信资料派给审核员；审核员通过阅读征信资料、查询信用网、查询工商信息、与第三方核实申请资料和确认申请人真实性等审核步骤后，记录存在的疑点；电话联系客户，对审核中发现的疑点进行核实；之后对申请人进行实地考察，咨询其经营模式、营业收入等问题，对其经营场所、经营状况等信息进行核实；在贷款分析环节，结合之前的调查情况撰写调查报告，给出审批意见；进而结合审批意见，做出信贷决策；通知审核通过的客户来行进行签约，在签约的过程中要进行复核相关资料的原件、核实客户的流水情况等流程；在放款给客户后，对相关文件进行归档；在客户借款期间，要做好贷后管理，包括电话回访、通知还款、催收、续贷等业务活动。从中可以看到，传统的风险控制流程十分烦琐，复杂的流程无疑会导致业务办理的低效率。

（2）大数据风险控制

在大数据风险控制中，客户通常从网页端口或手机客户端口（这些端口也就是数据采集的入口）进入贷款申请系统，商业银行在获得客户授权指令后，利用其系统内和第三方的相关客户信息数据对客户进行征信调查：首先是对客户身份进行验证，并对其进行黑名单检查，之后利用客户的交易行为数据、社交数据、教育数据、运营商数据、电商数据、公积金数据、社保数据等相关数据对客户的信用风险进行分析和评估；在评估结果的基础之上，生成该客户的资信报告；基于资信报告做出信贷决策，并向客户发放贷款；在客户借款期间，在与客户保持联系的基础上，依据事先设定好的催收模型和催收策略对客户的信用风险进行实时监控。从中可以看到，大数据风险控制的基本流程与传统风险控制大致相同，但在接受客户申请、对客户进行资信评估、做出信贷决策、进行贷后管理环节，大数据风险控制比传统风险控制更加快捷高效。

（3）二者之间的差异

大数据风险控制与传统风险控制最主要的差异体现在大数据技术在客户征信环节的运用上。大数据征信与传统征信的不同主要体现在以下六个方面。

第一，数据来源不同。传统征信的数据以银行信用数据为主，来源单一，采集的频率相对较低。而大数据征信的数据来源广泛，包括用户提交的数据，如其职业背景、受教育程度等，第三方数据，如理财数据、电商平台数据、社交平台数据等其他相关数据。

第二，数据格式不同。传统征信所采用的数据主要是格式化数据，而大数据征信所采用的数据既包括格式化数据，也包括大量的非格式化数据。

第三，评价思路不同。传统征信是通过客户的历史信用记录来评价客户信用水平的，而大数据征信则不仅对客户的历史信用数据进行考量，还会从海量数据中推断客户的身份特质、性格偏好、经济能力等相对稳定的指标，从而对客户的信用水平做出判断。

第四，分析方法不同。传统征信所采用的分析方法主要是线性回归、聚类分析和分类树等方法，而大数据征信所采用的是机器学习、神经网络、Page Rank 算法、RF 等大数据处理方法。

第五，服务人群不同。传统征信的服务范围仅限于有信贷记录的客户，服务范围小，而大数据征信的服务范围不仅包括有信贷记录的客户，还包括那些没有信贷记录但在生活中留下足够多痕迹的客户，服务范围大幅拓展。

第六，应用场景不同。传统征信通常只能应用于金融领域，而大数据征信不仅能应用于金融领域，而且还能在多种生活领域发挥使用价值。

7.2　大数据风险管理的总体架构

7.2.1　大数据对风险管理的影响

在广义的风险管理领域，风险管理是首席风险官的管理职责。在传统金融风险管理模式下，金融企业所面临的主要风险管理因素包括市场因素、信用因素、操作因素、管理因素、法律因素等，在风险管理方面主要以资本进行衡量，主要探索的是金融机构面临的内外风险因素。传统金融风险管理的特点主要表现在管理的制度化、风控的专业化、评估的完善化等。无论是负债风险、信贷风险，都是传统模式下金融风险管理的主要体现。

大数据背景下，互联网金融对金融行业发展带来了巨大的挑战，尤其是普惠金融、网络 P2P 等金融模式的发展，实现了金融服务的大众化，大数据技术提高了金融服务的水平，扩大了金融服务的范围，提高了人们对金融服务的认知力度；并且在金融产品多元化的同时，市场风险因素也日益增多，各种潜在风险隐藏其中，大数据背景下，金融风险的特点主要为业务风险增大。在互联网金融模式下，买方在整个市场中占据主导地位，产品创新速度加快，金融行业竞争力加大。此外，各种新兴金融平台的产生对互联网金融业产生了一定的冲击，大数据模式下的金融机构也面临着信用评估风险和审查风险。

大数据背景下，金融市场的发展尤为迅速，各种新型金融产品层出不穷，金融市场在快速发展的过程中，在监管方面也存在诸多漏洞和不足，产品价格风险、杠杆风险等逐渐产生，而且，资本市场面临更大的风险因素，管理难度增加，这也使得大数据、互联网成为风险防范的主要工具。

以金融行业线上信用贷款为例，其面临的风险主要是欺诈风险和信用风险两部分。

首先是欺诈风险。据不完全统计，互联网金融 50%～70%的损失由欺诈产生，这也是风控业务中最困难的地方。造成这种现状的原因比较多。一方面是诸如现金贷类型的消费金融短期内爆发式发展，大量创业公司涌入赛道，以互联网运营的流量思路做金融，与此同时其缺失相应的风控经验和能力，因此给专业的欺诈分子暴露了较大的风险敞口，他们简单研究业务规则漏洞，并通过互联网传播，可能给企业带来较大的损失；另一方面是欺诈产业链自身研究实力不断提高，现在的欺诈已经从以往单一的个人欺诈演变为有组织、有规模的集团化欺诈，衍生出一系列包括黑产交易、ID Mapping、定向攻击的完整产业链，其中的分工和技术也非常专业和精细。

其次是信用风险，其定义是借款者违约的风险，换句话说，也就是借款人因各种原因未能及时、足额偿还债务或贷款而违约的可能性。一般地，我们会从还款能力和还款意愿两个角度去分析信用风险，但在小额信用贷场景中，一个正常有工作的人很少会不具备按期还款的能力，所以更多的是从还款意愿角度来看，即借款人对偿还贷款的态度，现实中有不少人会借钱不还，这就是常说的"老赖"，如果以违约概率的目标去识别，还是能挑出不少有正常借款意图的人。

对大数据风险管理有了基本认知后，下一步是如何真正从大数据中提炼出风险表征，并为实时的金融风险决策服务。这需要重构一整套风控数据架构体系，过去传统的金融机构在身份属性和信用属性的数据上沉淀了丰富知识，但在互联网金融业务中，用户能够关联的更多是消费、社交和行为类数据，且越是小额分散的业务，数据的金融属性越弱。随着监管趋严和行业愈加规范化，大数据风控能力，尤其是基于弱数据的风控正成为线上信用贷业务最重要的核心竞争力，除了基本的身份、合规、黑灰名单验证、规则过滤以外，要防控欺诈风险和信用风险，还需做好以下三个维度的准备。

第一是设备层面。现在成熟的 App 都需要在更换登录设备时重新输入短信验证码，或者登录时得手动滑动验证码等，这些既是挡住黑产的第一道关，也是后续风控的重要数据基础。

第二是知识体系层面。其核心有两点：一是知识工程，二是模型。目前最领先的消费金融机构都有一套相对成熟的针对特定数据 domain 的风险特征库和分客群、分目标的模型，比如反欺诈模型、申请评分模型、风险行为预测模型等，贷后还会有催收模型、客户流失预测模型等。在这过程中，引入 AI 技术处理弱数据，并在大量样本上不断迭代模型是关键。

第三是系统层面。试想我们有了清晰的数据认知，结合场景和风险理解，我们也摸索了一套经验证的数据使用方式，但这套方法如何与业务系统对接，为实时的数据服务呢？这还需要一个完整的支持数据接入、加工处理、得出结果及监控管理的在线引擎。随着线上个人贷款规模的爆发式增长，控制风险、解放人力已成为最紧迫的需求，数据智能自动化引擎是机构"跑起来"的强大推动力。

7.2.2 大数据风险管理及预警框架

图 7-1 是大数据时代企业风险管理示意图。企业需要依托数字信息和网络技术,通过建立全面风险管理体系,有效运用各类风险管理工具,确保有效识别、计量、监测和控制各类传统风险与新型风险并及时做出有效响应。

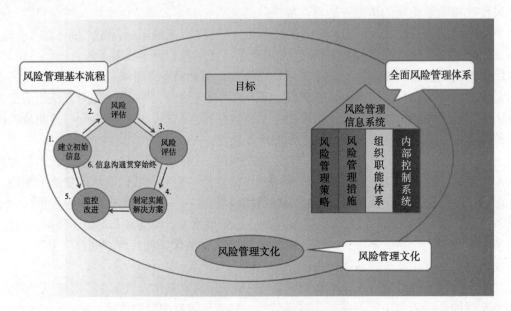

图 7-1 大数据时代企业风险管理示意图
资料来源:黄成甲. 基于大数据时代背景下企业管理模式分析[EB/OL]. https://www.jianshu.com,2021-08-17.

随着我国资本市场的快速发展,许多企业正面临大量有形和无形的风险。资本市场上的竞争日益激烈,公司生存风险也日益增大。因此,若能通过预测风险的方式,发现公司不同寻常的异动,即可预防公司财务风险的发生并做好相应的措施,以期有效控制风险。根据企业经营和财务目标,企业要分析资金流动运行规律,即时捕捉资金管理过程中的堵塞、浪费、过度滞留等影响财务收益的重大管理失误和管理波动信号,并对企业的资金使用效果进行分析评价,及时发出警报,采取相应措施,建立免疫机制,不断提高企业抵抗财务风险的能力,使企业的财务管理活动始终处于安全、可靠的运行状态,从而实现企业价值最大化的财务目标。大数据与人工智能环境下的智能风险管理和预警工具包括以下三种。①

(1)人工神经网络

人工神经网络特有的非线性适应性信息处理能力,克服了传统人工智能方法对于直觉,如模式、语音识别、非结构化信息处理方面的缺陷,使之在专家系统搭建、模型识别、智能控制、组合优化、预测等领域得到成功应用。BP 神经网络是当前应用最为广泛的人工神经网络之一。1985 年,由美国学者鲁姆哈特(Rumelhart)和麦克莱兰

---

① 经邦大数据. 大数据与人工智能环境下的智能财务风险预警方法[EB/OL]. https://www.sohu.com/.

(McCielland)领导的并行分布式处理小组提出了一个人工神经网络算法和对应的神经网络。这个算法具有误差反向传播（back propagation algorithm）的特点，因此被简称为BP算法，相应的网络为BP神经网络。

（2）机器学习风险预警模型

机器学习风险预警模型是指运用机器学习算法对企业进行风险预警。机器学习风险预警模型主要包括KNN风险预警模型、SVM风险预警模型、随机森林风险预警模型等。

K-近邻分类方法在20世纪50年代首次提出，1967年，卡佛（Cover）和哈特（Hart）发表了论文 *Nearest Neighbor Pattern Classification* 后，它得到广泛应用。K均值聚类算法处理数值型数据，该算法比神经网络算法更简单。其后的K-Modes算法是一种能够处理分类属性数据的算法。该算法利用匹配差异度函数改进了之前算法只能处理数值型数据的缺陷，但是该算法不能处理混合属性类型的数据。随后K-Modes算法扩展为K-Prototypes算法，KNN算法就可以处理分类型数据的聚类问题。但是该算法增加了时长消耗和算法复杂度，因此不适用于大型数据样本研究。

20世纪90年代，支持向量机算法（SVM算法）诞生了，该算法是由神经网络算法衍生出来的一种机器学习算法。SVM算法在测试样本的预测准确率上明显优于BP神经网络。支持向量机是万普尼克（Vapnik）等人根据统计学理论提出的一种机器学习方法，它集成了最大间隔超平面、Mercer核、凸二次规划和松弛变量等多项技术。支持向量机根据结构风险最小化原则，大大提高了学习机的泛化能力，它将优化问题转化为求解一个凸二次规划的问题。二次规划所得的解是唯一的且为全局最优解，这样就不存在一般神经网络的局部极值问题。支持向量机由于较好地解决了小样本、非线性、高维数、局部极小点等实际问题，在若干具有挑战性的应用中，获得了目前为止最好的性能。支持向量机已经逐渐成为解决模式分类问题的首选工具。

随机森林算法是集成学习在决策树上的一种体现。集成学习是一类将多个学习器进行结合的算法，在构建的模型中，决策树的构建过程模拟了分析人员基于各项财务报表数据对一家上市公司进行分析的过程，那么对决策树进行优化相当于提高分析人员的能力，使得他能够更加深入地理解财务报表，从而做出更加科学的判断。随机森林算法是基于不同的视角，从不同的切入点对一份财务报表进行分析，最终将分析结果汇总做出决策。其通过构建多个决策树来模拟一个分析团队，最后通过投票来决定模型的最终预测结果，从而实现对于机器学习的集成。

（3）知识图谱

知识图谱是一种结构化、语义化的知识库，它以符号的形式描述客观世界中的概念、属性及其相互关系。知识图谱以结构化、语义化的方式描述了客观世界中的概念、实体和相互关系，将来自互联网中的海量繁杂的信息表达成对人类更友好的、更接近人类思维方式的信息形式，并提供一种更好地组织、管理和检索海量数据的能力。其基本组成单元是实体、关系及它们之间的关联属性，实体之间通过关系互相链接，形成一张知识网络。知识图谱目前在很多领域已经得到应用，比如人工智能和商业智能领域，包括聊天机器人、智能问答、用户推荐、临床决策支持等。随着云计算的发展与大数据时代的到来，大量的数据唾手可得，但是人们依然难以全面地了解和掌握一个企业的全息画像，因为一个企业与周围的环境及伙伴存在着大量的关系，而且这些关系处在不断变化之中，牵一发而动全身。因此也无法准确清晰地对财务风险进行预警。如何更有效、快捷、及时地挖掘出这些关系，做到及时预警，是亟待解决的问题。

基于知识图谱的企业智能财务风险预警，其特殊之处在于融合了所有学科，把不同来源、不同结构、不同类型的知识单元都融合在图谱中，知识体系不断拓宽和深化，并使知识领域的数据体系化和关系化，最终以图的方式可视化呈现。也就是说，知识图谱是一种知识体系，根据信息系统，运用数据采集、数据挖掘、信息处理、知识计量和图形绘制等技术把复杂的知识领域以关联成图的样式展现出来，从而发现知识领域的动态发展规律。对于企业而言，这意味着可以提取非结构化信息，非结构化信息来源非常广泛。在信息爆炸的时代，对于企业而言，需要提取个人与企业的非结构化信息来丰富数据维度，寻求更为准确的智能财务风险预警模型。知识抽取技术的对象是开放的链接数据，使用专业的自动化技术从半结构化、非结构化的数据中抽取实体，进而形成高质量的事实表达，这是上层模式层构建的基础。通过知识抽取技术，企业从海量的数据库中提取出与个人和企业相关的所有非结构化信息，为之后的知识融合提供了数据来源。通过知识图谱技术，从大量非结构化的信息中提取出与主体相关的信息，融合了主体线上、线下的大量数据，将非实名制数据进行实名制转化，将用户社交关系人群的信用情况引入评价体系，使原本大量沉淀的互联网行为数据发挥作用，可有效提高风险管理水平。

知识图谱可以系统分析多模态数据之间的内在联系，更为有效地识别隐秘的关联规则和发现深度知识，勾勒出企业财务风险评价"动因—行为—结果"的全过程，而不是数据表面的勾稽关系和影响企业财务风险评价的表征特性，以此可以得到单一数据源无法准确刻画的知识，比如企业社会关系网络、创新网络等，如图7-2所示。

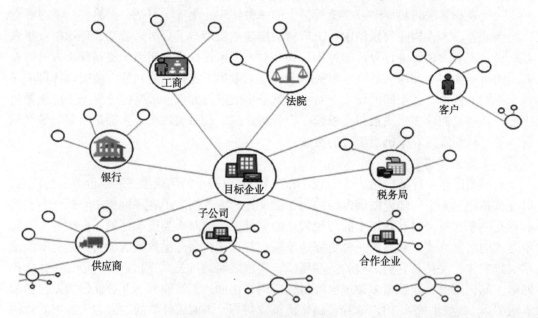

图7-2　企业社会关系网络知识图谱举例

以企业社会关系网络知识图谱构建为例，我们可以从社交媒体、企查查、天眼查等多来源获取关联企业、竞争企业、供应商、客户、银行、工商、税务、法院等多主体多模态数据信息，通过路径分析、关联探索等操作进行企业间在担保、诉讼、投资与控股、合作与竞争、供应链等方面的异常关联挖掘，挖掘目标企业谱系中的异常关联，多维度构建数据模型，这是单一实体数据中无法实现的。企业社会关系网络知识图谱的构建是全方位企业风险评估中的一环，可以有效规避潜在的担保风险、违约风险、诉讼风险及资金风险等，这些都可以作为企业财务风险评价的有效证据。

7.3 大数据风险管理的应用场景[①]

中国支付清算协会金融大数据应用研究组在 2018 年 3 月发布的《大数据在金融领域的典型应用研究报告》中指出，大数据手段介入丰富了银行的数据维度。在银行领域，最核心的业务是信贷。大数据技术助力信贷主要体现在两方面：一是为存量客户建立画像，建立风险名单库，持续更新等方面全面提升银行业信贷风控的水平；二是使供应链金融的风险控制从授信主体向整个链条延伸。下面以银行业、保险业、互联网金融、网络借贷企业为例，分析大数据风险管理的应用场景。

7.3.1 银行业大数据风险管理

对于我国的商业银行来说，中国人民银行提供的基础信用信息和基于客户调查所获得的基本信息是过去进行风险控制的主要信息来源，而主要处理系统则是基于专家经验的授信决策系统。利用大数据技术，行为主体的各种行为印记以数据的形式被记录下来，而这些数据包含了各类有效信息，在相当程度上改善过去银行和客户之间存在的信息不对称现象，从而成为银行进行风险管理的有效补充。

（1）银行业大数据风险管理模式的特点

第一，集约化管理。在大数据技术的应用下，商业银行触及客户的方式发生了极大的变化，其在对客户信用风险进行管理时无须以现场直接接触的方式接触、服务和管理客户，而是以电话联系、网络在线沟通、移动智能设备客户端沟通等方式与客户进行互动，进而有效地降低了运营成本。此外，由于业务流程更加标准化，在保证业务质量的同时，商业银行的服务效率也得到了提升，从而能够更好地在控制风险的基础上向不同的客户群提供其所需的金融服务。

第二，全过程风控。商业银行基于对大数据技术的应用，能够在其风险管理系统中接入海量集中式数据，这些多维度数据的交叉验证，能够解决商业银行在客户信用风险评估中客户信息难以收集的问题，从而有效地缓解商业银行在信贷业务中所面临的信息不对称的情况，提高商业银行对客户信用风险的识别和预防能力。此外，基于对大数据技术的应用，商业银行的贷后管理能力也得到了提升，尤其是非现场的贷后管理能力得到了大幅提高。在大数据技术的应用下，商业银行的风险控制以非现场的预警监测为依

[①] 冯新扬. 基于大数据的金融分析与金融风控研究[M]. 北京：中国金融出版社，2021.

托，对不同客户群的风险特征和行为模式进行识别，强调对信贷客户进行持续跟踪、动态监测和实时预警。

第三，标准化与差异化相结合。虽然商业银行所提供的信贷产品具有一定的标准化特征，但其在风险管理过程中也同样会考虑如何对差异进行处理。根据数据分析和市场调研的结果，商业银行可以针对不同行业、不同地区、不同特征的客户群制定不同的标准化产品，并分别采用不同的运作流程、审核标准、评分卡和信贷策略。

第四，输入信息多样化。随着外部输入信息的范围越来越广、数据量越来越大、数据变化频率越来越快及数据类型愈加多样化，商业银行的风险管理系统在数据处理、数据分析、模型建立、策略应用等方面的能力也不断增强。

（2）信贷审批

信贷审批是商业银行进行风险管理的重要环节。随着社会的不断发展和商业银行同业间的竞争加剧，商业银行在进行信贷审批时越来越注重客户的体验，例如，提供更加简便的贷款申请流程、更快速的审批结果反馈、更公开透明的贷款受理过程等，这些都是提升客户审批体验的主要表现。在保证风险控制水平和能力的基础上，提升客户的审批体验离不开大数据技术的应用。

第一，实时审批。实时审批是自动化审批的一种类型，是指从获取申请信息开始，接入外部数据并进行比对。从规则判断、信用调查到模型评估，再到最终给出信贷决策，在保证决策质量的前提下整个过程是在极短的时间内完成的。

为了实现实时审批，商业银行需要对其审批流程进行优化，减少人工干预，还需要提高非人工环节的运行效率。具体来讲，就是要让数据、模型和策略更多地代替人工做出判断，并对信息技术进行革新，以智能决策模型和策略进行操作。例如，在有效信息足够充分的情况下，利用第三方的数据信息就可以对客户的申请信息进行校验和补充，工作人员不再需要通过电话联系客户核实信息的真实性和完整性。

大数据是实时审批得以实现的根本。在大数据技术的作用下，客户所提交的申请资料得以简化，使客户的审批体验得到了有效的提升。此外，商业银行基于大数据技术也不再单纯依靠客户所提交的信息对客户的信用风险进行评估，通过分析其他渠道获取的真实数据所得出的评估结果无疑更为有效。

第二，前置审批。利用大数据技术，商业银行可以结合多个渠道的客户数据，在客户提交信贷申请前就对客户的风险水平做出评估，预先做出信贷决策，即将审批过程前置。如此一来，商业银行的工作人员根据审批合格的客户名单能够有针对性地接触这些优质客户，只要该客户提出信贷申请便能直接与商业银行建立信贷业务关系。从中可以看出，前置审批既是风险控制过程的一部分，也是营销环节的一部分。

大数据技术在前置审批过程中的作用表现为两个方面：一是能够使商业银行在对客户风险进行评估时使用到更加全面的数据，从而做出合理的投信决策；二是能够使商业银行对客户的信贷需求做出准确的预测，从而在恰当的时机为客户提供信贷服务。

第三，隐性审批。隐性审批主要存在于消费金融领域，即在客户进行消费付款时，及时为客户提供消费贷款，无需客户专门提交授信申请。隐性审批有以下三个突出特点。

①隐性审批有很强的应用场景。隐性审批通常与存在客户借款需求的应用需求相联

系，发生于客户在该场景中的付款过程之中。基于该应用场景，商业银行能够获取借款客户的资金用途信息，从而保证信贷资金使用的真实性，是对客户资信状况的有效补充。

②授信申请、授信审批、放款和交易紧密地衔接在一起。简单来说，即客户在发生交易行为时并未感受到其授信申请行为，投信审批和款项的拨付都集成在客户的支付行为当中。

③维护商圈的过程就是寻找客户的过程。在隐性审批过程中，商业银行只需要找到客户集中的商圈便可以轻松引入优质的借款客户。

大数据技术的优势作用主要体现在隐性审批时，商业银行对其借款客户的风险和收益水平的实时评估之中。利用更能反映客户消费能力和经营状况的第三方数据对客户进行评估，所得出的评估结果更加贴合客户的真实情况。依托于大数据的收集和存储功能，营销和审批环节更为紧密地结合在一起，使商业银行在提高营销效率的同时，也提高了风险管理水平。

第四，移动审批。随着移动互联网技术的发展，越来越多的客户选择在网页端口和移动设备客户端口提交投信申请，借助大数据技术，后端审批环节也随之发生了不小的变化。

首先，移动审批实现了客户信息的实时传递。即客户在接入端口填写申请信息时，所填写的申请信息被实时传递给后端的审批系统。其次，移动审批实现了更多的信息采集。基于对大数据技术的应用，客户在申请过程中产生的相关数据也会被系统采集，如填写时间、修改内容、修改次数、提交时间等信息数据。最后，移动审批的审批过程延伸至申请端。即客户在填写授信申请时，每填写一条信息，该信息就被实时地传递到后台进行核实，客户无需完成全部的申请过程就能得到审批的反馈。

（3）风险预警

风险预警是指通过信息的收集和分析，对业务和资产的风险状况进行识别、测量和分析，并对可能发生的风险采取适当措施进行化解，以达到减少损失的目的。商业银行对风险进行预警，可以及时采取有针对性的措施对未来将会发生的损失进行控制。大数据在风险预警方面极具优势。商业银行借助大数据技术可以从多渠道选取监控指标，对其经营过程中每一个业务的每一个环节的异动情况进行跟踪，从而实现对风险的有效预警。

风险预警是一个动态过程。在风险预警的动态过程中，主动监测并化解风险是主要目的，预警是实现该项目的的手段。风险预警流程如图 7-3 所示。从图中可以看到，风险预警是一个闭环过程，通过发现问题和解决问题的循环往复过程实现对风险的动态管理。在这一过程中，监测环节是对风险进行识别的环节，有效地监测识别带来了风险预警的准确性和及时性；预警是触发风险处置措施的环节；归因分析则是采取恰当处置措施的必要前提；在对当前所发现的风险进行处置后，当即进入下一轮风险监测环节，以发现新的或变得更加严重的风险问题。

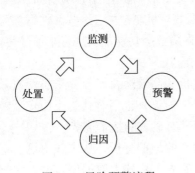

图 7-3 风险预警流程

其一，风险预警体系。健全的风险预警体系是及时且全面的。风险预警体系的及时性体现在两个方面。一方面，风险预警信号具有前瞻性和预见性。即风险预警信号能够帮助商业银行及时识别早期的风险，避免因预警信号存在滞后性导致其承担较大的损失。另一方面，及时对风险预警信号做出反应。即商业银行在收到风险预警信号后，必须有能力以化解风险、减少损失为出发点采取快速的应对行动。

风险预警体系的全面性体现在两个方面。一方面是既要关注单一客户，也要关注客户整体。即商业银行对风险预警信号的识别要覆盖到每一个客户个体，也要对整体的客户结构和资产质量给予充分的关注。另一方面是既要细化到单一业务，也要覆盖全部的业务范畴。即商业银行不仅要对微观层面的单一业务进行预警，还要在宏观层面对全部业务的各种风险进行有效的预警和防范。

根据预警类型的不同，可以将风险预警分为个案预警和资产组合预警。个案预警是指对某一客户个体的信用状况的监测和预警；而资产组合预警既可以是对某一业务的资产质量的评估和预警，也可以是对由多种业务所组成的整体资产状况的评估和预警。通常情况下，个案预警是资产组合预警的前兆，因此可以在二者之间建立恰当的预警联动机制。

其二，分级预警机制。分级预警机制是指基于预警信号的严重程度和所需响应速度的不同，在预警体系内设置不同的预警级别，以对每个预警信号做出恰当的反应。不论是哪一级别的预警信号，都需要进行相应的归因分析，在找到发出预警信号原因的基础上采取适当的措施对风险进行必要的控制。而分级的意义在于，商业银行可以根据预警信号的级别来确定处置指示的实施范围和实施进度。

其三，大数据在风险预警中的作用。为提高预警信息的及时性和全面性，商业银行的预警信号获取范围已经扩展到了外部，而且从传统的公共记录扩展到了无限的网络世界当中。互联网大数据具有非常广的数据范围和非常高的数据更新频率，因而基于互联网中快速更新的海量信息的输入，商业银行的预警能力得到了极大的提高。在这一高效运行的风险预警体系中，客户任一异常的行为都会被及时地识别出来，并作为风险预警信号实时传递给客户经理，客户经理将会根据该预警信号的严重程度采取相应的处置措施，及时对客户的异常情况进行排查。

7.3.2 保险业大数据风险管理

大数据在保险业风险管理中的应用主要是对骗保这一诈骗行为的识别。目前我国保险反欺诈体系建设不够健全，对反欺诈工作的基础性投入不足，未形成全国性的反欺诈处理系统，缺少大数据分析的思维方式，保险公司之间的数据共享机制缺失，这些都使得保险欺诈现象屡屡发生，给保险公司造成经济损失，同时也给保险社会功能的实现带来了障碍。

（1）大数据方面保险反欺诈流程

保险公司运营的核心是基于历史理赔的保险精算定价和高效运营，但如果不能有效识别恶意欺诈行为，不仅会给保险公司带来个案上的经济损失，也会对其基于历史理赔的保险精算定价带来负面影响。而大数据在欺诈识别中具有显著的技术优势。

保险公司可以通过对其掌握的海量用户数据进行深度的挖掘分析，从中找出诱发保险欺诈行为的活跃因素和这些因素的波动范围，并在此基础上构建大数据保险欺诈识别模型，基于这种反欺诈识别模型，理赔人员可以对发生的保险理赔时间进行更为准确的欺诈风险评估，并依据这种评估的结果最终做出理赔决策。

目前已经有基于大数据技术的保险智能勘查理赔系统应用于实际的保险理赔中。保险智能勘查理赔系统可以及时客观地根据保险标的的出险状况与理赔条件具体指标的吻合程度做出是否进行赔付的决策，如有异常情况，则会将此进行上报并提供依据，等待勘验人员的进一步决策。

这种欺诈识别系统依赖于数据资源的完整性和可靠性，包括保险公司自身及同业公司的历史理赔记录、保单信息、征信记录、犯罪记录、社交网络信息、交通医疗统计数据乃至投保人理赔申请前后的金融记录等都有必要纳入到系统中进行整合处理。保险欺诈识别与反欺诈系统从索赔方提出索赔申请或自动感知识别的理赔系统发出实时警报代替索赔人的理赔申请开始工作。保险公司在收到相关申请后将自动进入审核环节。其利用大数据技术对其所掌握的或通过保险信息共享平台掌握的投保人与保险标的相关的基础数据、由智能勘查系统及时反馈的与出险状况相关的实时数据进行处理和分析，对引起风险事件的主要因素进行识别和判断。智能勘查系统可以在此环节向保险公司提供视觉化的信息并为其解释潜在的诈骗行为，从而帮助保险公司对可能的诈骗行为给予必要的关注。

大数据分析的结果将作为输入参数进入到智能欺诈评估系统中，以对此项理赔案件的欺诈风险进行进一步的评估。评估将对案件的风险程度进行打分，如果其得分较高，则意味着诈骗风险较低，是正常的理赔行为，即做出理赔决策；如果得分较低，则意味着诈骗风险较高，需要进一步审核，如通过人工实地勘查、审核评估等。

上述欺诈识别与反欺诈系统在保险理赔的诈骗识别中十分高效，除了能够大幅缩减理赔审核的时间，更主要的是能够提高理赔审核的准确性，而这正是基于大数据技术在海量数据处理中的应用能力。

（2）大数据下的反欺诈工作重点

利用大数据技术和资源进行欺诈识别和反欺诈工作，需要做好三个方面的工作：一是对相关数据进行有效利用，二是建立科学的承保和理赔规程，三是强化行业内部协作。

第一，对相关数据进行有效利用是保险公司大数据反欺诈工作的核心。首先是建立信息共享机制，通过大数据技术建立信息共享平台可以解决保险公司面临的信息不对称问题，为后续进行反欺诈工作提供基础性支持。其次是对数据的管理和整合，除了要对内部数据进行整合，还要对通过信息共享平台和其他第三方合作机构获得的数据进行整合分析，这种可视化分析能够将客户承保、理财等方面的数据所隐含的信息更加直观地表示出来，从而使得整个反欺诈工作的脉络更加清晰明了。最后是对信息的量化分析，量化分析可以借助预测技术建立用于欺诈识别的统计分析模型，将大量理赔案例的历史数据作为输入参数输入到反欺诈模型中之后，模型可以对当前的理赔事件风险状况进行打分，为保险公司的最终决策提供支持。

第二，建立科学的承保和理赔规程，这是保险公司对承保和理赔环节的工作机制和流程的优化，从而将反欺诈工作的重点从被动的事后控制转移到主动的事前控制上来。首先是提高承保工作的审核质量，利用大数据技术严格分析、评判投保人的投保动机，在订立保险合同之前就能够初步实现对投保人的欺诈风险评估。要实现高质量的承保，还要持续建立有效的承保审核制度、信息沟通制度和岗位考评制度。其次要建立严格的理赔勘查制度，对于欺诈识别和反欺诈模型给出的评分较低的理赔申请，要进行实地勘查，并对异常和特殊的理赔申请进行辅助，以提高勘查环节的工作质量。最后是建立规范的理赔制度，包括接案人、定损人、理算人、审核人和审批人之间的分离制度及实地勘查人员的制约制度与防止理赔追责制度，同时对有关风险评估数据和实地勘查报告进行有效的存储与备份。

第三，强化行业内部协作，这是对整个保险行业的大数据风险管理应用进行统一的协调管理，共享行业在大数据应用上的红利。一是全面推进行业信息共享机制建设，从而打破各个保险公司之间存在的信息和数据孤岛，将分散在各保险机构的相关数据按类型的不同进行分类存储和有限共享，充分挖掘和释放共享数据在保险反欺诈工作中的价值。二是制定行业大数据规划，从监管视角将大数据技术应用和保险反欺诈工作相结合，出台相应的法规政策，为保险行业的良性健康发展提供政策环境的保障。同时从行业协会的角度确保数据共享的质量和层次，建立行业数据分析模型和分析框架，减少各保险主体各自建立防护体系的成本。三是推进保险行业信用体系建设，建立统一的保险行业内部信息平台，对投保客户和从业人员的信用状况进行记录及评价，建立行业黑名单制度和市场退出机制，实现对失信主体的有效约束和惩戒。

7.3.3 互联网金融大数据风险管理

互联网金融是系列互联网技术在金融领域的应用，其快速发展在相当程度上提高了金融资源配置的效率，提高了金融资源利用的普惠程度。但不可否认，互联网金融业的产生也伴随着大量的风险，其中很多都是传统金融业所没有的风险形态或变异形态，而与此同时，大数据技术在治理这些因互联网技术应用导致的风险时也具有独特的作用。

（1）基于大数据的第三方支付欺诈风险管理

第三方支付在发展的过程中始终受到欺诈风险的威胁，尽管这种欺诈行为一般与第三方机构本身无关，而是不法分子利用网络漏洞或者消费者薄弱的防范意识进行的，但最终还是给消费者带来了损失，在一定程度上影响了社会对第三方支付的信任和行业的发展。

对于支付平台来说，丰富、高质量的大数据资源是其天然优势，其完全可以利用大数据进行欺诈风险防范。一方面，第三方支付交易涉及资金往来，所有平台在用户注册时均会要求用户进行真实信息的注册，包括个人身份信息、通信信息、银行卡信息、财产信息及一些其他隐私信息，这些信息都具有较高的经济价值且一般难以获取。另一方面，一旦用户通过第三方支付平台进行交易，就会遗留下大量的历史交易数据，这些数据很好地刻画了用户的消费信息，如交易对象、交易金额、交易时间、交易方式、交易规次等等。以上信息都具有高质量、高可信、高密度的特点，因此完全可以被用来进行欺诈风险的防范研究。第三方支付平台将以上数据信息纳入其动态云端数据库，并对其进行科学的管理和分析，通过一定的算法建立风险控制模型。这种风控模型具有实时分析的特点，其通过对用户行为与云端数据的关联分析发现其中的可疑之处，从而阻止欺诈行为的发生。这就使得即便客户的账户信息已经被盗用，但通过这种关联分析也能判断出其是否异常，从而阻止损失的发生或扩大。

利用大数据技术对第三方支付的欺诈风险进行防范，可以从以下四个具体的行为场景来进行。

其一，注册场景。对于第三方支付来说，欺诈行为的发生往往是从注册账户开始的。例如不法分子会在同一个支付平台注册多个账户，其并非是进行正常的交易而是另有目的，如获取平台营销活动的红包奖励、优惠券、礼品等等，或者是为今后通过这些账户进行洗钱、诈骗、盗卡等行为做准备。前者可能会给平台带来经济利益损失或降低营销活动效果，后者则可能给国家社会带来更大的危害。

尽管在注册环节，支付平台往往会通过注册界面的验证码等验证行为及手机号验证设定等对这类虚假注册进行一定的管理。但对于不法分子来说，其可以通过雇用人力进行注册验证，规避注册界面的验证行为，也可以通过虚拟手机号码进行注册，从而导致以上验证行为均形同虚设。而利用大数据技术，可以通过对云端数据的分析来判断用户的注册行为是否异常，如注册请求行为的地址是否为代理地址，同一个终端发起的注册行为是否过于频繁等。平台还可以通过外部或者自有的虚假手机数据库进行识别，并建立定期清洗机制，从而确保数据的准确性，降低系统误判行为。

其二，登录场景。在第三方支付平台的登录场景中，主要面临账户盗用和撞库的欺诈风险。木马钓鱼或者互联网数据泄露等因素会使账户被盗用，导致账户被越权访问登录到支付后台界面，进而发生资金损失。而越权访问获取支付账户的个人信息利用价值很高，往往会被欺诈者在黑产市场中反复交易使用，而对互联网用户来说，为了方便使用，很多用户会在不同的应用或网站上使用同样的用户名甚至同样的密码进行注册登录，那么只要任何一个应用或网站的安全性较差被攻陷之后，该网站的账号密码数据库就会发生泄制，从而形成"指库"黑客对"拖库"之后的数据进行清洗封装，并对一些有价值的平台进行定向撞库攻击，即使用他们已经掌握的用户密码进行模拟登录尝试，这将导致更大规模的数据泄漏。

大数据技术可以针对这种风险进行防范。一是通过用户登录的 IP 地址判断其登录行为是否异常，特别是短时间内是否用不同的 IP 地址尝试登录，如果用户在极短时间内有连续登录行为且每次登录的 IP 地址解析位置距离偏移过大，就说明这很可能是欺诈者在挂 IP 代理进行登录，意图隐匿登录来源。第三方平台的监测模型如果发现此类行为，就可以对相关账户进行密切关注。二是通过人机识别监测程序判断用户登录环境是否异常，黑客往往会在撞库的时候使用成熟的工具程序批量模拟登录接口，通过在登录页面布控人机识别监测程序，可以判断登录来源设备是否缺失或伪造，判断用户的交互行为是否存在缺陷。三是跟踪分析判断用户的登录习惯是否异常。一般来说，第三方支付平台的用户的常用登录设备、常用登录地点等都是比较稳定的，平台可以根据这种长期的跟踪，利用大数据技术分析判断其是否在非常用设备和地点进行登录，建立可信设备登录体系，对在非可信设备登录的行为进行严密监测。

其三，绑卡场景。在用户绑卡的环节，尽管第三方支付平台已经通过银行卡号、身份证、姓名、预留手机和验证码等要素进行了风险防范，但如果欺诈者通过钓鱼木马等获取用户的短信校验码，那么这种风险防范手段就有被攻击破坏的可能，欺诈者可以进一步获得用户的其他相关信息，进而继续在其他平台进行冒名注册绑卡。针对这些绑卡环节中的欺诈风险，大数据技术可以对绑卡用户的信息、设备、IP 等维度进行关联分析，对中介或用户的批量绑卡行为特征进行快速甄别，如果发现异常行为，即可立即对真实用户或者账户本身进行反馈，防止损失发生。

其四，支付场景。在支付场景中，主要可能发生的欺诈行为风险是查卡支付或利用此类账户进行的洗钱和套现行为，其中查卡支付带来的风险仍然源自于用户隐私信息的泄露，但这种行为也能够在一定程度上被大数据系统监测出来，例如突然出现了不符合用户日常交易支付习惯或与其账户信息不吻合的异常支付行为，就值得平台进行关注。而洗钱套现则更多表现为账户本人的违规违法行为，其欲通过第三方支付平台的管理漏洞获得经济上的收益。

这些支付场景中的风险事件，第三方支付平台可以通过对账户在过往一段时间内的交易特征如资金流向、交易金额、交易频率等进行分析后发现。例如，资金的流动突然大额密集集中在特定账户，且账户的活跃 IP、设备是同一个或相近的，符合非法套现和洗钱的特征，那么其行为异常的概率就很高。

（2）基于 VITA 系统的网络信贷产品匹配和风险控制

VITA 金融服务推荐系统是匈牙利某信贷协会开发的一种基于知识的推荐技术平台，其能够帮助销售代表在销售过程中与客户进行交互，从而提高销售代表的工作业绩，降低开发和维护相关软件的整体费用，以及由于信贷产品和资金供需双方的不匹配导致的风险叠加。

目前 P2P 借贷中最大的挑战和风险源就是金融信贷产品结构与客户的个性化借贷需求之间难以完全匹配，产品找不到合适的客户，而客户也找不到与自己需求匹配的产品，不完全的匹配为后面的风险爆发积累了不稳定因素。基于知识的推荐技术能够改善这一情况，通过高效的挖掘和数据库的维护，不断提高算法的准确性，可以大大提高推荐的效率，增强用户对平台的黏性，进而丰富数据库，又不断优化和迭代算法，形成良性循环。

VITA 数据库包括用户特征属性、信贷产品属性和实例等明确要素，同时，其持有的约束机制能够在特定场景不向客户推荐某些信贷产品，特别是风险结构与用户风险承受能力不匹配的产品，从而实现对风险的控制。而咨询过程则对信贷产品推荐的规则进行了明确定义，其推荐过程包括需求提取、信用价值审核、产品咨询和选择、精确计算及结果展现四个阶段。

（3）互联网消费金融的大数据征信与风控

消费金融面临的最大风险就是信用风险，而对互联网消费金融来说，其主要客户是年轻群体和中低收入群体，其信用历史记录往往更加单薄，因此对信用风险的防控更为重要。但通过传统方式收集客户信息对其还贷能力和意愿进行判断显然费时费力且效率低下，而另一方面，我国的消费金融公司在征信建设方面缺乏足够的经验和能力，必须通过与大数据征信机构的合作来完成消费信贷的授信过程。大数据征信机构可以获得用户的多维数据，通过多维数据分析对客户进行评级和分类筛选，从而完成客户的差异化管理，为其消费信贷过程提供重要提示。

基于大数据征信的风控管理平台，首先要做到多源数据的整合与管理，整合第三方数据机构与征信服务机构已有的数据，提供从反欺诈、证据保全到第三方征信、电商平台、O2O 生活闭环等各个维度的数据分析服务。另外，还需要从客户的还款意愿和能力等角度对客户进行审核，对通过风控模型评分得出的分类客户进行差异化评估，并对这种评分分类进行审批、授信、差异化定价、风险预警和额度调整等流程设计，实现信贷工厂的批量化与规模化要求，最后与互联网消费金融的消费场景进行结合，将大数据风控植入到具体的消费场景中，掌握客户贷款的实际用途，规避资金挪用的风险，为来自电商、教育、旅行、装修、购车等场景的贷款需求搭建自动化决策模型和风控体系，从而达到快速、实时放贷，满足场景消费对放贷时效的要求。

7.3.4 网络借贷企业大数据风险管理

基于数据治理的金融监管决策模型可以在众多金融领域进行应用。作为推动普惠金融发展的重要力量，互联网金融特别是 P2P 网络贷款在弥补传统金融行业覆盖面不足的同时，也带来了新的风险，同时各类创新业态的出现也给金融监管带来了新的挑战。

（1）数据共享与融合

对于互联网金融企业来说，由于存在监管套利空间，其逃避监管的动机和空间都比较大，相应的风险则存在于平台备案资料、交易过程之中，而以专业化报道和大众媒体报道、网络评论等为代表的信息则会发出平台风险的信号。同时，各类相关数据并行存在于政府相应的职能部门而非统一的监管部门，如工商部门、税务部门、金融监管部门等，亦存在于企业官网、财务报表等信息披露源，以及媒体报道和网络评论中。而在利用大数据治理进行 P2P 借贷风险管理时，首要的工作就是整合政府方面的各渠道数据，建立数据共享平台。

建立政府数据共享平台需要打破来自不同级别政府的数据及来自政府不同职能部门的数据之间的壁垒，以实现已有信息资源的互联互通和共享共建，改变政府部门间长期存在的占有数据但仍然存在数据孤岛的现象。建设这一平台，核心是建立政府间信息资源的共享机制，通过建立政府间的大数据中心和信息交换枢纽等基础设施，实现监管信息的及时有效传递，政府政务的及时发布，企业办事流程的高效运转，并同时实现经济活动的跟踪记录。

对于 P2P 平台来说，最终出现各类风险可以归结为两个方面的原因：一是在平台建立之时就暗藏各类隐患，包括企业成立时存在投机动机、核心资本不足、主要管理人员的能力不够等；二是企业在发展过程中出现不利的经营因素，如为提高市场占有率鼓吹的激进口号未能兑现，风险控制意识和手段不过关，未能及时应对各类监管新规，创始人及管理人员面对市场化时的脆弱心理等。显然，各类经营过程中出现的不利因素具有很强的不确定性和随机性，需要更加稳妥地应对。

而为稳妥应对这种风险，需要在构建政府数据共享平台的基础上进一步采集与之相关的各类互联网和第三方数据，以便能够更好地分析真正的风险来源和诱发因素。总体来说，可以将这些数据分为静态数据和动态数据两类。静态数据相对容易采集和分析，主要是指平台成立之时所拥有的相关信息，如成立时间、注册资本、股东背景、业务模式、撮合机制等。而动态数据则涵盖了包括经营信息在内的各类内外部数据，经营信息主要包括交易规模、利率结构、手续费率、借款期限、投资者人数及构成、借款人分布、借款用途、资金流动情况等。其他相关信息来源更广，但在一定程度上更具客观性和说服力，包括相关媒体报道，如涉及特定企业的正面或负面报道、行业地位、各类媒体榜单排名、监管机构点名、高管访读及各类报道中出现的具体时间、关键词等，也包括这些媒体报道下的网络评论，包括评论内容、评论语气、标点符号等。这些都可以在一定程度上帮助相关企业进行特定舆情环境下的精准画像和风险扫描。

因此，应该选择更为广泛的数据来源，如主要门户网站、财经专业网站、P2P 平台的官网、主要的网贷社区、主要的社交媒体等，以获得更多维度的相关风险信息，为最后的风险管理提供依据。但这些数据的非结构化性质为后续治理增加了难度。这些数据的表现形式多数以文字描述为主，其所提供的信息都隐藏在文字描述的背后，需要通过文本分析技术转换为结构化数据才能进行处理。而不同来源的文字信息则具有多元异构性，不同源的信息表达方式如语气、维度等都有所不同，必须通过建立关键词标签库，结合行业专家的意见和人工智能、机器学习等进行进一步的理解与结构化处理。

（2）基于机器学习的网贷企业识别和风险判断

利用机器学习，可以将经过标注的网贷平台作为学习样本，建立平台内的特征库和标签集，从而能够自动识别网贷平台上内容与业务的相关性，最终实现对此类企业的身份识别。同时，可以利用知识图谱技术，建立以网贷企业为中心的知识图谱，而相应的节点则包含企业的相关信息，如法定代表人/股东成员、注册时间和注册地、相关产品和业务等，并通过这些节点与其他相关企业进行连接，绘制完整的网贷企业风险管理图谱。这种图谱体系可以识别各企业之间的关联程度和相似程度，而相应的风险情况也必然有所关联或有所相似。如果某一企业被认为是高风险的 P2P 企业，那么在图谱体系中，与之有着高度关联和相似性的其他企业也很可能面临高风险，因为它们可能具有同样的企业法人/股东，或者具有极其相似的产品设计和经营模式，或者具有高度关联的债权债务关系等，而这些都可以通过这种知识图谱体系得以展现。

对于那些非结构化的文本类信息，在对其进行结构化处理的同时，还有必要挖掘那些文本里的用户情感信息，因为这些情感信息表达着利益相关方对网贷平台和网贷市场的意见，这些意见很多时候可能成为风险的预警指标。当然，大量的无效信息也需要进行排除，而那些同质的或重复的信息，则表达了某情感的激烈程度，需要加以考虑。

我们可以利用 UGC（user generated content）方法对这些舆情信息的密度、情感倾向、用户权重等做出 0~1 的评分，以明确这些信息在风险应用中的不同重要程度。那些多维度的评价信息、有互动的信息、主流媒体的信息等显然应该得到更多关注。最后，根据情感分析的结果，可以对不同的平台进行不同的风险程度分类，例如，某平台出现了很多批评、讽刺、谩骂的舆论，其在相当程度上意味着风险的迅速积累，而衡量这种风险的大小，则需要进一步对这些评论的质量也就是 UGC 评分进行分析。如果这些负面信息的评分都比较高，那么平台的风险自然就很高了。

（3）基于深度学习的风险指数量化

网贷平台的风险指数量化是指以平台的特征集合为输入，输出 0~100 的风险量化评分。其中的特征集合包括静态数据构成的静态特征集合、动态数据构成的指数特征集合、网站新闻特征集合及社交媒体动态评论特征集合。得分为 0 意味着是问题平台，而得分 100 则表示平台正常运营。具体的风险量化分值应该具有以下基本性质。

一是有一个适当的风险阈值，平台得分低于此阈值意味着是平台问题的概率非常大，而高于此阈值则意味着平台正常的概率非常大；二是问题平台的风险量化值应该尽可能低并且接近于 0，而正常平台的得分则应该尽可能高，且接近于 100；三是如果对所有的平台按照风险量化分值从高到低进行排序，那么排在前面的平台中正常运营的平台数量应该显著大于问题平台数量。

可以说，对网贷平台进行风险量化实际上是一个二分类问题，是尽可能明确地把所有平台区分为问题平台和正常平台，而以上提到的三个基本性质则可以成为判断深度学习模型是否具有良好性能的标准。可以利用神经网络进行深度学习，以构建这样的量化模型，无论是单个数据值还是数据值序列，无论是数据值、类别值还是文本数据，都可以直接或经过转换处理后进入到神经网络的学习过程，从而构建神经网络深度学习模型，最终输出与平台自身相吻合的风险指数量化数值。

扩展阅读 7-1 客户信息及违约表现

运用 Python 搭建客户违约预测模型[①]：搭建客户违约预测模型的目的是通过已有的客户和违约表现来预测之后的客户是否会违约。客户信息及违约表现如图 7-4 所示。

收入	年龄	性别	历史授信额度	历史违约次数	是否违约
503999	46	1	0	1	1
452766	36	0	13583	0	1
100000	33	1	0	1	1
100000	25	0	0	1	1
258000	35	1	0	0	1
933333	31	0	28000	3	1
665000	40	1	5000	1	1
291332	38	0	0	0	1
259000	45	1	0	1	1
3076666	39	1	71000	2	1
695000	40	1	5000	1	1
600000	35	1	18000	3	1
440000	36	1	0	2	1
511999	35	0	0	2	1
248000	31	0	0	2	1
471000	40	1	0	1	1
366666	28	0	11000	3	1
497000	27	0	0	3	1
1500000	28	0	63639	2	1

图 7-4 客户信息及违约表现

Python 分析步骤及思路

第一步：模型搭建。

```
# # 一、模型搭建
import pandas as pd
```

[①] 王宇韬，房宇亮，肖金鑫. Python 金融大数据挖掘与分析全流程详解[M]. 北京：机械工业出版社，2020.

```python
from sklearn.model_selection import train_test_split
from sklearn.tree import DecisionTreeClassifier
df = pd.read_excel('F:\\python\\16.3.3 模型可视化呈现\\客户信息及违约表现.xlsx')

# 1.提取特征变量和目标变量
X = df.drop(columns='是否违约')
y = df['是否违约']

# 2.划分训练集和测试集
X_train, X_test, y_train, y_test = train_test_split(X, y, test_size=0.2, random_state=1)

# 3.模型训练及搭建
clf = DecisionTreeClassifier(max_depth=3)
clf = clf.fit(X_train, y_train)
```

第二步:模型预测及评估。

```python
# # 二、模型预测及评估
# 1.直接预测是否违约
y_pred = clf.predict(X_test)
# 将预测值和实际值汇总看一下
a = pd.DataFrame()  # 创建一个空 DataFrame
a['预测值'] = list(y_pred)
a['实际值'] = list(y_test)
print(a.tail())

# 查看模型预测准确度
from sklearn.metrics import accuracy_score
score = accuracy_score(y_pred, y_test)

# 2.预测不违约&违约概率
y_pred_proba = clf.predict_proba(X_test)
print(y_pred_proba[:, 1])

# 3.模型预测效果评估
# ROC 曲线相关知识
from sklearn.metrics import roc_curve
fpr, tpr, thres = roc_curve(y_test.values, y_pred_proba[:, 1])

# 将阈值 thres、假警报率 fpr、命中率 tpr 汇总看一下
a = pd.DataFrame()  # 创建一个空 DataFrame
a['阈值'] = list(thres)
a['假警报率'] = list(fpr)
a['命中率'] = list(tpr)
print(a)

# 绘制 ROC 曲线,注意图片展示完要将其关闭才会执行下面的程序
```

```python
import matplotlib.pyplot as plt
plt.plot(fpr, tpr)
plt.show()

# 求出AUC值
from sklearn.metrics import roc_auc_score
score = roc_auc_score(y_test.values, y_pred_proba[:, 1])
print(score)
```

第三步：模型可视化呈现。

```python
# # 三、模型可视化呈现
from sklearn.tree import export_graphviz
dot_data = export_graphviz(clf, out_file=None,
    feature_names=X_train.columns, class_names=['不违约', '违约'],
    rounded=True, filled=True)
import os  # 以下这两行是手动进行环境变量配置，防止本机环境的变量部署失败
os.environ['PATH'] = os.pathsep + r'E:\pythonLib\Graphviz\bin'

with open('dot_data.txt', 'w') as f:
    f.writelines(dot_data)
import codecs
import re
txt_dir = r'dot_data.txt'
txt_dir_utf8 = r'dot_data_utf8.txt'
with codecs.open(txt_dir, 'r') as f, codecs.open(txt_dir_utf8, 'w', encoding='utf-8') as wf:
    for line in f:
        if 'fontname' in line:
            font_re = 'fontname=(.*?)]'
            old_font = re.findall(font_re, line)[0]
            line = line.replace(old_font, 'SimHei')
        newline = line
        wf.write(newline + '\t')
wf.close()
os.system('dot -Tpng dot_data_utf8.txt -o example.png')  # 以PNG的图片形式存储生成的可视化文件
print('可视化文件example.png已经保存在代码所在文件夹！')

os.system('dot -Tpdf dot_data_utf8.txt -o example.pdf')
# 以PDF的形式存储生成的可视化文件
print('可视化文件example.pdf已经保存在代码所在文件夹！')
```

图7-5是决策树模型的可视化效果。

扩展阅读7-2 Python代码

通过以上这个可视化呈现效果图便能较好地理解决策树模型的运行逻辑：当决策树模型搭建完成后，对于一个新客户，会从最上面的根节点开始判断，如果满足历史违约次数小于等于0.5，则划分到左边的节点进行之后一系列的判断，如果不满足，则划分到右边的节点进行之后一系列的判断，最终这个新客户会被划分到其中的一个叶子节点中，从而完成对该客户是否会违约的预测。

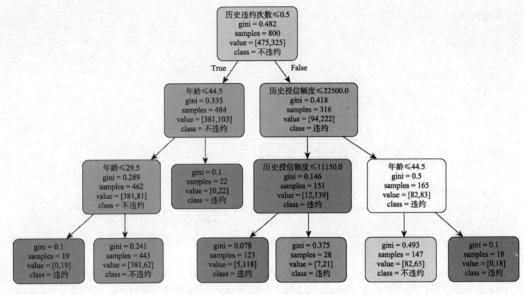

图 7-5 决策树可视化效果

7.4 大数据背景下的金融监管研究

金融行业是典型的数据和信息密集型行业,大数据在金融监管中的应用并非是一个新兴事物。在金融监管的历史上,金融监管机构历来会要求各金融从业机构及时、准确上报有关业务经营的各类数据以供其进行金融监管活动,做出合理的金融监管决策。可以说金融监管严重依赖于金融市场运行产生的数据,当然也依赖于其他方面的经济运行数据。

随着各类金融数据生产的指数型增长,以及大数据技术、云计算技术、区块链技术和人工智能、互联网等技术的快速发展,传统的金融监管平台已经难以对越来越复杂的金融风险进行有效监管,必须把各类技术进行有效整合,建立基于数据治理的风险监管平台,促进金融监管模式的变革与创新。依托这一监管平台,将有力提升金融监管中数据应用的实际效率与效益,帮助决策者优化其监管决策,最终帮助金融监管走向更加完善与高效的未来。

7.4.1 大数据金融监管的内涵

大数据在风险监管中的应用,并非是利用大数据对系统性风险形成的原因进行事前假定,而是利用来自多维度多渠道的数据进行风险的过程推演和动态的实时监测分析,这样的非抽样数据在分析过程中能够发挥数据完整的信息价值。因此,利用大数据资源和技术进行金融监管可以认为是对可获得的各类有效数据信息,进行深入的数据挖掘、机器学习和可视化分析等技术处理,分析其中与系统性风险有关的信息,并对系统性风险进行量化,最终实现其对风险的有效监测与预警处置管理。

大数据在金融监管的过程中既提供了新的信息分析手段,也提供了新的风险管理手段。来自不同维度和渠道的海量数据可以充分发挥数据的信息价值,从而能够使得金融监管更加全面和准确,这在审查交易主体资格、交易内幕认定、整体杠杆水平衡量和欺诈信息认定等方面都有重要应用。大数据的应用也能够使得监管更加有针对性和个性化,其能够充分考虑监管客体在资产规模、交易手段、投资目的等方面的差异性,从而做到精细化监管,提升监管效率。

对于当前的金融体系结构来说,利用大数据资源和技术进行宏观审慎监管需要从两个层面衡量其效果。一是根据科克特(Cockett)和博里奥(Borio)提出的系统性风险的时间与截面维度进行衡量,特别是截面维度,其意味着需要着重研究一定时间范围内金融风险在整个金融体系中的分布情况及不同机构间风险的传染和叠加效应,因此,截面维度的宏观审慎监管是首要目标。二是利用大数据对原来未能有效进行监管的市场盲区进行全方位穿透式监管,确保金融体系中监管套利现象不再出现。

7.4.2　政府的金融监管政策指引

随着大数据、互联网等技术的快速普及,金融领域逐渐刮起科技潮,利用各类金融科技手段提供新型金融服务成为金融创新的突破点。我国政府相关部门及时关注到了这一变化及其对金融监管带来的挑战。自 2015 年起,从国务院到各个相关部委,纷纷出台了一系列政策,力图对金融领域的创新应用进行有效监管。

扩展阅读 7-3　2021年部分金融监管政策

7.4.3　基于数据治理的金融监管决策

在政府金融风险监管机构占有一定数据资源的基础上,我们可以通过对大数据技术的现实应用,建立基于数据治理的金融监管决策框架。这一决策框架包括数据来源、数据治理、数据计算和政策交互四个部分。

在数据来源方面,四个维度的数据确保提供的信息足够完备和充分。政府本身建立和掌握的来自金融体系自身和其他相关领域的数据资源已经包含了不同的维度,但这并不能足以保证据此做出科学的决策。来自互联网的数据和行为主体的历史行为数据是监管客体在网络世界与现实世界的经济活动乃至非经济活动的痕迹数据,能够反映其过去的所有信息,同时互联网数据还包括这些行为发生时的宏观环境信息。而第三方数据则是与之有利益关联的第三方提供的发生交互活动时的信息记录。

在数据治理和数据计算方面,需要对可得的各种数据进行结构化处理,并在此基础上储存、清洗和筛选数据,使之能够被数据模型所使用,同时还要与来自不同渠道的数据发生关联和聚合,对已完成的数据进行校验与匹配。不断迭代学习的数据算法能够利用数据做出相应的金融监管决策,为政策意见的出台提供客观的依据,从而提升最终政策意见的准确性和针对性。

政策交互用于人机之间的双向沟通,政策制定者可以根据自己的需求和现实环境,通过向机器输入相应的数据参数和指标,得到制定政策的相应指引。而机器也可以通过不断与政策制定者互动和开展数据分析,得到来自现实世界的反馈和修正意见,提升机器学习的能力和算法的有效性。

7.5 大数据与风险管理决策案例

7.5.1 中国银行"艾达"大数据风控平台

近年来,企业经营呈"跨业、跨界、跨境"态势,对银行信贷的依赖度降低。集团客户关联关系复杂,更加分散化、隐蔽化、多元化,越来越多的资金从实体经济转向虚拟经济,风险蔓延速度迅猛,并呈现"跨渠道、跨地域、跨产品"传播态势,与此同时,银行对资金流向的监控手段却非常有限。在新的经济环境下,原来被动的风险防控方式已经难以满足新常态下客户对高效性和多样性的需求。

(1)"艾达"大数据风控平台概述

"艾达"大数据智能风控平台是面向中国银行全行前、中、后台业务人员,包括客户经理、风险经理、审计经理和管理层的大数据风控平台。其通过对结构化、非结构化数据的整合,运用大数据、AI 等新技术重塑业务流程与风险管理模式,不断挖掘数据价值。将大数据应用作为提升风险管理能力的关键工具和重要途径,也是中国银行的首次尝试,其用大数据建模进行风控管理。

(2)解决方案

"艾达"大数据风控平台是中国银行在大数据和人工智能领域落地的第一个应用案例,也是首个面向大数据风控建模的互联网大数据分析挖掘平台,覆盖中国银行全量授信客户和部分优质潜在客户,对目标客户进行全量实时舆情预警和 360 度风险展示,主动构建实时、高效、智能的全流程、全维度、全渠道的风险管控体系,对业务全流程关键节点进行动态监控和全流程跟踪。

"艾达"首次打破行内外大数据壁垒,通过对接不同的数据渠道,全面采集企业工商信息、涉诉信息、判决信息、欠税信息、失信被执行信息、对外投资信息、行政处罚信息、知识产权信息和互联网舆情等海量外部信息。通过运用人工智能语义分析技术、数据挖掘技术、云计算技术、数据可视化技术,充分挖掘数据的内在价值,为各业务条线提供信息服务支撑。

"艾达"采集互联网海量非结构化数据后进行深度挖掘,并对企业客户进行画像,绘制出企业股权结构、投资关系、担保关系、管理结构等图谱,预测关联风险。"艾达"从宏观、中观和微观三个维度实现对地域、行业和企业的舆情监控,"艾达"为流式大数据平台,可以实时快速地提供给客户更多的经营信息和风险状况,为前、中、后台业务人员提供了一双人工智能的电子眼睛,是对现有信贷模式的加强和补充,是大数据应用创新的重要成果。

"艾达"大数据风险平台具备以下几个特点:

控风险:"艾达"破除了空间和信息不对称的限制,形成了主动、动态的风险监控模式;通过对企业客户进行风险画像,对其股权结构、投资担保关系、集团和上下游关系进行图谱绘制,有助于强化风险识别、风险评估、风险控制、风险处置、管理后评价等能力，实现数据信息的自由交流。

降成本："艾达"应用文本语义智能分析技术，对舆情信息进行智能风险评估和实时预警，业务人员不用再从报纸、网络东拼西凑找信息，实现全流程、全维度、全渠道的智能监控预警，显著降低了业务部门信息获取成本和监控成本，提高了监控效率和质量，有效地释放了人员产能。

促发展：好的风险管理能够促进营销业务的发展，"艾达"通过对企业上下游、管理人、关联关系的判别，主动识别好客户，甄别坏客户，前置风险，提升业务处理效率，增强银行的综合竞争力。

（3）项目实施中克服的困难

其一，互联网数据来源五花八门，数据真实度、可信度得不到保障，不可避免地会出现一些错误数据和"黑天鹅"事件，项目实施过程中可以通过甄选采集源、优化提取技术、增加数据稽核和监控手段来提高数据质量。

其二，人工智能发展处于幼年期，其虽然在感知领域已经取得了巨大的进步，但在语义认知领域才刚刚起步，对中文的语义分析更是难上加难，项目实施过程中，可以利用专家知识库和机器学习对模型进行持续迭代，力争将准确率和召回率提升至80%以上。

其三，由于大数据技术较新，比较复杂，流式平台实时更新，需要由专业技能的人员进行维护，目前不论从系统建设层面还是业务运维层面，都缺乏专业人员。

其四，数据结构规则种类繁多，没有统一的数据标准和接口，数据整合难度大、流程长。解决方案是与各部门做好协同工作，不同系统会根据实际情况给出具体方案，确保系统之间的数据通畅。

7.5.2 交通银行实时反欺诈监控交易系统

该系统实时接收电子渠道交易数据，并整合系统其他业务数据，通过规则实现快速建模、实时告警与在线智能监控报表等功能。总体要求为能实时接收官网业务数据，整合客户信息、设备画像、位置信息、官网交易日志、浏览记录等，通过规则实现快速建模、实时告警与在线智能监控等功能。该系统主要有以下三个维度的目标。

一是系统维度目标。集成卡中心Hadoop大数据平台，搭建适应大数据流式处理分析场景的数据处理平台，满足卡中心用户行为分析、风控、反欺诈等急速增长的各类实时数据的应用需求。

二是数据维度目标。实时对接并处理现有的官网数据，整合客户信息、设备画像、位置信息、官网交易日志、浏览记录等各类生产数据源，完成数据在官网日志、非金宽表、消息队列间的无缝流转，实现多系统内标准的批量设置或实时数据同步接口设置。

三是业务维度目标。重点满足卡中心通过规则实现快速建模、实时告警与在线智能监控报表等大数据应用的需求，以更好地支撑异常行为分析、反欺诈业务等的开展，从而有效地对愈趋复杂的非金融类交易进行更加高效和实时的监控。

（1）成果概述

通过为交通银行卡中心构建反作弊模型和实时计算、实时决策系统，帮助拥有数十TB历史数据、日均增逾两千万条日志流水的国有银行卡中心建立了电子渠道实时反欺诈监控交易系统。利用分布式实时数据采集技术和实时决策引擎，帮助信用卡中心高效整合多系统业务数据，处理海量高并发线上的行为数据，识别恶意用户和欺诈行为，并进行实时预警和处置，通过引入机器学习框架，对海量数据进行分析、挖掘、构建，并周期性更新反欺诈规则和反欺诈模型。

（2）解决方案

一是方案设计。实时反欺诈交易监控流程：通过 Hadoop+Spark 结合建立实时反欺诈系统，整合连接卡中心全量电子渠道用户行为数据，接入大数据平台，并进行实时反欺诈分析，迅速识别欺诈风险。通过系统 API，连接银行体系现有系统，及时维护民众及银行的财产安全，提前预见风险。

连接全量电子渠道用户行为数据：对信用卡电子渠道全行为数据进行整合，包括实时官网数据、非金宽表数据和日批数据，全方位覆盖登录、查询、密码、转账、支付等行为，并采用分流技术架构，利用旁路数据通道保障业务。

识别欺诈风险：利用分布式架构及流式处理技术建立实时反欺诈引擎，通过变量衍生计算子系统，提供实时衍生字段模板管理、衍生字段计算函数库管理、衍生字段配置、衍生字段计算引擎、衍生字段计算结果更新等功能，并通过实时决策子系统规则模板管理、规则库管理、规则配置、规则决策引擎、规则匹配告警、黑白灰名单更新等功能，进行海量、高并发、实时的电子渠道交易行为的欺诈行为检测。结合离线机器学习，迭代反欺诈规则，可以更及时、高效地发现欺诈行为。图 7-6 为数据实时反欺诈思路。

图 7-6 数据实时反欺诈思路

对接银行现有系统：友好的 API 设计完美对接银行客户现有的反欺诈体系和业务系统，包括预警系统、客服系统、案件调查系统、交易监控系统等。

实时反欺诈交易监控系统解决方案架构：面临每秒高并发的大量交易数据、网络行为数据、非金决策数据，明略数据需要建立一套拥有丰富的反欺诈数据来源的监控模型，快速、高效地对数据进行多重处理分析，建立数百个实时反欺诈规则及模型，结合当前用户特征数据实时识别欺诈风险，完善风控链条，将风控前移。本项目中采用 Hadoop+Spark 分布式大数据存储与计算框架，能方便地支持集群资源的横向扩展，即通过增加服务器数量的方式提升集群的数据存储容量，同时近乎线性地提高计算性能。

基于对客户数据的分析、研究，结合对业务的深入了解和对客户的需求分析，明略数据为客户提供整体反欺诈方案设计思路，整个系统逻辑上可分为四个层次，即源数据层、数据接入层、实时计算引擎及决策层、数据服务层。

其中，数据接入层、实时计算引擎及决策层和数据服务层于 Hadoop 企业版的大数据基础平台上构建，使用了包括 Flume、Hbase、Kafka、Sentry、Sparkstreaming、Sqoop、ZooKeeper 等各类常用的大数据开发组件，为整个解决方案提供底层的大数据接入、数据存储、处理技术支持。

在源数据层,有海量的不同系统的数据,包括官网日志、CIM 数据和非金决策数据,它们需要同步接入大数据平台,实现对卡中心非金交易数据的实时监控。由 Flume 将官网行为数据实时接入大数据平台,完成所需数据的快速、实时接入。

在数据接入层,系统接收源数据层数据,并根据每种数据源的特性和实时监控需求,采用不同的处理策略。同时,数据接入层还提供必需的数据质量检查、数据清洗等工作,保证后续实时计算的正确性。

在实时计算引擎及决策层,其功能模块包括实时衍生变量计算子系统、实时决策子系统,两个系统分别对实施衍生字段计算结果及规则进行管理。

在数据服务层,其主要提供外围系统交互、报表、MIS 系统数据导出、催反交易监控及催反案调系统数据对接等功能。

在管理层,通过用户管理和运维管理,保障集群运维人员账号的安全、无干扰及权限的分明,并保证数据平台的易维护性,更加直观、可视地将整个集群状况展现出来,在提供方便、快捷的针对集群运维管理的操作的同时,报警和日志功能有效帮助运维人员及时发现、定位、解决问题,保障数据平台高效可用。

二是技术实现。"在线实时决策+离线机器学习"能实现高效实时反欺诈。区别于传统渠道,信用卡线上渠道的特点是在使用、交易阶段进行用户身份真实性的核实变得非常困难,同时线上渠道会产生高并发、海量、非结构化、多维度的数据,无论从业务角度还是技术角度,对于银行的反欺诈能力都提出了更高的要求。同时,利用机器学习,根据实时监测的数据对欺诈规则库进行优化,离线迭代规则,通过历史行为与实时行为的对比,对规则进行离线学习、管理。

在线实时决策:大数据流式处理是一种新兴的数据处理技术,以"流"的形式处理交易产生的海量数据,并基于事件驱动。利用 Hadoop 分布式架构及 Spark 分布式集群计算引擎,可以快速、高效地对数据进行协调处理、流式处理、交互式分析等。实时根据反欺诈规则库的规则,以及当前用户的特征数据,判断是否存在欺诈风险并评估欺诈风险等级,向银行交易监控系统、处置系统输出决策结果。

将基于大数据平台存储的历史数据批量处理后存入 NoSQL 数据库中,同时利用 Kafka 接入交易数据、行为数据等,通过流式处理技术,结合规则引擎,实时统计和分析客户特征,一旦发生异常,及时进行报警输出。基于 Spark 的内存计算引擎,在获得采集的流式数据后,即能开始按照需求进行变量运算并更新相应的结果。

离线机器学习:同样基于 Spark 架构的数据挖掘和机器学习平台,离线构建规则自学习模型,在实时监测异常行为的同时,记录欺诈相关数据,并进行数据清洗及算法优化建模,从而建立有监督风险特征识别的模型。利用 LPA/MRF 半监督机器学习模型等方式进行特征抽取、优化,更新规则库,帮助风控人员及时发现新型欺诈行为并产生对应的反欺诈规则。同时,提供整体反欺诈解决方案的资源管理和运维保障。

(3)项目实施中克服的困难

随着卡中心移动互联应用的深入推广,互联网欺诈问题愈趋严重。面对这样的情况,为有效防范互联网欺诈风险,卡中心迫切需要一个利用分布式实时数据处理技术,能容纳 TB 级数据,高流量场景下具备低延迟时效性的实时监控交易系统,从而有效地对愈趋复杂的网络欺诈行为进行高效和实时监控。

过去的几年，信用卡行业发生着剧烈的变化。互联网的普及、社交网络化的深化及移动互联网的快速发展，使得信用卡业务在大数据时代充满挑战的同时，也看到了其蕴含的信息价值。

本章小结

本章概述大数据与风险管理决策，阐释了大数据风险管理的总体架构，进一步从银行业、保险业、互联网金融、网络借贷企业等介绍了大数据风险管理的应用场景，并分析了大数据背景下的金融监管研究，最后介绍了大数据下的风险管理决策实例。通过本章学习，学生能够了解大数据在风险管理中的特点，理解大数据在风险管理中的应用场景，熟悉大数据在风险管理决策中的流程，掌握大数据在风险管理决策中的步骤及思路。

复习思考题

1. 大数据时代风险管理的特点有哪些？
2. 大数据风险控制与传统风险控制的区别有哪些？
3. 如何认识大数据风险管理的总体架构？
4. 大数据在风险管理决策中的应用场景有哪些？
5. 大数据在风险管理决策中的未来应用场景有哪些？面临的挑战有哪些？

第 7 章　即 测 即 练

案例分析

大数据金融反欺诈与风险控制

第 8 章

大数据在财务决策中的综合应用
——以 Z 集团为例

◆ **本章学习目标**

1. 了解大数据在财务决策中的实际应用。
2. 理解大数据在财务决策中实施的前提条件。
3. 熟悉大数据在财务决策中的思路与流程。
4. 理解应用大数据财务决策带来的效果。

◆ **引导案例**

阿里巴巴大数据财务决策实践[①]

阿里巴巴是全球最大的网上电子商务交易平台,拥有极其强大的 IT 资产和基础设施,可通过用户在电商平台中留存的各种商品搜索记录、商品浏览页面、页面停留时间、购物车、下单记录、退单记录等数据,加以搜集用户的个人信息,如年龄、性别、消费水平、个人偏好等,再根据网上搜集而来的大量数据,借助大数据技术,对用户进行交叉分析,从而有针对性地引导消费者的购买心理,并根据这些数据分析结果,反馈给商家用户,使其能够及时调整运营策略,紧跟市场趋势,推出消费者所喜爱的商品。阿里巴巴集团在灵活运用自身拥有的这些海量数据资源的同时,也适时地提出了紧跟时代发展潮流的大数据战略,并已将其升级为公司战略,以期为公司财务决策提供强大的数据支持。

1. 阿里巴巴基于大数据的运营决策

从 2010 年开始,阿里巴巴集团就一直致力于构建大数据战略业务,并在电商、社交媒体、游戏、移动终端等各个领域进行全方位布局。在阿里巴巴推出的众多数据产品和大数据业务中,收效最明显的是 2012 年 7 月推出的天猫聚石塔平台,其利用云计算技术,使商户在商品平台层面和会员平台层面都能获取消费者数据,解决活动大促期间订单量

[①] 毛娟. 大数据对企业财务决策的影响及对策探析[D]. 北京印刷学院, 2017.

剧增给商家带来的系统崩溃、网页拥堵等问题。为了更好地服务于阿里平台的运营商，聚石塔首先要做的工作是吸引广大服务商及商家进入聚石塔，以便进行数据存储、数据处理及数据分析。其次便是建立数据交换平台，将买家信息、商品详情和商品购买记录等数据进行整合、分析并分享给各个系统的服务商，使它们能够进行信息互换，彼此之间进行数据的共享、连通。在共享订单数据之后，聚石塔还能自动化处理商品退货、交易退款等财务数据，同时开放大数据引擎，方便有数据运营、管理能力的大卖家通过大数据技术来管理店铺的经营。例如商家可以根据以往的销售记录结合当下的流行趋势，预测商品的经营走势，甚至可以根据对行业整体销售情况的数据分析结果来指导产品的开发、推广，提高店铺经营的工作效率。

2. 阿里巴巴基于大数据的投资决策

从 2009 年到 2016 年，阿里巴巴开始投资、并购其他行业的优秀企业，获取不同行业类型的数据，为其大数据公司战略奠定基础。例如，2011 年 7 月，投资团购领域领军代表企业美团网，占股约 10%，可获得有关于用户衣食住行等方面的海量生活化数据资源；2013 年 5 月，阿里巴巴以 2.94 亿美元的作价投资占股高德软件，约占公司股份的 28%，为 O2O 的布局打下基础；2015 年 10 月，投资 12 亿美元收购优酷土豆集团，获得其丰富的视频数据资源；等等。通过兼并以上优质企业，阿里巴巴可以将获得的各类数据资源进行整合，为阿里巴巴自身拥有的海量电商数据增加新的"血液"，提高数据的多元化，拓宽大数据处理分析的渠道。2013 年 5 月，阿里巴巴与顺丰集团及相关金融机构成立了"菜鸟网络科技有限公司"。菜鸟网络从开始建立至今一直竭尽全力通过大数据、云计算等技术，在现有的物流企业发展基础上，创建一个能在全国范围内实现 24 小时之内送货到家的基础物流系统。

3. 阿里巴巴基于大数据的信贷决策

根据国家工商总局对新设小微企业开业一周年的活跃度调查，从 2016 年一季度到 2017 年一季度，中国新设小微企业的开业率为 69.6%，户均从业人员由开业时的 6.5 人增加到 7.7 人，增长 18.5%。据中小企业划型标准和第二次经济普查得出的数据，目前中小微企业占全国企业总数的 99.7%，其中小微企业占 97.3%。而截至 2017 年 3 月末，全国小微企业贷款余额为 27.80 万亿元，仅仅占各项贷款余额的 24.08%。

从以上数据可以看出，尽管现阶段中国小微企业众多，占据中国企业数量的很大一部分，小微企业发展的速度也正在急速攀升，越来越多的从业人员也开始选择创立小微企业。但是，发放给小微企业的贷款额度却没有发放给大中型企业的额度大，仅占全国各项贷款余额的 24%左右。由此可见，企业规模较小仍然是广大小微企业用户贷款融资的重要阻力。因此，要想解决小额贷款融资问题。首先需要解决银行等金融机构缺乏风险考核标准的问题，当前银行等金融机构仅仅凭借企业规模大小就以风险太大为理由不贷款给小微企业，致使小微企业出现难以通过贷款标准、贷款金额低等问题。2011 年阿里小贷的推出，使阿里巴巴在小微电商贸易融资这一方面取得了巨大的成功。阿里小贷亦称为阿里金融，是阿里巴巴小微金融服务集团下的微贷事业部，主要的客户群体是小微企业及个人创业者。其基于云计算技术及大数据处理分析平台，分别打造了面向阿里系电商平台上的小微企业和个人创业者的商家业务群体及面向阿里巴巴 B2B 平台上的小微企业的阿里贷款业务群体。这一典型的大数据信贷产品的应用成功开创了互联网金融行业的信贷模式创新,为当今小微企业面临的困境提出了创造性的解决方案,具有深远的实践意义。

8.1　Z 集团大数据战略实施背景

　　Z 集团创立于 20 世纪 90 年代,是专业从事铁路运输安全保障技术研究、应用软件开发的铁路装备定点企业。目前集团拥有 3 家全资子公司,主要布局城市轨道交通业务,培育智能交通、机器人等业务,构建"实体经营+资本运营"双驱模式。Z 集团正处于信息化高速发展的阶段,目前财务管理系统、人力资源管理系统、协同办公 OA 系统等多个系统已成功上线使用。随着这些信息化系统的初步部署完成,管理方式也由无明确过程的粗放式管理过渡到流程越发清晰的精细化管理。管理细化带来的是详细信息的分析需求,越来越多的管理者、执行者需要对问题进行深入挖掘分析,在展示报告的基础上提供源数据的支撑,这就更加需要信息化添力。

　　一方面,企业在对业务数据进行有效管理的过程中,生产、管理等信息数据逐步累积,产生了利用现代信息技术收集、管理和展示分析结构化与非结构化数据及信息的诉求,于是,如何利用这些数据创造更大的价值,为领导决策提供有力支撑成为企业下一步思考的问题。

　　另一方面,针对各业务系统的数据流程,各部门基本形成了各自的工作模式,能够基本稳定地维持公司的正常运营,但是内部存在的问题依然比较明显,具体表现如下。

　　第一,业务系统待进一步改进,系统内部分数据短缺。由于上线系统还在发展中、业务逻辑复杂等各方面原因,系统内存在部分业务数据短缺的现象,相当一部分数据需要业务人员由线下完善补充。还有相当数量的工作通过手工进行,办公习惯有待向系统办公转变。

　　第二,线上数据格式固定,手工进行报表的统计分析工作,整合费时费力,效率低下。对于线上系统,数据的展现格式及展现形式相对固定,但随着公司日益增长的分析需求,一成不变的报表无法满足发展要求。此时,大量的系统统计性报表会转移到由手工处理。这样一来,一方面,汇总系统数据需要耗费大量的人力、时间,同时人工计算存在一定误差,数据准确性无法保证;另一方面,数据分析的多样性、实时性等无法达到要求,对系统数据的整合分析费时费力,效率低下。

　　第三,因部门墙、数据孤岛的存在,综合分析难度较大。部门内部长期沉淀的历史数据堆积在资料库,因此无法快速定位、查找需要的历史信息,各部门之间的配合更是如此,信息孤岛、部门壁垒的存在导致整个企业的数据流无法正常运作活动起来,各个业务条线的数据无法得到整合。

　　第四,缺少全面、易用的报表体系支撑公司的发展,经营质量得不到有效体现,无法及时了解企业运营情况。全面的业务体系,配备长期积累的业务数据,使企业管理者更多关注的不是数据量，而是数据价值，从大量的历史数据与实时数据中挖掘出对企业运营长期或者短期决策有利的信息才是数据价值真正的体现。一个好的数据分析平台正是充当了这样的角色：业务数据共享、模型精细分析、管理场景可视化、决策具备实时性等。其为一个企业的健康发展提供了长期体检与锻炼的功能。

因此，搭建一个业务数据分析平台势在必行。一方面，其在整理汇总企业运营情况及高层监控的过程中能够保证企业正常健康的运转；另一方面，在建设分析系统的同时其能够起到规范企业数据信息化管理体制的作用。

8.2　Z集团大数据平台建设思路和目标

随着公司业务体系的发展，业务范围的不断拓展，Z集团面临来自公司内部越来越多的挑战，其与其他公司之间的挑战也越来越大。为了应对这局面，构建基于系统的精细化管理模式势在必行。为此，Z集团大数据分析平台建设分四步走（如图8-1所示），从整体规划出发，逐步实现夯实基础、能力提升、价值创造三个阶段性目标，以构建大数据分析平台的整体架构。

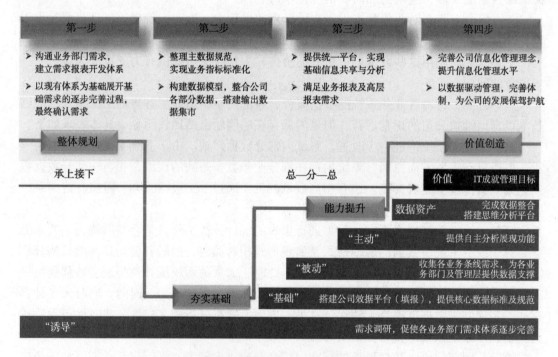

图8-1　Z集团大数据平台建设步骤

企业财务管理的目标从利润最大化、股东价值最大化向企业价值最大化演变，其内在底层逻辑是随着大数据的深度应用，消除了业务和财务之间的鸿沟，减少了因数据产生的信息不对称问题，企业发展更趋向透明化，财务管理和战略管理息息相关，某种程度上财务管理决策就是公司战略决策的具体表现。

大数据作为一种重要的信息资源，与其他资源有着不同特质。虽然信息资源还未纳入财务报表体系内，但是其对财务管理决策的价值是毋庸置疑的。大数据带来的海量信息资产具有无限共享性，不会因使用主体多而减弱其效能，不会因传播途径、方式的调整而改变信息价值。另外，大数据产生的信息资源还具有越使用越有价值、越准确越有价值、越整合越有价值等特质。大数据为精准的财务决策奠定了基础。决策主体行为形成的信息资源也间接反作用于大数据仓库，两者相辅相成且不断完善发展。大数据和财务决策关系见图 8-2。

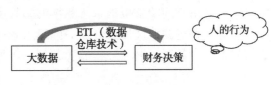

图 8-2　大数据和财务决策关系图

总之，大数据深入应用到财务决策中，不但对企业自身有用，还可以为工商、税务、统计部门及事务所等提供业务支撑。随着云计算的高速发展，将大数据保存在云端而不是自身的服务器上，能较大程度上避免数据的篡改、丢失，这使得大数据时代财务决策的框架更加牢靠和稳固。

8.3　大数据在 Z 集团财务决策中的应用

8.3.1　大数据与财务分析决策

（1）大数据下的财务分析流程

大数据分析是建立在云计算基础上的一项新型技术，大数据财务分析数据的抽取与分析将更为便捷，数据的结构、内涵将更加复杂、多样，加之分析方法更加精确、智能，财务分析的时效性与决策参考价值都得到很大程度的提升。财务分析的主题主要包括营业收入、发货回款额、开票回款额、资产负债、利润表、合并试算平衡表、现金流量表、合并现金流量表、营运能力指标、盈利能力分析、期间费用分析、成长性指标、税费分析、上市公司指标、偿债能力指标、杜邦分析、资金管理展示、研发投入等。具体流程如图 8-3 所示。

图 8-3　大数据下的财务分析流程

（2）大数据在财务分析决策中的应用

公司的财务分析结果通过大数据平台展现，这样做直接效果就是减少了数据统计量，提高了财务分析的实效性、准确性。在项目实施前，公司进行了充分的需求整理，涉到财务的各个环节及对应的业务流程,共梳理出 18 个财务分析主题,涉及上百个分析内容、维度,分析方法除了传统的结构分析、同比和环比分析,还有趋势分析和预警分析。

整个财务分析的数据来源于各业务系统及线下填报。随着公司信息化的不断完善,各业务系统数据逐渐补充,业务分析模块随之逐步升级转换,数据来源切换至各业务系统,同时,由于前期填报的系统数据的颗粒度较粗,但部分数据仍然具有可用性,如资金信息等,将过滤清洗过的数据一同纳入到业务系统数据库,最后一并从业务系统流向数据集市。大数据下财务分析的主题和内容见表 8-1。

表 8-1 大数据下财务分析的主题和内容

分析主题	分析指标及内容	分析方法	展现形式
营业收入	营业收入整体分析	结构、对比、趋势	组合图、折线图
	营业收入明细分析	占比、对比、趋势	组合图、饼图、列表、地图
发货回款额	发货回款额按年度分析	统计	列表
	发货销售额按路局分析	对比、统计	列表
	发货回款率图表分析	对比、趋势	折线图
开票回款额	开票回款额统计表	统计	列表
	开票回款额汇总表	统计	列表
资产负债	资产负债表	统计	列表
	构成分析	占比	组合图、饼图、列表
	对比、趋势分析	对比、趋势	组合图、折线图
利润表	利润表、各项目趋势图	列表、趋势	列表、折线图
	净利润分析	列表、趋势	列表、折线图
	净利润预测	列表、趋势	列表、折线图
	净利润月度趋势	列表、趋势	列表、折线图
合并试算平衡表	合并试算平衡表填报	填报	列表
	合并试算平衡表展示	统计	列表
	合并资产负债表	统计	列表
	合并利润表	统计	列表
	合并试算平衡表同期数据	统计	列表
现金流量表	单体现金流量表	统计	列表
合并现金流量表	合并现金流量表主表填报	填报	列表
	合并现金流量表主表展示	统计	列表
	合并现金流量表附表填报	填报	列表
	合并现金流量表附表展示	统计	列表
营运能力指标	各公司各月份营运指标明细	统计	列表
	各公司各年度各指标与行业均值对比分析	对比	柱形图
	各公司各半年度各指标趋势分析	趋势	折线图

续表

分析主题	分析指标及内容	分析方法	展现形式
盈利能力分析	各公司各年份各产品类型毛利率展示	趋势	折线图
	产品小类毛利率月走势	趋势	折线图
	产品大类组成分析	趋势	折线图
	净利率、毛利率对比分析	趋势	折线图
	各公司各指标趋势分析	趋势	折线图
期间费用分析	各公司各类费用分析	列表	列表
	各费用展示趋势和构成分析（费用性质、部门）	趋势和构成	折线图
	期间费用类型明细表	列表	列表
	SAP内部订单表展示	列表	列表
	各公司各区间费用率展示、趋势分析	趋势	折线图
成长性指标	销售额增长率、营业收入增长率、净利润增长率、权益增长率、总资产增长率本期环比、同比和趋势分析	趋势	折线图
税费分析	税费结缴清算表	列表	列表
	本期已交税费和去年同期已交税费的对比柱状图，按年（按月）应交税费和移交税费的趋势图（包括增值税、所得税），根据税负表得出企业所得税税负率与综合税负率的对比、趋势折线图（按期间、按公司），合并口径按各公司加总，根据税负表的应退增值税统计应退税额，根据SAP的其他收益减退税收入计算当年度已退收入	列表	列表
上市公司指标	按季度得出每股指标对比柱状图	对比	柱状图
偿债能力指标	资产负债率、流动比率、速动比率、现金比率、利息保障倍数本期仪表盘、环比、同比和趋势分析	对比	柱状图
杜邦分析	杜邦分析报表	列表	列表
	净利润、营业收入、平均总资产、平均所有者权益明细报表	列表	列表
	各指标的本期和去年同期分析，以及影响比重展现分析	列表	列表
资金管理展示	资金存量分析	对比、趋势	折线图、柱状图
	资金收益分析	对比、趋势	折线图、柱状图
	资金预警	对比、趋势	折线图、柱状图
	资金收益率分析	对比、趋势	折线图、柱状图
研发投入	总研发费用（柱形图）、总研发费用趋势分析、研发费用占营业收入费用比重的趋势分析	对比、趋势	折线图、柱状图

8.3.2 大数据下的与经营管理决策

（1）大数据下的经营管理决策流程

大数据系统开发过程为由下而上的层层铺垫完善过程。而实际上，在项目的开发、实施过程当中，往往是先由上而下，再由下而上。当企业信息化系统无法满足整体分析需求时，首先提出要求的是战略层，由此分析需求由上而下逐步细化，落实为每个操作层的具体分析指标需求，进而得到以解决问题为主的运营层、操作层的业务报表需求，在一定程度上倒推，对核心数据进行多维度的对比分析、趋势分析等，以逐步满足管理层的整体分析需求，最终满足各模块的综合分析需求。大数据下的经营决策流程如图 8-4 所示。

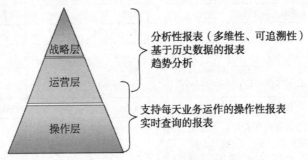

图 8-4　大数据下的经营决策流程

搭建数据决策平台，其底层是 SAP 系统、HR 系统等现有数据系统，通过整合已有主数据，将财务类、人事类及销售类主数据同步抽取到数据分析平台的数据库中，建立中间数据库。系统结构见图 8-5。

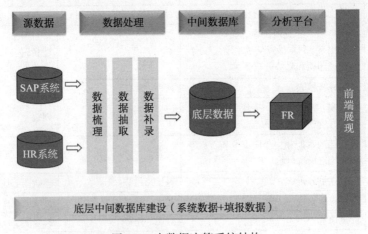

图 8-5　大数据决策系统结构

（2）大数据在经营管理决策中的应用

公司经营决策依赖于静态的财务报表、董事会月报、研发和质量报告等，报表的展现方式比较单一，分析维度仅仅局限于自身业务范围，管理层决策更多依赖于现有的数据及自身的专业判断,主观成分偏高。大数据决策平台的上线实施,将数据的输出形式由图表化转向可视化,报表展示的维度更广,分析的颗粒度更细,报表的时效性更高。

大数据平台整体业务框架可分为三个层级,用于服务日常的经营管理决策,具体分为综合分析层、业务分析层、基础数据层,详见图8-6。

图 8-6 大数据平台整体业务框架

经营决策的依据来源于月度董事会报表,通过大数据平台能实时查询不同时期的核心数据的变动趋势,主要包括经营指标分析、产值指标分析、销售指标分析、效率指标分析、人员统计分析、合同分析、质量问题分析、库存分析、回款分析等,具体分析详见表8-2。

表 8-2 大数据经营决策分析主题及内容

分析主题	分析指标及内容	分析方法	展现形式
经营指标分析	经营指标分析(目标、期间对比分析)	对比、趋势、同比	柱状图、饼图、文字展现
产值指标分析	产值汇总表(月份值、趋势图、占比图)	对比、同比	柱状图、文字展现
	产值明细表(明细表、十大产品占比表)	趋势、对比	折线图、组合图
	产值维护清单(填报明细)	对比	折线图
销售指标分析	销售额汇总表1(月份汇总、月份走势、公司占比)	对比、占比	饼图
	销售额汇总表2(客户销售额统计表、占比)	对比、占比	漏斗图
	销售额明细表(见销售大类)	对比	柱形图、列表
	新产品销售额汇总表(月份汇总、公司同比变动)	统计	柱形图、列表
	新产品销售明细(具体见新产品销售)	对比	组合图、饼图
效率指标分析	效率指标分析(月份汇总、销售额走势)	组合筛选	列表
人员统计分析	人员统计分析表(不同日期不同岗位的人数汇总、对比、走势)	对比	柱形图、列表
合同分析	合同信息填报	统计、对比	柱形图、列表
	合同信息汇总分析(合同额日期统计、时间走势)	对比、占比	列表
质量问题分析	质量问题统计(月填报)	对比、占比	饼图、柱形图
库存分析	库存分析	对比、占比	列表
	原材料库存结构分析	对比、占比	列表
	成品库存进销分析	对比、趋势、同比	柱状图、饼图、文字展现
	主要产品统计表	对比、趋势、同比	柱状图、饼图、文字展现
回款分析	回款统计表	对比、趋势、同比	地图、漏斗图、组合图
	回款汇总表	对比	柱形图、文字展现

资金管理案例:公司账面资金多、理财期限短,加上资金性质不同,管理难度较大。通过大数据平台,主要解决了资金投资的报表编制问题,取消了手工编制,实现了智能

资金报表的编制。原先一月编制一次的报表，通过业务数据的实时补录（理财银行、金额、利率等）实现了动态管理。另外，大数据平台积累的数据，能从不同维度分析资金投入的综合收益率，实现不同金融机构或同一金融机构不同产品的收益率分析，给未来投资谈判积累大量有价值的信息。根据披露的财务报表，Z集团近三年的理财收益逐年提升，资金保值收益累计已超出1亿元。

（3）大数据应用于销售管理

Z集团销售业务是公司利润的支撑点，其销售额指标的高低直接影响了公司业绩指标的达成、职工奖金的分配。Z集团前期管理痛点有以下几点：一是销售额繁杂，涉及外购件再销售的手工扣除不规范；二是新产品销售和既有的老产品搭售无法区分；三是销售额分析维度较少，分析方法单一；四是集团层面合并销售额涉及的内部关联抵消经常出现错误等。针对以上问题，借助定制开发的SAP系统中的SD模块，完善了客户、物料、产品大类等主数据，为大数据平台抽取数据清障，主要梳理出了4个分析主题，14个分析维度，基本达成了90%的诉求。销售分析主题和维度见表8-3。

表8-3 销售分析主题和维度（节选）

分析主题	分析内容	分析方法	展现形式
单体销售额	单体销售额报表	统计	列表
	单体销售额按客户分析	对比、趋势、列表	柱状图、折线图、列表
	单体销售额明细分析	对比、趋势，统计	柱状图、折线图、地图
合并销售额	合并销售额报表	统计	列表
	合并销售额同比及预测	对比、趋势	组合图、列表

（4）大数据应用于人力资源管理

Z集团是软件类高新技术企业，属于轻资产型研发类企业，公司的核心竞争力就是人才。人力资源质量决定公司的长期发展。Z集团前期存在的问题如下：一是日常人才月报编制不规范、不准确，时效性较差；二是人员离职的数据散乱，员工满意度和敬业度调查流于形式；三是人力成本分析不深入，人才维度口径不统一；等等。

Z集团对大数据决策平台积累的数据，进行多维性开发利用。根据管理层迫切的管控需要，本次主要梳理出了13个分析主题，35个分析维度，这些也可以根据实际在数据平台进行调整，人力资源分析主题和维度见表8-4。

表8-4 人力资源分析主题和维度（节选）

分析主题	分析内容	分析方法	展现形式
人员数量统计	人数分布看板	占比、趋势	柱状图、折线图、饼图
	项目节点完成分析	统计	列表
	人员信息明细	统计	列表
人力成本统计	人力成本统计	趋势	折线图
员工满意度与敬业度调查	员工满意度与敬业度调查	对比	组合图
人力资源管理过程指标监控	人力资源管理过程指标监控	统计	列表、倒三角

（注：根据Z集团大数据实施方案整理）

8.3.3 大数据与预算管理决策

（1）大数据与预算管理决策流程

Z集团本着"过程控制、及时反馈，刚性约束、审慎调整"的原则进行预算管理，预算在执行落地过程中突出存在的问题有：一是预算科目各子公司不统一且与账务系统核算口径不同，加大了管理难度；二是对研发项目预算进行总额控制，二级以下明细无法精细管控；三是预算盈余多，调整频繁，内部资源存在浪费现象；四是预算分析报告为手工编制，实效差，起不到事前管控的作用。

针对以上问题，Z集团在大数据决策平台开发前，进行了充分调研，实现了预算科目的统一；针对预算支出进行流程卡控，编制了操作手册；进一步规范研发领料，修改了相关制度；等等。大数据预算管理决策流程见图8-7。

图8-7 大数据预算管理决策流程

（2）大数据在预算决策中的应用

针对预算决策，主要梳理出了6个分析主题，12个分析维度，主要突出预算构成分析、百元销售额指标、预算执行率等维度。通过大数据决策平台，Z集团彻底解决了数据跨系统提取的问题，预算的控制力大幅提升。

①日常费用报销，实现前端预算的管控。各子公司、业务部门根据年度预算进行季度和月度分解，并将分解后的预算按照二级科目大类进行批量导入，报销科目和预算科目后台已做对应处理，费用报销的额度和预警值在报销流程提报前都在系统中提示，预算超支的费用，无法提交报销流程。仅这一操作，就使各业务口预算负责人的工作量减少了一半以上，彻底实现了由"人工卡控"到"智能卡控"。预算管控的效率和质量大幅提升，日常报销流程效率由之前的5~6天，缩短为2天以内。

②研发项目支出，实现投入产出的控制。Z集团作为高新技术软件企业，研发项目众多，研发投入巨大，从近几年的财务报表来看，研发投入每年均达到1亿元以上的支出且保持10%以上的增速，该项支出占期间费用的78%，所以对这一块预算的精准管控，也是本次大数据平台蓝图设计的核心。通过梳理研发项目的BOM清单，计算料工费的投入，经技术、研发、财务部门审核，提前发布次年的《研发项目概算表》，每个项目根据软件、硬件的不同，明确项目经理，全程跟踪预算的执行情况，针对预算的超支和节约情况进行考核，针对研发项目未来形成的收益进行分红。精准化的研发预算管控，带来的是管理效能的提升。通过对研发领料的精准管控，在大数据平台上线后，材料在研发项目中的占比降低1.8%。

③预算分析反馈，自动实现动态的报告。在大数据平台项目开发前，预算分析报告是按照季度进行人工编制，季度终了，次月15个工作日内提报董事会。预算的实时管控

效果差、数据的准确性也不高。各子公司预算分析的维度不统一、分析能力不足等严重制约预算的精细化管控。大数据平台项目的实施，由预算报告由原先的 15 天缩短到 1 天，节省人工 25 人次，年度效益约 350 万元。另外，预算核心指标在大数据平台"驾驶舱"板块能实时展示，便于高层管理者随时了解预算执行情况。公司财务分析结果通过大数据平台展现，直接效果就是减少了数据统计量，提高了财务分析的实效性、准确性。

8.3.4 大数据与风险管理决策

Z 集团从事铁路安全设备的研发生产，产品质量是公司生存底线。大数据平台项目在蓝图设计时就充分考虑到了产品质量的精细化、精准化管理，其产生的经济效益虽然不能被直接衡量，但从风险管控、质检合格率上来看，它的作用巨大。

（1）通过产品档案管理及追溯系统，筑牢质量底线。结合大数据平台，Z 集团建立了覆盖产成品、半成品、核心原材料及辅料产品档案，从开始的原材料采购（包括供应商、批次号、检验人、出入库信息等）到生产工单上料绑定、单板序号与物料批次绑定、维修信息修改、整机组装半成品和成品条码绑定，到最后的条形码生产、条码打印等环节都保存相关档案信息，实现了不同产品、同一类型产品不同批号的差别化管理。以上措施为未来产品装车后，设备出现故障后进行问题的追责提供最直接、最准确的信息。根据公司质量中心的年度报告，大数据平台上线后，产品的故障检测合格率达到 98.3%，提升 5.6%。

（2）通过多部门联防联控及实时盯控，夯实质量。公司利用大数据建立了四层质量"防火墙"，具体为：一是来料检验质量把控，主要对原材料和外购配件进行全面检验，打牢第一道防线；二是生产过程检验，主要对半成品和在制品进行全面检验，打牢第二道过程防线；三是产品入库检验，主要对产成品入库前进行联调联试、高温老化检验及二次复检，打牢第三道防线；四是产品交付检验，主要是各区域驻厂联络员进行装车，联合外部设备进行调试检验，打牢最后一道交付防线。针对产品在客户或现场出现的问题，质量部门利用大数据收集信息、实时跟踪、管理销号。大数据联防联控及实时盯控见图 8-8。

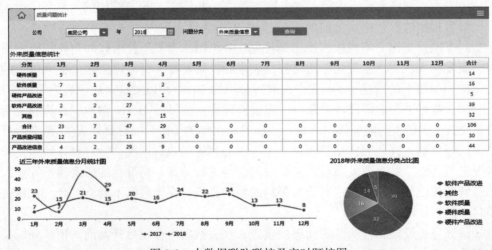

图 8-8　大数据联防联控及实时盯控图

8.4 Z集团大数据决策过程

8.4.1 系统设计框架

Z集团大数据决策平台旨在打通各业务口的封闭系统，形成信息共享、信息对称自动化的分析平台。平台开发的框架可分为三个层级：综合分析层、业务分析层、基础数据层（见图8-9）。

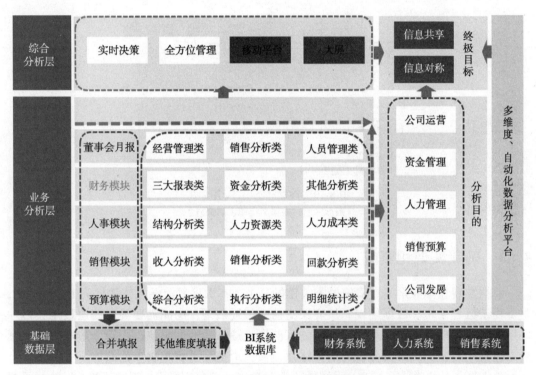

图8-9 大数据决策平台业务开发框架

结合上图可知，大数据平台的终极目标就是信息共享和信息对称，实现多维性、自动化的数据展现场景。财务决策的效率与财务工作信息化水平息息相关。本次架构的设计，也是基于财务工作从电算化、信息化跨入智能化的要求展开的。架构设计过程为前期进行2~3个月的业务调研及蓝图设计，并成立工作小组，开发人员和业务人员深入交流，最终确定预算模块、销售模块、人资模块等模块。通过大数据平台，最终形成数据仓库。

8.4.2 数据清洗填报

数据填报分为业务系统数据填报和手工补录数据填报。业务系统中的大部分数据零散地分布在多张表中，所以取数分析的时候涉及多表关联，性能会有所下降；少部分数据需要手工补录，如退税软件产品数量、发票签收人、人员调动信息等数据，在业务系统中可能并没有历史值或反推历史记录很耗时，这部分数据在数据集市中会以快照的形式留档，快照为将来历史值的分析指标提供数据支撑。

在该项目实施过程中，很多数据在底层表里，但不参与分析，存在一定的数据冗余，需要结合需求清理、转换和输出数据，以方便数据分析平台的分析展现。不规范数据、垃圾数据等也需要被清洗。数据清洗通过 ETL 实现（见图 8-10）。

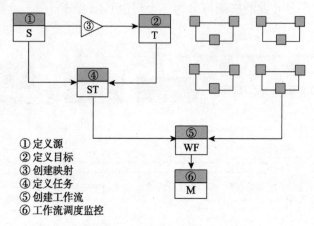

图 8-10 数据清洗 ETL 生成图
（图形来源：根据 Z 集团内部资料）

8.4.3 前端实现和集成

前端实现和集成是项目实施最为关键的环节。本次项目前端主体软件为 FineReport，主要用于数据采集和数据呈现，从底层支持到最终展现，中间需要经过四层技术处理。该系统的应用能帮助企业从相对单一的事前决策逐步转变到全流程决策，形成决策前预测、决策中控制、决策后分析的决策体系，极大地提升了管理决策的效能。

前端展现的 PC 端需与 OA 系统做用户名单点登录集成，统一系统入口，目的就是要实现 OA 办公系统登录之后无需在决策平台重复登录，通过 POST 传参传递用户名到大数据分析系统。

8.4.4 权限分配和安全

数据的访问权限、浏览范围及软硬件安全等在项目开发的过程中给予了充分的调研和论证。Z 集团本身就是软件类高新企业，组织架构中设有数据管理办公室，专门负责公司组织和人员的信息系统安全与开发工作，其直接受董事会管理。大数据分析平台同步 OA 系统的组织架构及人员信息，根据组织架构和本人角色对访问报表进行权限控制。同时，针对一人负责多个子公司业务的特殊情况进行简化处理。

大数据分析平台的用户信息与 OA 系统同步之后，对操作人员的访问路径和权限进行严格控制，如岗位调整或业务变更，操作人员需要走权限申请流程，具体见图 8-11。

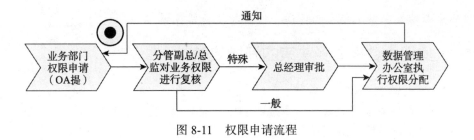

图 8-11　权限申请流程

8.5　Z 集团大数据财务决策的应用效果

8.5.1　Z 集团大数据财务决策的直接效果

（1）统一输出口径

项目实施前，Z 集团在数据输出上经常出现"打架"的现象，各业务部门的数据在运用同一个考核指标时经常冲突。比如，之前在销售额出现不一致情况时，财务部按照已经发货的产品提报销售额，销售部则按照已经签订的在手订单进行提报，为绩效考核带来较多不便。Z 集团近几年在信息化建设上投资较多，在数据投入上，更新了 ERP 系统，原先的金蝶 K3 系统由 SAP 系统取代。该项目从调研到上线持续近一年，在 SAP 系统上线后，大数据决策平台成功实施，首要解决了数据口径不统一的问题。

具体有以下三点：一是内部统一了产品分类标准，每一个产品都有一个唯一的产品编码，其归属四个维度，即产品大类、产品小类、招股大类和招股小类，每个产品的 BOM 清单将物料采购、来料检验、生产制造、产品入库与出库的名称进行了统一；二是母子公司统一了报表取数逻辑，规范了费用、资产的入账口径，出台了业务操作岗位手册、特殊业务处理指引等；三是清除或合并了口径不统一的考核指标，对业务流程进行改造或优化，减少了人工数据的补录。

（2）实现智能报表平台

Z 集团局部破除了业务和财务的藩篱，实现了业财数据的融合。通过智能报表平台，设置关键经营指标预警提示，比如价格偏差预警、指标异常预警、数据修改预警等。另外，其输出的智能报告，基本满足操作层、经营层和战略层分级应用的需求，实现企业上下经营管理目标的有机融合。项目实施前后对比效果见图 8-12。

项目实施前，公司业务口数据采集、分析事项的处理，绝大多数需要通过手工和半手工的方式，效率和质量低下。项目实施后，大数据平台上能实时精准地展现各类数据，同时生成各类指标的动态分析，让经营决策者能够及时、直观和清晰了解经营指标的实时进度变化。实施前人工统计指标达成情况需要 5~7 天，实施后除部分非结构性的数据外需要 1~

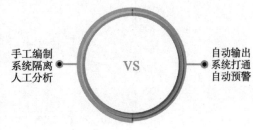

图 8-12　大数据平台实施前后效果对比

2小时补录审核外，基本是实时传送，提高了指标输出效率。

8.5.2 Z集团大数据财务决策的间接效益

（1）组织更扁平，人员更精简

大数据财务决策平台上线后，Z集团的信息化建设迈上了新的阶段，组织也必须适应集成化、智能化的管控进行优化、变革，具体实施过程和效果如下：

一是对组织架构进行调整，突出财务专业职能。撤销集团及子公司财务部，成立"财务结算中心"，统一负责各公司会计核算、财务管理等工作，下设成本费用组、总账组、管理组三个服务小组，管理突出"专业服务"，组织流程更扁平，更柔性。同时，集团对市场营销、行政人力及高管分工也进行了调整，本次组织调整为未来组织的智能化转型留下了拓展接口，避免组织结构的经常性调整对人力管理的影响。财务组织架构调整见图8-13。

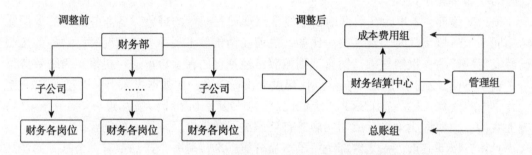

图8-13 Z集团财务组织架构调整

二是对人员分工进行优化，便业务精简高效。基于现有的业务流程重新梳理工作职责，并针对这些工作职责设置相匹配的岗位。对岗位工作进行"模块化""流程化""标准化"处理，使之可量化、可衡量、可考核。比如，撤销财务的信用会计岗位，将其工作职能进行拆分，客户信用工作纳入销售职能管理，回款及发货审核工作纳入总账组下收入会计职责中。大数据决策平台的成功搭建，带来了内部人工的释放，其中集团财务人员2年内淘汰掉7人（由原28人减少到现21人），预计总人工成本降低1830万元。Z集团2010—2019年总部人员变动趋势见图8-14（不含生产人员）。

图8-14 Z集团总部人员变动趋势图

三是对业务过程进行赋能,提升分析能力。充分利用大数据平台业务链条的融合、集成,使业务操作从"多人工模式"转向"人智模式"。日常的统计工作尽可能由系统自动生成,减少人工统计,严控数据质量。如日常费用报销实现一次复核,自动审批记账、批量付款;销售开票系统和税务系统进行接口连接,实现自动开票;关联方内部交易实现 STO 自动触发发货、入库等。另外,财务工作战线向前移动,突出事前管控能力、业务分析能力、项目跟踪评价能力等。集团还建立了业务流程优化和持续改进机制,鼓励一线业务人员提出优化建议,通过内部 OA "工作联络单""工作建议单"进行沟通和反馈。通过一系列举措,2019 年,集团组织效率提升约 17%。

(2)精准采购提升运营效率

大数据决策平台集成了物资采购供应的核心数据,管理层能实时查询库存情况,库存信息化管理水平大幅提升。具体举措如下:

第一,施行"统一采购"和"集中管理"。Z 集团下的其中一个子公司负责产品生产加工、物资管理等工作,其他关联单位未设置采购部门。Z 集团结合各子公司实际,合理规划库存,制定物资定额,特别是产品的核心芯片、电路板的采购,严控采购数量和频次,避免软件升级造成原材料的报废。经测算,2018 年 9 月至 2019 年 8 月,平均库存额由 8300 万元降低到 4500 万元,释放了大量流动资金,存货周转天数也由 421 天降低到 219 天。变动情况见图 8-15。

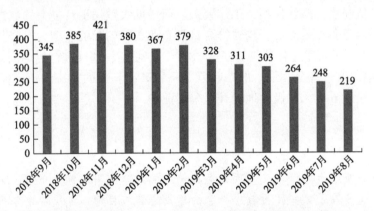

图 8-15　2018 年 9 月—2019 年 8 月存货周转天数对比

第二,完善采购物料主数据视图,实现数据的共享。物料主数据不完善、重复等问题一直是供应采购的瓶颈。大数据决策平台的实施,完善了物料主数据视图,包括基础视图、采购视图、MRP 视图和仓库视图等,视图中包含了企业采购、生产和存储的物料描述,它是企业物料信息的中央仓库,将所有物料数据集中在单一的物料数据库中,消除了数据冗余问题,而且这些核心数据不仅采购部门能使用,其他部门按照岗位权限也能使用。根据 Z 集团数据办公室提供的数据,物料主数据视图的完善,使整体的运营效率提升 28%,采购及时率由 85%提升到 98%,呆滞料下降 38%。

(3)精细管控投资决策风险

在投资决策方面,大数据平台致力于资金管理、资产的增值保值、投资模型构建等方面，管理的范围相对比较窄。产生的管理效益如下。

第一，资金保值增值方面。Z集团作为主板的上市公司，其账面货币资金已超出20亿元（无短期和长期债券、银行负债，资产负债率极低），为提高资金的保值增值能力，Z集团开展了短期投资管理业务，在风险可控的前提下以自有资金进行短期理财产品的买卖，进行固定收益类投资证券交易且投资期限不超过一年的理财行为。

鉴于Z集团账面资金多、理财期限短，加上资金性质不同，管理的难度较大。通过大数据平台，Z集团主要解决了资金投资的报表编制问题，取消了手工编制，实现了智能资金报表的编制。原先一月编制一次的报表，通过业务数据的实时补录（理财银行、金额、利率等）实现了动态管理。另外，通过大数据平台积累的数据，能从不同维度分析资金投入的综合收益率，实现不同金融机构或同一金融机构不同产品的收益率分析，给未来投资谈判积累了大量有价值的信息。根据披露的财务报表，Z集团近三年的理财收益逐年提升，资金保值收益累计已超出1亿元。

第二，投资模型构建方面。投资决策失误往往会使企业陷入困顿，甚至破产。因此，财务管理的一项极为重要的职能就是为企业当好参谋，把好投资决策关。投资方案评价时常见的使用指标有贴现指标和非贴现指标。贴现指标是指考虑了时间价值因素的指标，主要包括净现值、现值指数、内含报酬率等。非贴现指标是指没有考虑时间价值因素的指标，主要包括回收期、会计收益期等。计算方式多种多样，场景不同，使用的方法不同，单纯依靠手工构建模型，工作繁杂。而借助大数据平台强大的数据整合能力和建模能力，可以完善相关参数，构建符合自身企业实际的投资模型、投资预警值。借助该平台，Z集团两年来建立各种投资模型38个，方便了管理层进行更为高效的决策。如2018年，Z集团通过现金和发行股票收购了一家高成长性的龙头企业，使得其在2019年产生投资盈余近6亿元，极大地提升了公司业绩。

本章小结

本章系统分析了大数据在Z集团财务决策中的综合应用。首先介绍了Z集团大数据实施背景，其次阐释了Z集团大数据平台的建设思路与目标，再次着重分析了Z集团大数据在财务决策中的应用，进一步梳理了Z集团大数据决策过程，最后指出Z集团大数据财务决策的应用效果。通过本章学习，学生应该能够了解大数据在财务决策中的实际应用，理解大数据在财务决策中实施的前提条件，熟悉大数据在财务决策中的思路与流程，理解应用大数据财务决策带来的效果。

复习思考题

1. Z集团大数据的实施背景是什么？对其他企业有何启发？
2. 大数据财务决策在Z集团中是如何实施的？
3. Z集团大数据财务决策过程是怎样的？
4. Z集团实施大数据财务决策后的效果有哪些？

第 8 章 即 测 即 练

案例分析

大数据风险管理和预警平台

参 考 文 献

[1] 边鹏. 面向金融业的平台大数据共享[J]. 中国金融, 2021(12): 72-74.

[2] 常冶衡, 李双. 大数据背景下金融互换、征信体系与算法框架构建[J]. 财会月刊, 2020(01): 156-160.

[3] 陈加树. 基于大数据的天合光能公司经营分析系统的设计与实现[D]. 济南: 山东大学, 2019.

[4] 程平, 王晓江. 大数据、云会计时代的企业财务决策研究[J]. 会计之友, 2015(02): 134-136.

[5] 程平, 赵子晓. 大数据对企业财务决策的影响探析[J]. 财务与会计, 2014(10): 49-50.

[6] 程新洲, 朱常波, 晁昆, 等. 掘金大数据: 电信数据金矿详解、挖掘及应用[M]. 北京: 机械工业出版社, 2019.

[7] 丁廉业. 大数据金融: 小微企业金融服务的创新与思考[J]. 西南金融, 2021(07): 62-73.

[8] 丁晓蔚. 金融大数据情报分析: 以量化投资为例[J]. 江苏社会科学, 2020(03): 121-128.

[9] 董皓. 智能时代财务管理[M]. 北京: 电子工业出版社, 2018.

[10] 杜鹃. 领导者在预测性决策中运用大数据技术的基本方略[J]. 领导科学, 2020(20): 122-124.

[11] 冯新扬. 基于大数据的金融分析与金融风控研究[M]. 北京: 中国金融出版社, 2021.

[12] 顾文涛, 王儒, 郑肃豪, 等. 金融市场收益率方向预测模型研究——基于文本大数据方法[J]. 统计研究, 2020, 37(11): 68-79.

[13] 郭婧. 大数据时代数据挖掘技术在财务分析中的应用[D]. 杭州: 浙江工业大学, 2017.

[14] 何大安. 金融大数据与大数据金融[J]. 学术月刊, 2019, 51(12): 33-41.

[15] 何震, 陈娟. 大数据战略对上市公司公允价值相关性影响分析——以金融业为例[J]. 财会通讯, 2020(01): 89-93, 176.

[16] 胡文俊, 邓虹. 大数据时代对企业经营决策的影响分析[J]. 商业经济研究, 2016(07): 80-82.

[17] 金哲. 大数据时代的企业财务管理研究[J]. 财会学习, 2020(32): 7-9.

[18] 李兵, 林安琪, 郭冬梅. 经济政策不确定性对进口产品的异质性影响——基于中文报纸大数据文本的实证分析[J]. 系统工程理论与实践, 2020, 40(06): 1578-1595.

[19] 李兵, 龚昭, 刘思茹, 等. "一带一路"国家投资适宜性研究——基于夜间灯光数据的视角[J]. 世界经济文汇, 2019(03): 18-37.

[20] 李兵, 郭冬梅, 刘思勤. 城市规模、人口结构与不可贸易品多样性——基于"大众点评网"的大数据分析[J]. 经济研究, 2019, 54(01): 150-164.

[21] 李成艾, 何小宝. 大数据审计组织方式的探索与创新[J]. 审计研究, 2019(05): 23-29.

[22] 林和志. 大数据环境下H公司全面预算管理系统研究[D]. 福州: 福州大学, 2018.

[23] 林友谅. 基于模糊决策的企业财务绩效综合评价方法及应用[M]. 徐州: 中国矿业大学出版社, 2019.

[24] 林子雨. 大数据导论[M]. 北京: 人民邮电出版社, 2020.

[25] 刘婧琳. 大数据背景下服饰类电商企业全面预算管理研究[D]. 济南: 山东师范大学, 2019.

[26] 刘勤, 尚惠红. 智能财务: 打造数字时代财务管理新世界[M]. 上海: 中国财政经济出版社, 2021.

[27] 刘勤, 屈伊春. 智能财务最佳实践案例（第一辑）[M]. 上海: 立信会计出版社, 2021.

[28] 刘少波, 梁晋恒, 张友泽. 大数据技术视阈下银行信贷风险防控研究[J]. 贵州社会科学, 2020(12): 121-128.

[29] 刘云菁,张紫怡,张敏. 财务与会计领域的文本分析研究：回顾与展望[J]. 会计与经济研究,2021,35(01)：3-22.

[30] 马林. 大数据时代电网企业多维指标预算管理方法研究[D]. 济南：山东财经大学，2021.

[31] 马长峰,陈志娟,张顺明. 基于文本大数据分析的会计和金融研究综述[J]. 管理科学学报,2020,23(09)：19-30.

[32] 毛娟. 大数据对企业财务决策的影响及对策探析[D]. 北京印刷学院，2017.

[33] 苗子清,张涛,党印. 中国银行体系系统性金融风险传染研究——基于24家A股银行的大数据与机器学习分析[J]. 金融评论，2021, 13(05)：58-74, 124-125.

[34] 牛艳芳. 智能财务分析可视化[M]. 北京：高等教育出版社，2021.

[35] 潘晓娟. 大数据时代XH电网企业全面预算管理体系的优化研究[D]. 济南：山东财经大学，2021.

[36] 潘旭东. 大数据对企业财务决策的影响及对策分析——以阿里巴巴集团为例[J]. 卷宗，2019(27)：192-194.

[37] 彭娟,陈虎,王泽霞,等. 数字财务[M]. 北京：清华大学出版社，2020.

[38] 孙伟力,王萌. 大数据背景下信用评分业务的合规应用研究[J]. 金融发展研究，2021(04)：90-92.

[39] 汤谷良,张守文. 大数据背景下企业财务管理的挑战与变革[J]. 财务研究，2015(01)：59-64.

[40] 唐寒冰. 领导者预测决策中大数据应用问题要略[J]. 领导科学，2020(24)：74-77.

[41] 滕晓东,宋国荣. 智能财务决策[M]. 北京：高等教育出版社，2021.

[42] 王安琪. 大数据挖掘技术对财务决策的影响分析[J]. 经济研究参考，2016(48)：30-31.

[43] 王靓. 企业经营分析管理中财务大数据的应用研究[J]. 纳税，2021, 15(26)：68-70.

[44] 王亭亭,刘子旭. 阿里巴巴基于大数据产业链的财务决策[J]. 财务与会计（理财版），2014(08)：15-17.

[45] 王卓苋. 利用大数据估算企业预期信用损失的几点建议[J]. 财务与会计，2021(08)：83-84.

[46] 伍之昂,赵新之,黄安,等. 基于文献计量的大数据管理决策研究热点分析[J]. 管理科学学报，2021, 24(06)：117-126.

[47] 杨进. 电网企业大数据在财务决策中的应用研究[J]. 华北电力大学学报(社会科学版),2016(02)：33-39.

[48] 岳云嵩,李兵. 电子商务平台应用与中国制造业企业出口绩效——基于"阿里巴巴"大数据的经验研究[J]. 中国工业经济，2018(08)：97-115.

[49] 张红丽. 基于大数据的金融风险动态审计预警体系构建[J]. 财会通讯，2021(13)：123-127.

[50] 张金昌,张英,董娜. 智能财务报表分析：应用技巧与案例解析[M]. 北京：机械工业出版社，2021.

[51] 张敏,刘云菁,郭金同. 财务与会计领域的大数据研究：技术与应用[J]. 会计与经济研究，2021, 35(03)：3-22.

[52] 张敏,付建华,周钢战. 智能财务基础——数智化时代财务变革实践与趋势[M]. 北京：中国人民大学出版社，2021.

[53] 张奇. 大数据财务管理[M]. 北京：人民邮电出版社，2016.

[54] 张艳云. 大数据环境下建材企业财务分析平台应用研究[D]. 上海：上海财经大学，2020.

[55] 张尧学,胡春明. 大数据导论（第2版）[M]. 北京：机械工业出版社，2021.

[56] 章明,刘培. 基于大数据的智能风险防控平台设计与实现[J]. 中国工程科学，2020, 22(06)：111-120.

[57] 周茂森,张庆宇. 双向部分透明供应链的大数据投资决策与激励[J]. 中国管理科学，2020,28(11)：130-144.

[58] 周晓剑,陈烯烯. 基于大数据融合DEA和RBF的预测方法[J]. 统计与决策，2020, 36(22)：36-39.

教师服务

感谢您选用清华大学出版社的教材！为了更好地服务教学，我们为授课教师提供本书的教学辅助资源，以及本学科重点教材信息。请您扫码获取。

▶▶ 教辅获取

本书教辅资源，授课教师扫码获取

▶▶ 样书赠送

会计学类重点教材，教师扫码获取样书

 清华大学出版社

E-mail: tupfuwu@163.com
电话: 010-83470332 / 83470142
地址: 北京市海淀区双清路学研大厦 B 座 509
网址: http://www.tup.com.cn/
传真: 8610-83470107
邮编: 100084